최적합

최고의 적중률로 합격을 보장하는★

• 핵심이론과 문제해결을위한 사고력 향상 •

전문코딩능력평가

COS PRO C

Professional Coding Specialist

| 장대경 지음 |

BM 성안당

www.cyber.co.kr

COS Pro 안내

COS Pro(Professional Coding Specialist)란? Python, C, C++, Java에 대한 자격증으로 높은 수준의 프로그래밍 활용능력이 있음을 증명할 수 있습니다.

COS Pro(Professional Coding Specialist)는 시작부터 종료까지 100% 컴퓨터상에서 진행되는 CBT(Computer Based Test)로 평가방식이 정확함은 물론 시험 종료 즉시 시험 결과를 알 수 있습니다.

자격증 종류

Professional Coding Specialist 자격증 종류 및 급수

Python, C, C++, Java 중 자유롭게 언어 및 등급을 선택하여 응시할 수 있습니다.

합격기준

합격 점수는 1,000점 만점으로 시험 종료 후 바로 성적표가 발급됩니다.

등급	시험시간	검정방법	문항구성	합격기준
1급	90분	실기	10개 문항(완성3, 부분7)	600점 이상
2급	50분		10개 문항(완성2, 부분8)	600점 이상

Score Report

COS Pro Score Report에는 취득 점수와 합격 여부를 확인할 수 있습니다.

또한 프로그래밍에 필요한 능력수준과 기술수준에 대한 능력을 0~100%의 성취도로 확인할 수 있어 취약부분을 파악할 수 있습니다.

시험별 응시료 및 자격증 발급비용 안내

시험별 응시료 및 자격증 발급비용 안내			
자격종목	등급	검정료	자격증 발급비
Professional Coding Specialist (Python, C, C++, Java 공통)	1급	45,000원	2,000원
	2급	35,000원	

머리말
PREFACE

코딩 교육에 대한 관심이 높은 시대입니다. 앞으로의 사회와 세계에서 경쟁력을 갖추려면 코딩 능력이 필요하다는 얘기를 많이 듣습니다. 많은 분야에서 IT 기술을 활용한 자동화, 인공지능(AI)이 대세가 되고 이에 따라 사람이 하는 일에도 변화가 생길 것이기 때문에 이러한 IT 기반 환경에서의 직업이나 업무 변화에 능동적으로 대응할 수 있도록 준비를 해야겠다고 보여집니다. 꼭 전문적인 개발자가 아니더라도 우리가 글을 읽고 쓸 수 있어야 하듯이 IT 그리고 코딩이라는 것에 대한 이해는 우리에게 많은 도움이 될 것입니다.

코딩을 학습하기 위한 기본적인 사항들을 정리

코딩은 간단하게 컴퓨터에서 실행되는 프로그램을 만드는 작업을 말하고 깊게는 다양한 지식과 기술이 필요하기도 합니다. 코딩 능력이라는 것은 크게 2가지를 확인할 수 있을 것입니다.

하나는 프로그래밍(코딩) 언어에 대한 이해로 문법이라고 부르는 각 언어의 규칙을 알고 있는가입니다. 우리가 글을 쓰기 위해 글자를 배우고 글을 쓰는 규칙을 배우는 것과 같습니다.

두 번째는 문제 해결 능력입니다. 이는 프로그래밍 언어로 어떤 문제를 해결할 수 있는가입니다. 글자를 배우고 글을 작성할 수 있지만, 누구나 멋진 소설을 쓸 수 있는 건 아닐 겁니다. 마찬가지로 프로그래밍 언어를 알고 있다고 해서 실제로 실행 가능하고 유용한 프로그램을 만들 수 있는 것은 아닙니다. COS Pro는 두 번째인 문제 해결 능력을 확인하고자 하는 목적에서 개발된 시험입니다. 단편적인 문법을 알고 있는가를 묻는 시험이 아니기 때문에 출제되는 문제들의 지문(설명하는 글)이 꽤 어려워 보입니다. "문제가 뭔지 모르겠다?"라는 이야기가 종종 들립니다. 문제를 해결하려면 먼저 문제가 뭔지를 파악해야 합니다. COS Pro는 여러분이 익숙한 객관식을 지양하고 주관식으로 출제됩니다. 단순히 몇 줄의 코드를 보여주고 보기 중 하나를 고르는 문제가 아니라 문제를 파악하고 그 해결을 위해 올바르게 작성된 코드인지를 확인할 수 있는 능력이 필요할 것입니다.

시험 방식과 출제 유형을 파악하고 대비

컴퓨터상에서 바로 답을 작성하고 확인하는 CBT 방식은 시험을 진행하는 동안 자신이 정답을 작성했는지를 확인할 수 있고 자동으로 채점이 이루어지므로 상당히 편리한 시스템입니다. 단점은 채점이 가능한 문제여야 한다는 것입니다. 이 말은 시험 문제들이 예상 가능한 범위에 있다는 것입니다. 현업에서 수행해야 하는 실제 프로젝트에서 겪는 문제는 나오기 어렵습니다. CBT 방식으로 채점을 하기가 상당히 까다로울 것입니다. 시험 주관사에서 매회 시험의 기출문제를 제시하지 않기 때문에 단정할 순 없지만 이러한 시험 방식을 생각해보면 어떤 종류의 문제들이 주로 나올 것인지를 예상해 볼 수 있을 겁니다. "정답을 확인하고 채점하기 좋은 문제"가 뭘까라고 묻는다면 여러분의 생각은 어떤가요. "수학"적인 문제라고 생각합니다.

본 책의 집필 의도는 답을 찾는 방법보다는 코드를 이해하는 능력을 키우는 것입니다. 코딩 교육은 올바른 답을 찾기 위한 분석과 방법의 논리적인 사고 흐름을 갖도록 하는 것이라고 생각합니다. 하나의 문제를 다양한 방법으로 풀 수 있는 창의적인 사고를 할 수 있는 능력을 키우는 것도 중요합니다. 시험을 위해 모의고사 문제를 제시하고 답을 풀이하지만, 저자와는 다른 방법의 풀이를 여러분 스스로 찾아내는 것이 더 좋은 학습방법이 될 것입니다. 시험을 치르시는 데 도움이 될 수 있길 바랍니다.

장대경 저자

목차
CONTENTS

Part 01 C언어 필수 문법 정리

Part 02 문제 해결 능력

Part 03 모의고사

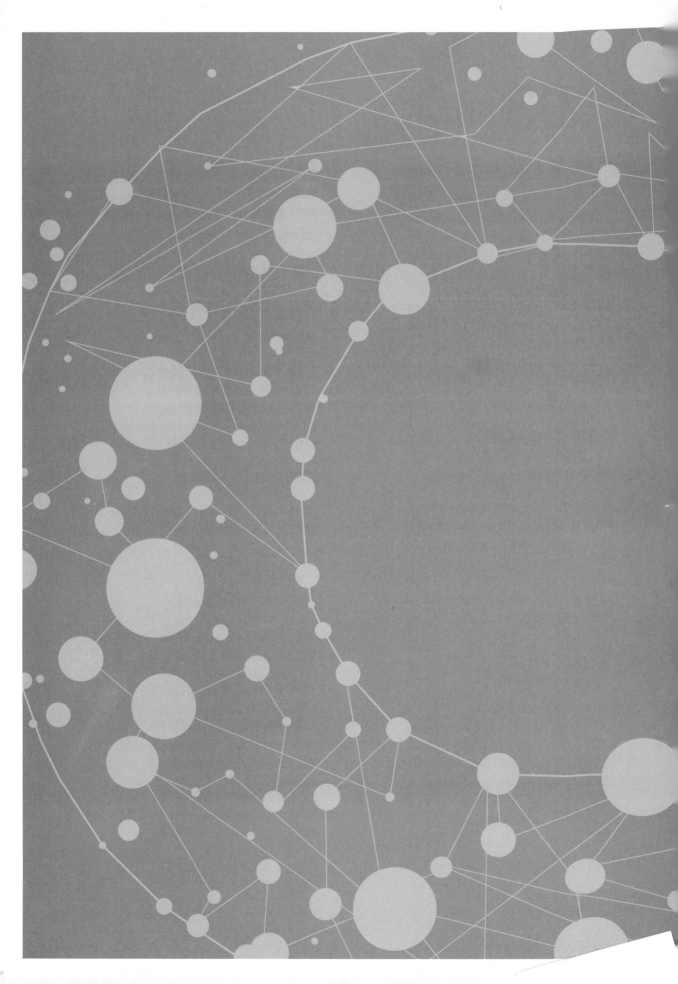

Part

01

C언어 필수 문법 정리

Chapter
01 | 연산자와 조건식

1.1 증감연산자

변수에 저장되어 있는 값을 증가시키거나 감소시키기 위한 연산에 사용된다. 증가연산자 ++는 저장된 값에 1을 더하는 연산이며 감소연산자 −−는 저장된 값에 1을 뺄셈하는 연산으로 이 두 연산자를 합쳐서 "증감연산자"로 부른다. 사용 시 지켜야 하는 문법은 아래와 같다.

> • 변수에만 사용할 수 있다.
> • 하나의 변수에 증감연산자는 한 번만 사용한다.
> • 변수에 저장된 값이 없을 때는 사용할 수 없다.

변수에 저장된 값이 없다는 것은 변수를 선언한 후 대입 연산을 하지 않은 것을 말한다. 변수를 어떤 식에서 사용하기 위해서는 반드시 그 전에 대입 연산 =으로 값을 저장 후 사용되어야 한다. 변수의 값을 증가시키는 방법은 여러 가지 표현이 가능한데 그중에서 1 증가/감소되는 경우 증감 연산자를 사용하며 증감연산자는 대입연산 =을 포함한 것이다. 따라서 상수에는 사용될 수 없다. 상수에 사용하게 되면 아래와 같은 에러가 발생된다.

```
5++;
>> error C2105: '++'에 l-value가 필요합니다.
5 = 100;
>> error C2106: '=': 왼쪽 피연산자는 l-value이어야 합니다.
```

"l−value"는 "left−value"로 연산자의 왼쪽에 있는 것은 변수여야 한다는 의미로 상수에 대입 연산을 사용할 수 없다는 것으로 보면 된다. 쉽게 말해 "l−value"는 "변수"다.
++변수명−−, ++++변수명과 같이 하나의 변수에 증감연산을 여러 개 붙일 수 없다.

```
int n;
n = 10;          // 변수 n에 10을 저장한다. 대입연산 왼쪽은 변수여야 한다.
n = n + 1;       // 변수 n에 n + 1의 결과를 저장한다.
n += 1;          // n = n + 1을 짧게 표현하는 방법이다.
```

복합 대입연산 +=은 변수명을 생략하는 표현으로 n += a + 1;은 n = n + (a+1)과 같다. 위와 같이 변수의 현재값에 1을 더하거나 빼려는 경우 =과 1을 생략하는 표현으로 증감연산자를 사용할 수 있다.

```
int n;
n++;             // error n에 저장된 값이 없으므로 + 연산을 할 수 없다.
n = 10;
n++;             // n에 저장된 10과 상수 1을 더한 결과를 변수 n에 저장한다.
```

증감연산자의 위치에 따라 결과가 달라지는데 변수명 왼쪽인 ++n을 전위, 변수명 오른쪽인 n++를 후위연산이라고 한다. 일반적으로 책을 읽는 방향인 왼쪽에서 오른쪽을 해석하면 되고 다른 연산자 없이 증감연산자만 사용된 경우 1 증가/감소로 해석한다.

```
int n;
n = 10;          // 변수 n에 10을 저장한다.
--n;             // n의 값이 1 감소되어 9가 된다.
n--;             // n의 값이 1 감소되어 8이 된다.
```

--n은 감소연산자 -- 가 왼쪽에 먼저 나오므로 n의 값을 감소시킨 후 사용되며 n--는 감소연산자 가 오른쪽에 나오므로 현재 n의 값을 사용 후 감소시킨다.

```
    int n = 10;
    b = n--;     // 변수 b에 n의 값인 10이 저장되고 변수 n이 감소하여 9가 된다.
결과 b는 10, n은 9이다.
    b = --n;     // 변수 n의 값을 먼저 감소시킨 후 변수 b에 저장하여 모두 9가 된다.
결과 b와 n 모두 9이다.
```

b = n--;과 b = --n;는 어느 경우이든 변수 n은 1 감소되지만 b에 저장되는 값은 n보다 1 크거나 n과 같다. 증감연산자와 다른 연산자가 섞인 경우에는 전위, 후위를 생각해야 하며 소괄호( )와 대괄호[ ]도 연산자로 취급되므로 (a++)와 (a)++, [a++]와 [a]++는 결과가 다를 수 있음을 주의해야 한다.

1.2 관계연산자(대소 비교 연산)

관계연산이란 2개 값의 크기를 비교하여 판단하기 위한 연산이다. "관계"라는 표현을 사용하게 된 것은 두 값 사이에 어떤 규칙이 있는가를 따지는 수학적 개념 때문인데 예를 들어 a 변수의 값과 b 변수의 값에 대해 "a는 b보다 큰 수이다.", "a는 b의 2배이다.", "a는 b에 3을 곱한 값이다." 처럼 "두 값 간의 일정한 규칙"이 있음을 나타내기 위한 말로 "관계" 연산이라고 표현했던 것이다. 관계 연산의 결과를 생각하면 정확히는 "두 값의 크기를 비교하여 참(1)이나 거짓(0)이 되는 연산"이라고 보는 것이 이해가 쉽다. a 변수의 값이 b 변수의 값과 비교해서 크냐, 작냐 또는 같냐 라고 물어보는 것으로 생각하는 것이 해석이 편하다.

연산자	설명(왼쪽 항 기준 표현)	예
<	작다	if (a < b)
<=	작거나 같다	if (a <= b)
>	크다	if (a > b)
>=	크거나 같다	if (a >= b)
==	같다	if (a == b)
!=	같지 않다	if (a != b)

관계 연산의 결과는 1 아니면 0이다. 1이면 "참"이란 의미이고 0이면 "거짓"이라는 의미이다. 보통 단독으로 사용되는 경우는 없으며 if, while문, for문 등에서 조건식으로 사용된다.

```
int a = 5;
int b = 7;                                      [실행결과]
printf("%d >  %d = %d\n", a, b, a > b);          5 > 7 = 0
printf("%d <  %d = %d\n", a, b, a < b);          5 < 7 = 1
printf("%d >= %d = %d\n", a, b, a >= b);         5 >= 7 = 0
printf("%d <= %d = %d\n", a, b, a <= b);         5 <= 7 = 1
printf("%d == %d = %d\n", a, b, a == b);         5 == 7 = 0
printf("%d != %d = %d\n", a, b, a != b);         5 != 7 = 1
```

관계연산자는 해석 시 주로 왼쪽을 기준으로 말을 하는 경우가 많다. 5 > 7은 "5가(는) 7보다 크다."로 많이 읽는다. 오른쪽을 기준으로 말을 하게 되면 "7은 5보다 작다."로 읽을 수도 있다. 같은 말이지만 종종 다른 말로 오해하는 경우가 있다.

```
printf(" %d \n", 5 > 7);           printf(" %d \n", 7 < 5);
[실행결과] <- 5는 7보다 크지 않다.   [실행결과] <- 7은 5보다 작지 않다.
0                                  0
```

수학에서는 왼쪽과 오른쪽을 바꾸는 이항(넘기기)을 해본 경험이 있을 것이다. a와 b 두 개의 변수가 있을 때 "a와 b를 뺄셈한 결과가 0이면" 두 값은 같다.

```
a - b == 0                         a == b
```

위 두 식은 a와 b 변수의 값이 같을 때 결과는 같다. 왼쪽 식은 − 연산과 == 연산 2번을 실행하는 형식이고 오른쪽은 == 연산 한 번만 실행한다. 어느 쪽이 간결한가?

관계 연산은 "~이면"으로 읽는 것이 좋다. 결과는 1이나 0이지만 논리적인 "참", "거짓"으로 해석하기 때문에 "변수명 〈 10"의 식이 있으면 변수의 값은 실행 중에 변경될 수 있으므로 "변수의 값이 10보다 작으면", "변수가 10보다 작을 때"라고 해석하는 것이 일반적이다.

```
int cnt = 0;                       int cnt = 0;
for(int i= 0; i < 5; i++){         for(int i= 0; i <= 5; i++){
    cnt += 1;                          cnt += 1;
}                                  }
printf(" %d \n", cnt);             printf(" %d \n", cnt);
```

위 코드는 실행 결과가 다르다. 왼쪽은 for 문이 5번 실행 후 종료된다. i 변수의 값이 0에서 1씩 증가하여 0, 1, 2, 3, 4일 때까지만 반복하고 5가 되면 i 〈 5는 거짓이 되어 반복이 중단된다. 오른쪽 for 문은 6번 실행 후 종료된다. i 변수는 0에서부터 1씩 증가하여 0, 1, 2, 3, 4, 5일 때까지 반복하고 6이 되면 i 〈= 5는 거짓이 되어 반복이 중단된다. 등호 =가 있느냐 없느냐는 1번의 차이지만 시험에는 에러이거나 오답이 되는 중요한 문제이다.

관계 연산자는 조건식이다.

관계 연산자는 그 결과를 "참", "거짓"으로 해석함을 주의하길 바란다.

1.3 논리연산자

논리 연산의 목적은 조건식을 여러 개 조합하는 것이다.

연산자	설명	예
!	논리 반전(아니면)	if (!a)
&&	논리곱(그리고)	if (a == b && c == d)
||	논리합(또는)	if (a == b || c == d)

논리연산의 결과는 정수로 1과 0이 반환된다. 이를 논리적 표현으로 1을 "참, true"라고 하고 0을 "거짓, false"라고 해석한다. 본래 C언어에는 논리 상태를 의미하는 자료형이 없다. stdbool.h에 선언되어 있는 true와 false는 매크로 상수로 #define true 1, #define false 0으로 선언된 상수일 뿐이다. 다른 언어에는 논리 자료형인 bool, boolean 등을 제공하지만 C언어는 논리적 상태는 0이면 거짓, 0이 아닌 모든 값은 참으로 해석하는 것이 기본이다. 이후로는 논리연산의 결과 1 대신 "참"으로 0 대신 "거짓"으로 표현하여 설명을 하도록 한다.

&& AND 연산은 양쪽의 조건식이 모두 참일 경우 결과는 참이고 하나라도 거짓이면 결과는 거짓이된다. || OR 연산은 양쪽의 조건식 중 하나라도 참이면 참, 둘 다 거짓이면 거짓이다. ! NOT 연산은 논리를 뒤집는다(반전). 즉 참이면 거짓이 되고 거짓이면 참이 되는 연산자이다. 논리연산자는 관계연산자보다 느리다. C언어에서는 0이 아닌 모든 값을 참으로 판단하므로 변수의 값 자체도 논리적인 조건식으로 사용할 수 있다.

```
int a=5;
int b=7;
printf("%d && %d = %d\n", a, b, a &&
b);
printf("%d || %d = %d\n", a, b, a || b);
printf("!%d = %d\n", a, !a);
```

```
[실행결과]
5 && 7 = 1
5 || 7 = 1
!5 = 0
```

위 예에서 a 변수와 b 변수는 0이 아닌 값이기 때문에 모두 참으로 판단하여 논리연산을 수행한다. (참) && (참)의 결과는 참이고, (참) || (참)의 결과는 참이다. !5는 !(참)와 같으므로 결과는 거짓이다. 시험에서는 주로 관계연산자와 함께 사용되는 형태로 나온다. 예를 들어 어떤 변수의 값이 "0과 100 사이라면"을 수식으로 나타내면 x > = 0 && x <= 100으로 쓸 수 있다. C언어에서는 범위의 식을 0 <= x <= 100과 같은 수학 공식처럼 사용하지 않는다.

&&와 ||는 왼쪽부터 오른쪽으로 실행되며 조건이 일치하면 거기서 중지한다. 따라서 조건식을 작성하는 순서에 따라 성능이 달라진다고 한다. 확률이 높은 조건을 맨 처음 기술하면 수행 속도가 빨라진다.

```
(a < 10) && printf("AND 연산");
(a < 10) || printf("OR 연산");
```

왼쪽 조건식 (a < 10)을 먼저 실행하여 참인 경우

❶ && 연산은 오른쪽 조건식을 실행하여 오른쪽 조건식의 결과에 따라 결정된다.

❷ || 연산은 오른쪽 조건식을 실행하지 않고 결과로 참을 반환한다.

반대로 왼쪽 조건식 (a < 10)이 거짓인 경우

❶ && 연산은 오른쪽 조건식을 실행하지 않고 결과로 거짓을 반환한다.

❷ || 연산은 오른쪽 조건식을 실행하여 오른쪽 조건식의 결과에 따라 결정된다.

위와 같이 논리 연산자는 왼쪽 조건식의 결과에 따라 오른쪽 조건식이 실행되기도 하고 실행되지 않기도 한다. 그래서 "~부터~까지 사이"의 범위를 표현할 때

```
if (0 <= x || x < 100){
}
```

|| 연산은 "~이거나", "또는"의 개념으로 사용되는 연산이다. 위 조건식의 의미가 "x 변수의 값이 0 이상 100 미만"으로 보인다면 잘못 본 것이다. || 연산자는 왼쪽 조건이 참이면 오른쪽은 실행하지 않고 참으로 결론을 낸다. x 변수의 값이 0 이상이면 200이든 1,000이든 if 조건은 참이다. 100보다 작은지를 검사하지 않는다.

```
if (0 <= x && x < 100){
}
```

&& 연산은 양쪽 두 개의 조건식이 모두 참이어야 결과로 참이 반환된다. x 변수의 값이 100이면 0 <= x는 참이다. && 연산은 왼쪽 조건식이 거짓이면 멈추지만 참일 때는 오른쪽 조건식을 확인한다. x < 100은 거짓이다. x의 값이 100보다 작아야 참이 되는데 100과 같으므로 오른쪽 조건식은 거짓이 되고 && 연산의 결과는 거짓이 된다. 위와 같이 조건식을 사용해야 "0부터 99까지 사이"가 된다.

일상에서 편히 쓰던 말로 코딩을 바라보면 상당히 어렵다. 일상에서는 말을 줄이거나 생략하고 대충 얘기해도 알아듣는 경우가 많다. 대화에 별 어려움이 없다. 그러나 여러분은 사람과 대화하는 것이 아니다. 기계(컴퓨터)와 대화하기 위해서는 말과 생각의 습관을 길게, 보다 정확하게 표현하려고 신경을 쓰는 것이 코딩에 도움이 된다. 요즘 유행하는 "컴퓨팅 사고"는 "논리적이고 명확한 사고"를 하는 것을 말한다. "프로그래밍이란 사람의 사고를 컴퓨터의 언어로 바꾸는 번역 작업"과 같으며 "컴퓨터는 가능한 간결하고 명확하게 표현해주지 않으면 잘 알아듣지 못한다."는 것을 꼭 기억해 두었으면 한다. 알고리즘의 효율성, 메모리의 최적화, 속도 향상, 안정성 등 뭔가 어려워 보이고 멋져 보이는 프로그래밍 기술들은 나의 생각을 온전히 컴퓨터에 전할 수 있어야만 가능하다는 것을 명심하길 바란다.

1.4 조건식의 결과 판단하기

제어문의 소괄호( )에 작성하는 식을 조건식이라고 하며 가장 빈도가 높은 것은 if 조건문이다. 조건식은 어떤 형태로든 작성될 수 있고 그 결과는 0인 경우 거짓으로, 0이 아닌 경우는 참으로 본다. 시험에서 빈 칸 채우기, 함수 한 줄 수정하기 유형의 문제는 주로 이 조건식을 작성하는 것이 많이 출제될 것이다. 2급 시험의 난이도는 복잡한 알고리즘을 다루지 않아서 조건식만 잘 파악하면 지문을 읽지 않더라도 답을 예상할 수 있을 정도이지만 출제 방식과 난이도는 언제든 변경될 수 있는 것이므로 다양한 연습을 해보길 권장한다.

1) 조건식에 사용되는 연산자

조건식은 어떤 형태로든 작성할 수 있으나 주로 사용되는 것은 관계연산자와 논리연산자이다.
모두 연산의 결과가 논리값이다.

관계연산자(값 간의 크기를 비교)	논리연산자(조건식의 조합)
a == b : a와 b가 같으면 참	!(조건식) : not 연산 논리의 반전
a != b : a와 b가 다르면 참	(조건식) && (조건식)
a < b : a가 b보다 작으면 참	: 왼쪽, 오른쪽 모두 참일 때만 참
a <= b : a가 b보다 작거나 같으면 참	(조건식) || (조건식)
a > b : a가 b보다 크면 참	: 왼쪽, 오른쪽 모두 거짓일 때만 거짓
a >= b : a가 b보다 크거나 같으면 참	

앞서 살핀 연산자들을 다시 정리해본 것이며 분명히 외울 때까지 보아야 한다. 관계연산자가 사용된 식을 "조건식"이라고 보면 무리가 없다. 논리연산자는 "조건식"이 여러 개일 때 이들을 합쳐 하나의

"조건식"으로 구성하는 것이다. 조건식은 "~이면", "~일 때"라고 해석하며 시험 문제의 지문에서 이런 표현이 나오면 조건식으로 관계연산자나 논리연산자가 나올 것임을 예상할 수 있다.

2) if 문에서의 조건식

프로그래밍에서 가장 많이 사용하는 것이 if 조건문이다. 조건식의 결과에 따라 실행을 하거나 건너뛰어 실행하지 않도록 선택하는 문법이다.

```
int a = 10;
if (a) {
}
```

위 코드는 C언어에서 자주 나오는 표현이다. a 변수의 값이 0이 아니면 "참"으로 중괄호{ } 안의 코드가 실행되며 0인 경우는 "거짓"이 되어 실행하지 않고 { } 부분을 건너뛴다. 이때 0이 아니라는 것은 양수이든 음수이든 관계없이 "참"으로 본다.

```
int var = 임의 값;                      int var = 임의 값;
if (var == 10){                        if (var == 10)
    printf("var is 10 ₩n");                printf("var is 10 ₩n");  <- 여기까지
}
```

위 코드는 "변수 var의 값이 10일 때"를 의미하는 조건식 var == 10을 사용하였다. 왼쪽과 오른쪽은 동일한 문장이다. 제어문은 중괄호가 없는 경우 첫 번째 세미콜론;까지만 제어 구간으로 본다. 시험에서 주어지는 코드에서 자주 사용되는 표현이다. 코딩이 익숙하지 않은 경우 놓치는 경우가 생기니 반드시 제어문의 중괄호가 있는지 없는지를 확인하도록 한다. 코딩을 처음 배울 때 많이 보는 문제에 배수를 판별하는 문제가 있다. 실행의 결과는 2가지이다. "배수이다.", "배수 아니다." 중에 하나로 결과가 되어야 한다. "배수이면서 배수가 아니다."는 말장난에 불과하다. 코딩은 명확해야 한다. 이도 저도 아닌 개념은 코딩에서는 사용될 수 없다. 반드시 명확하게 결과가 나올 수 있어야 한다. 이처럼 2가지 중 하나를 선택할 때 사용되는 것이 if~else이다.

```
if (조건식) {조건식이 참일 때 if 쪽 실행}
else {조건식이 거짓일 때 else 쪽 실행}
```

if~else는 조건에 따라 둘 중 하나만 실행하는 경우 작성한다. 모두 실행하거나, 실행하지 않는 경우는 if~else에서는 없다. 이는 조건식의 결과는 참과 거짓뿐이기 때문이다.

```
// 임의의 정수 R 이 4의 배수인지 확인하라
int R = 임의 값;
if (R % 4 == 0){                                          --- ①
    printf("R을 4로 나눈 나머지가 0이다\n");
}
else {
    printf("R을 4로 나눈 나머지가 0이 아니다\n");
}

if (R % 4)    printf("R을 4로 나눈 나머지가 0이 아니다\n");    --- ②
else     printf("R을 4로 나눈 나머지가 0이다\n");
```

위 코드는 배수 판별을 위한 일반적인 코드이고 ①과 ②는 같은 결과가 나온다. if에 사용된 조건식이 다르지만 참과 거짓일 때의 실행을 뒤집어 놓음으로써 결과는 같다. 산술 연산인 나머지 % 연산은 관계 연산자인 ==보다 먼저 실행된다.

①에서는 R % 4는 임의 값을 4로 나눈값을 계산하고 그 값을 0과 비교하여 같으면 "4의 배수이다."로 판단한다. ②에서는 실행할 문장이 각각 하나뿐이므로 중괄호를 생략한 표현이고 R % 4의 결과가 0 이라면 이는 거짓이므로 else 쪽이 실행되어 "4의 배수이다."로 판단한다.

조건식을 여러 개 사용해야 하는 경우 논리연산자를 사용하게 된다. "임의 값 R이 홀수이면서 3의 배수일 때"는 "R이 홀수이면"과 "R이 3의 배수이면"으로 나눌 수 있다. 문장 속에서 조건이 몇 개인지를 알아내는 것이 시험에서는 중요하다. "마케팅부에 김진대리 있나요?"에는 "부서가 마케팅부인가?"와 "이름이 김진인가?"라는 두 개의 조건이 있는 것이다. 책이나 언론 기사들을 여러 개 살펴보면서 이와 같이 조건들을 나누어보면 좋다.

```
int R = 임의 값;                          int R = 임의 값;
if ((R%2) && (R%3==0)){                   if (R%2 == 1){
    printf("True\n");                         if(R%3 == 0)){
}                                                 printf("True\n");
                                              }
                                          }
```

"홀수"는 2로 나눈 나머지가 1인 경우일 것이다. 따라서 R % 2의 결과가 0이 아닐 때 R의 값을 "홀수" 로 판단한다. 그리고 0이 아니면 논리적으로는 "참"이다. 두 번째 조건은 R 이 3의 배수면 나머지 값 이 0이므로 R % 3 == 0이 "참"일 때이다. 두 조건이 모두 "참"이어야 하므로 && 연산으로 두 조건식을 하나의 문장으로 합쳐 작성할 수 있다. 왼쪽 코드와 오른쪽 코드는 같은 결과가 나오는데 별개의 if 로 작성한 것이 오른쪽 코드이다. 두 개의 조건식을 && 연산으로 합치는 경우 이를 if의 중첩으로 표현할 수 있다. R % 2 결과가 참일 때 중괄호{ } 내의 코드를 실행하러 들어가고 다음 if 인 R % 3 == 0이 "참"이면 결국 R % 2 조건과 R % 3 == 0 조건 모두 "참"이 된 것이므로 결과는 같은 코드이다. 간단한 조건식인 경우 왼쪽 코드를 사용하지만 조건식이 복잡하거나 길면 오른쪽과 같이 나누어 표현하는 것이 이해에 도움이 될 것이다. 다음은 다중(다단)이라고 표현되는 형식을 알아보자. 위 오른쪽 코드와 비슷한데 여러 개의 조건식들 간에 우선순위를 두어 판단하는 형식이다.

```
if (A){
    // A is True
}else if(B){
    // A is False
    // B is True
}else if(C){
    // A is False and B is False
    // C is True
}else{
    // finally, A, B, C all False
}
printf(" 여기에서 종료 ₩n");
```

조건 A, B, C 3개가 위로부터 하나씩 else로 연결되는 형식의 문장이다. else는 바로 위 조건이 거짓일 때를 의미한다. 가장 첫 번째 조건인 A가 참이면 이하 나머지를 모두 건너뛰어 가장 아래의 printf 함수가 있는 곳으로 간다. A 조건이 거짓일 때 바로 아래 else로 내려가 두 번째 조건인 B를 살핀다. if(B)에서는 이미 바로 위 A 조건은 거짓이라는 상황에서 해석되어야 하는 것이 중요하다. A가 참이었다면 if(B)는 아예 실행을 하지 않고 건너뛰었을 것이기 때문이다. 조건 B가 참이라면 마찬가지로 이하 부분을 건너뛰어 printf 함수가 있는 곳으로 간다. 조건 B가 거짓이라면 바로 아래 else의 if(C)로 내려가 조건 C을 검사하게 되고 이때 역시 조건 C에서는 그 위 조건인 A와 B가 거짓임을 전제로 생각하여야 한다. 모든 조건이 거짓이면 가장 아래 else만 있는 곳이 실행된다. 이와 같이 여러 개의 조건식을 논리연산자로 합치지 않고 "현재 조건이 거짓이면 다음 조건을 검사한다."는 문장을 만든다. 예를 들면 "중학생이면"이 거짓이면 다음 "고등학생이면"이 거짓이면 다음 "대학생이면"으로 연속적(순차적)으로 조건들을 검사하도록 하는 것이다. 주로 여러 개의 값을 나열해 두고 그중 어느 하나인지 판별하는 용도로 많이 사용되며 특히 범위 문제에서 많이 사용한다. "학생 점수의 범위가 0 이상 100 이하일 때 각 점수의 구간에 따라"와 같은 문제다.

```
int score = 점수 값; // 0<= score && score <= 100이다.
if(score > 80){    81부터 100 사이 일 때}        --- ①
else if(score > 60){    61부터 80 사이 일 때}        --- ②
else if(score > 40){    41부터 60 사이 일 때}        --- ③
else if(score > 20){    21부터 40 사이 일 때}        --- ④
else {    0부터 20 사이 일 때}            --- ⑤
```

①이 참이면 81 이상이므로 나머지 조건을 검사할 필요가 없다. 거짓이면 else인 ②를 보는데 이미 81 이상은 아니라는 것이므로 80 이하의 점수라고 보는 것이다. 따라서 ②가 참이면 80 이하이면서 61 이상이다가 되고 거짓이면 60 이하의 점수가 있다고 보고 다음 else의 ③을 검사하게 되는 것이다. 이처럼 범위를 나누어 어떤 구간별로 다루는 문제에서 사용하면 조건식을 간단히 표현하여 나열할 수 있다. 여기까지 if 문에서의 조건식 개념을 살펴보았다. 조건식을 이해하고자 하는 것이 목적이지만 if 제어문의 설명으로 보아도 무방할 것이다. 시험에서 빈칸 채우기 유형의 문제에 특히 많이 나오는 if 조건문을 확실히 다지는 것이 좋다. 난이도 어렵지 않은 문제들이므로 점수 얻기가 다른 문제에 비해 쉽다.

3) 반복문에서의 조건식

시험에서 주로 출제되는 문제는 배열 요소들의 반복이다. 그리고 그 반복의 조건식을 묻는 문제의 빈도가 높다. 반복문은 3가지가 있으나 그중 while과 for 문이 주로 사용되고 있다.

```
while(조건식){                          for(초기식 ; 조건식 ; 증감식){
    // 조건식이 참인 동안 반복 실행            // 조건식이 참인 동안 반복 실행
}                                      }
```

위 코드 모두 조건식이 참인 동안 중괄호{ } 구간을 반복하여 실행한다. for 문의 경우 초기식은 처음 한 번만 실행되며 주로 변수에 0이나 1과 같은 값을 저장한다. 증감식은 반복하는 동안 일정하게 증가 또는 감소되는 식으로 1씩 증가시키는 i++이나 ++i가 주로 사용된다. 변수명은 i, j, k 등을 많이 사용하는데 특별히 이유가 있는 것은 아니니 크게 신경 쓰지 않아도 된다. 조건식은 관계연산자가 사용되며 반복의 조건식에 논리연산자까지 사용하는 경우는 많지 않다. 수험자는 반복 코드를 보고 몇 번 반복하는지 변수들이 각각 어떤 값이 저장되는 것인지만 판단하면 어렵지 않게 이해할 수 있고 대부분 구간 내에 if 조건문을 포함한다.

```
int i = 0;                          for(int i = 0 ; i < 10 ; ){
while(i < 10){

}                                   }
```

문법적인 비교를 위해 while 문과 for 문을 함께 보도록 하겠다. 위 코드는 i 변수의 값을 0으로 초기
화하고 i 변수의 값이 10보다 작으면(i < 10) 참이 되어 중괄호{ } 내의 코드를 계속 실행한다. 반대로
반복이 멈추려면 조건식 i < 10이 거짓이 되어야 하므로 i 변수의 값이 10 이상 (i >= 10)이 되어야 조
건식이 거짓이 되어 반복이 종료된다.

```
int i = 0;                          for(int i = 0 ; i < 10 ; i++){
while(i < 10){
    i++;
}                                   }
```

이제 반복구간{ } 내에 i 변수의 값을 1씩 증가시키는 i++을 작성하면 반복하는 동안 i 변수의 값은 0
1 2 3 4 5 6 7 8 9 10으로 점차 증가해간다. 여러 번 실행하다가 i 변수의 값이 10이 되면 i < 10은 거
짓이 되어 반복이 종료된다. while과 for 문은 문장을 작성하는 방법이 다를 뿐이다. while 문은 { }
내에 i++을 적고 for 문은 증감식 자리에 작성한다. 모두 반복이 종료되었을 때 i 변수의 값은 10이다.
반복 구간 내에서 추가로 조건을 주어 반복을 종료하는 경우에 if 문을 포함시키는데 이때 break 명령
으로 반복을 종료한다.

```
int i = 0;                          for(int i = 0 ; i < 10 ; i++){
while(i < 10){                          if(i == 5)
    if(i == 5)                              break;
        break;                      }
    i++;
}
```

if의 조건 i == 5가 참이면 break가 실행되어 반복을 종료하게 된다. 위 문장은 변수가 i 뿐이고 if 조
건식이 i를 판단하는 것이어서 사실 반복의 조건은 의미가 없다. 위와 같은 형식은 다른 변수가 더 있
거나 실행할 코드가 더 있을 때 사용된다.

```
int i = 0;                          int total = 0;
int total = 0;                      for(int i = 0 ; i < 10 ; i++){
while(i < 10){                          total += i;
    total += i;                         if(total == 10)
    if(total == 10)                         break;
        break;                      }
    i++;
}
```

위 코드는 반복을 종료하는 조건이 2개이다. i 변수의 값이 10 이상이 되거나 total 변수의 값이 10일 때 반복이 종료된다. i 변수의 값이 10일 때 종료되는 것은 반복문의 조건식 i < 10이 거짓이 될 때이고 total 변수의 값이 10일 때 if 문이 참이 되어 break가 실행되어서 강제 종료되는 것이다. 이를 문제로 내면 "0부터 9까지 정수들을 더한 합이 10일 때 마지막으로 더해진 값이 얼마인가?"처럼 낼 수 있다. 즉 i는 더할 정수들이고 total은 정수들을 더한 총합으로 본다. 반복문은 그 안에서 하나의 변수만 사용하는 경우는 별로 없다. 여러 개의 변수들이 반복하는 동안 어떻게 변하는 것인지를 잘 살펴야 한다.

Chapter

02 | 배열

2.1 배열 구조의 이해

1) 배열 구조의 특징

배열은 자료형이 같은 데이터들의 집합이다. 배열은 여러 개의 데이터를 저장하기 위한 구조로 데이터들을 메모리에서 연속하여 저장하는 선형적인 구조이다.

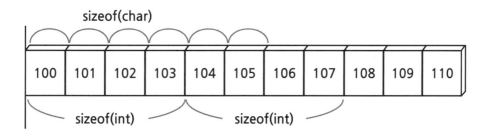

#array01

배열은 반드시 크기가 확정되어 있어야 한다. "확정"이란 것은 "고정"되어 변경되지 않음을 말한다. 프로그램 실행 시에 메모리가 부족하다고 크기를 늘리거나 필요 없다고 임의로 제거할 수 없는 배열을 "정적배열"이라 하여 대괄호[ ]를 붙여 선언한다. 또 다른 방법으로 "동적배열"이 있으나 차후 설명한다. 정적 배열은 프로그램 시작 전에 메모리의 크기를 확정하고 이후 크기 변경이 불가능하다. 배열에서 사용되는 다음 용어를 반드시 외운다.

배열의 용어	해설
배열	연속하여 저장되는 메모리의 구조
배열명	배열의 대표이름 첫 시작주소를 의미하는 "주소 상수"
요소	배열 속 각각의 데이터 요소들은 자료형이 모두 같다.
요소번호	각 요소들에 붙여진 번호로 정수이다. 0부터 시작하여 1씩 증가되는 번호

요소명	배열명[요소번호] 각 요소의 이름 요소가 무엇이냐에 따라 이름의 정의가 다르다.
배열의 크기	배열이 차지하는 메모리의 크기(byte 단위) (밑의 길이와 혼용되는 경우 많아서 주의한다.)
배열의 길이	요소의 개수 최대 길이 : 배열에 저장할 수 있는 최대 요소 개수 현재 길이 : 저장된 요소값의 개수(<= 최대길이)

COS PRO C 시험에서는 배열에 대해 "크기"와 "길이"를 모두 개수의 개념으로 표현하고 있다. 본 책에서는 크기와 길이를 구분하려고 한다. "크기"는 메모리에서의 크기로 "byte" 단위로 표현된다. "길이"는 "개수"이다. 아쉽게도 이것이 표준화가 잘 되어 있질 않다. 표준화가 되지 않았다는 것은 많은 사람, 책에서 다르게 사용된다는 것으로 종종 오해를 가져오고 잘못된 코드를 작성하는 원인이 되기도 한다. 영어권도 마찬가지로 size, length, count, numbers와 같은 단어들이 배열에서 명확한 구분 없이 사용되는 경우가 많다. 배열을 다루는 문제가 많은 COS PRO 2급 시험에서 이런 용어들을 자신의 기준으로 정리해두지 않으면 섣불리 코드를 작성하여 오답이 되는 경우가 많을 것이다. "크기가 3인 배열", "길이가 3인 배열"이라는 표현이 문제마다 혼용되면 수험자는 문제 자체를 이해하기 어려운 상태가 될 수 있다. 다음은 C에서 배열의 중요 규칙이다.

❶ 정적배열은 고정 길이다. 길이를 임의로 변경할 수 없다.(최대 길이)
❷ 배열 요소번호의 범위를 초과할 수 없다(0이 최소 번호이다).
❸ 배열명은 주소를 의미하는 상수로 대입연산의 왼쪽 항으로 사용할 수 없다.

배열에서 사용되는 용어와 함께 반드시 기억해야 하는 규칙이다. 요약하면 배열은 항상 정해진 범위 내에서만 사용할 수 있으며 배열명은 "상수"라는 것이다. 지금 이것을 외워야 다음 배열의 설명을 편히 이해할 수 있다.

배열은 다음처럼 선언한다. "요소의 자료형", "배열명" [배열의 길이]의 형식이다.

```
int arr[10];
printf("arr 배열의 크기 : %d bytes \n", sizeof(arr));
printf("arr 배열 요소의 크기 : %d bytes \n", sizeof(arr[0]));
printf("arr 배열의 길이 : %d 개 \n", 10);
```

int 형 요소 최대 10개를 저장할 수 있는 배열 arr의 선언이며 요소가 변수인 대괄호[ ] 1쌍으로 선언된 배열을 "1차 배열"이라고 한다. arr이라는 이름으로 10개의 정수를 저장할 공간이 확보된다. sizeof

연산자는 메모리에서의 크기를 반환하는 연산자로 소괄호( )에 적은 대상이 메모리에서 몇 byte인지를 반환한다. int 형을 요소로 하는 1차 배열의 크기는 int 형의 크기가 4byte, 길이가 10이므로 40bytes의 공간 크기를 갖는다. C언어는 요소번호가 0번부터 부여된다. 각 요소는 arr[0], arr[1], arr[2]... 라는 식으로 배열명과 요소번호를 통해서 접근할 수 있다. 배열의 이름만을 기술하면 C 컴파일러는 첫 번째 요소([0]번 요소)의 주소로 본다. 즉 배열명 arr는 &arr[0]과 같다. 배열에 데이터를 저장하거나 읽으려면 요소별로 하나씩 읽고 써야 한다. 배열의 요소를 사용하려면 다음처럼 해야 한다.

```
arr[1] = 7;              // [1]번 요소에 7을 저장
scanf("%d", &arr[3]);    // [3]번 요소의 주소(&arr[3])을 주고 키보드 입력값을 저장
printf("%d", arr[3]);    // [3]번 요소의 값(저장되어 있는 값)
```

배열의 공간을 벗어나는 요소번호를 사용하는 경우에는 메모리 오류가 발생한다. 주의할 것은 컴파일러는 이 오류를 사전에 감지하지 못한다. 메모리 오류는 실행 시에 오류가 발생하는데 화면에 메모리 오류라는 대화창만 뜬다. 그래서 배열을 사용할 경우에는 오류를 방지하기 위한 방법들이 필요한데 조건식을 작성할 때 범위를 잘 생각해야 한다.

```
#include <stdio.h>
void main( ) {
    int arr[10];  // 지역(함수 내)에서 선언되는 배열은 0으로 초기화되지 않는다.
    int i;
    for(i = 0; i < 10; i++) {      // 배열에 저장
        arr[i] = i+1;
    }
    for(i = 0; i < 10; i++) {      // 배열 요소들의 출력
        printf("arr[%d] : %d\n", i, arr[i]);
    }
}
```

일반적으로 "배열의 길이"는 "최대 개수"로 이해하는 것이 좋다. 위 코드에서 선언되는 배열 arr의 길이는 10이다. 즉 최대 10개의 요소들을 저장할 수 있다. 그리고 요소번호의 범위는 0부터 시작하여 9까지가 된다. 요소번호의 시작은 항상 0부터임을 잊지 않도록 한다. 모든 요소에 값을 저장하였으므로 "현재 길이", 즉 저장된 개수는 10이다. 저장한 개수와 "배열의 길이"가 같으면 "꽉 찬 상태"로 더 이상 추가할 수 없다. 배열을 다룰 때는 최대 저장할 수 있는 개수와 현재까지 저장한 개수를 구분하여 용어를 사용하는 것을 권한다. 배열은 항상 배열 공간을 초과하지 않도록 주의해야 하고 COS PRO 시험에서는 배열의 길이를 저장된 요소 개수라고 표현하고 있으므로 "배열의 길이는 최대 개수와 같다."고 이해한다.

```
    int arr[10];
    int i;
    for(i = 0; i < 10; i++) {
        if(i < 5)              <-- i 변수의 값이 5보다 작으면
            arr[i] = i+1;
    }
```

위 코드는 배열의 길이와 저장한 개수가 다르다. 배열은 요소 10개로 선언되었으나 for 내에서 저장한 것은 i 변수가 5보다 작을 때로 [0], [1], [2], [3], [4]번까지만 저장하고 나머지 요소들에는 값을 저장하지 않는다. 이 경우 "배열의 길이"는 10이지만 "현재 길이", "저장된 개수"는 5이다. 이를 구분하는 것이 중요하다.

2) 배열의 초기화

배열은 선언되는 위치에 따라 요소들에 들어가는 기본값들이 다르다. 배열을 함수의 외부에 전역변수 공간에 선언하면 자동으로 0으로 초기화되지만 함수의 내부에 지역변수 공간에 선언하면 초기화되지 않고 쓰레기 값이 들어간다.

```
    int outter_array[10];       <-- 전역 정적배열

    int main( ){
        int inner_array[10];    <-- main 함수 지역 정적배열
        return 0;
    }
```

배열을 선언하면서 초기화 해 줄 수 있는데 다음처럼 중괄호{ }를 사용한다.

```
    int arr[10] = {1,2,3,4,5,6,7,8,9,10};
    int arr[10] = {1,2,3};
    int arr[10] = {0};          // 모든 요소의 값을 0으로 초기화된다.
    int arr[ ] = {1,2,3,4,5};   // 길이는 5가 된다.
```

배열의 길이보다 많은 값을 줄 수는 없다. 배열의 길이보다 적은 값을 줄 경우에는 나머지 요소들은 0으로 초기화된다. 초기값을 주는 경우에는 초기값의 개수로 배열의 길이가 결정되기 때문에 생략이 가능하다. 배열을 선언(생성)하려면 반드시 크기가 정해져야 하며 배열의 크기는 "요소의 크기 × 요소의 개수"로 생략할 수는 없다. "정적배열"이든 "동적배열"이든 마찬가지다. "정적배열"의 경우 선언

시에 [ ] 안에 변수를 사용할 수 없다. 다음은 에러이다.

```
int num=10;
int arr[num];      <-- 정적배열 선언 시 변수로 길이를 지정할 수 없다.
```

3) 다차원배열

다차 배열은 배열을 요소로 하는 배열이다. 1차 배열이 선에 해당된다면 다차 배열은 면이나 공간에 해당되는 개념이다. 차원의 수준은 특별한 제한은 없지만 3차 이상은 사용하는 경우가 거의 없다. 많이 사용하는 것이 2차 배열이고 C언어는 구조체를 사용하기 때문에 3차 이상부터는 거의 사용되지 않는다. 3차 배열은 특히 문자열 때문에 나오게 되는데 문자열 자체가 1차 배열의 구조이기 때문이다. 다음은 1차, 2차, 3차 배열을 개념적으로 나타낸 그림이다. 이해를 위한 구조일 뿐 실제 메모리에는 모두 일직선인 1차 배열로 저장된다는 것은 참고로 기억해두기 바란다.

int arr[4]

[0]	[1]	[2]	[3]

int arr[3][4]

[0][0]	[0][1]	[0][2]	[0][3]
[1][0]	[1][1]	[1][2]	[1][3]
[2][0]	[2][1]	[2][2]	[2][3]

int arr[3][3][4]

#array_structure

본 책에서는 3차 배열에 대해서는 다루지 않는다. 잘 사용되지 않기도 하고 시험 출제 경향으로 보면 2차 배열 문제도 빈도가 적다. 2차 배열은 흔히 행과 열로 표현되는데 시험에서는 행의 개수를 "세로 길이", 열의 개수를 "가로 길이"로 표현하고 있다. 이는 2차 배열의 형태가 "면" 형태이고 "표"로 생각하기 쉽기 때문이다. 선언 시 대괄호[ ] 2쌍을 사용하면 [행 개수][행의 길이]로 보는 것이 좋다. 2차 배열은 1차 배열 여러 개가 나열된 것을 의미한다. 따라서 각 "행"은 1차 배열이며, "열"은 1차 배열 내의 각 요소들을 의미함을 반드시 기억하도록 한다. int arr[3][5]인 배열은 행(1차 배열)은 3개이고 각 행(1차 배열)의 길이는 5인 배열이다. "세로 길이"는 1차 배열의 개수이며, "가로 길이"는 그 1차 배열들의 길이를 말한다.

```c
#include <stdio.h>
void main( ) {
// 3 행 4 열인 2차 배열의 선언
    int arr[3][4] = {1, 2, 3, 4, 5, 6, 7, 8, 9, 10, 11, 12};
    int i, j;

    for(i=0; i<3; i++) {          <-- 행 단위의 반복 i 변수는 행 번호(세로)
        for(j=0; j<4; j++) {      <-- 열 단위의 반복 j 변수는 열 번호(가로)
                printf("%d ", arr[i][j]);
        }
        printf("\n");
    }
}
```

위 코드는 가장 일반적인 2차 배열의 사용방법이다. arr 배열에는 길이가 4인 1차 배열 3개 있는 것으로 이해하도록 한다. for 문 2개를 겹쳐서(중첩) 사용하며 바깥쪽 for 문이 세로 방향인 행의 반복이고 안쪽 for 문이 가로 방향인 행의 요소들을 처리하는 반복이다. 2차 배열을 잘 활용하기 위해서는 다음 개념을 알아두는 것이 좋다.

코드	정의	실제적인 의미
arr	2차 배열명	첫 요소인 [0]요소의 주소
arr[0]	arr 배열의 [0]번 요소	길이가 4인 1차 배열명
arr[1][0]	arr 배열 [1]번 요소의 [0]번 요소	1차 배열의 [0]번 요소인 변수
sizeof(arr)	2차 배열의 크기	
sizeof(arr[0])	[0]번 요소의 크기	1차 배열의 크기

1차 배열은 요소가 변수들인 배열이다. 2차 배열은 1차 배열들이 모인 것으로 요소가 1차 배열이다. int arr[3][4]로 선언된 2차 배열 arr에는 int형 요소 4개짜리 1차 배열 3개가 있다는 것이다. 다시 말하면 arr 배열에는 요소가 [3]개가 있다. 각 요소는 int [4]인 1차 배열이다. C언어에서는 모든 배열명은 자신의 첫 요소인 [0]번 요소의 주소를 의미하는 상수이다. 찬찬히 위 설명을 다시 읽고 정리해보기 바란다.

arr[0]은 길이 [4]인 1차 배열명이다. arr[1]도 같은 길이의 1차 배열명이고 arr[2]도 같은 길이의 1차 배열명으로 arr 배열에는 [0]번부터 [2]번까지 3개의 1차 배열이 있다는 의미다. arr[0] 배열에는 int 형 요소가 4개가 있어서 arr[0][0]은 arr[0] 배열의 [0]번 요소로 int형 변수이다. arr[2][3]은 arr[2] 배열의 [3]번 요소인 int형 변수이다. 다음의 코드를 보면

```
int arr[3][4] = {0};                              [실행결과]
printf("arr의 크기 : %d \n", sizeof(arr));          48    <-- 2차 배열의 크기
printf("arr[0]의 크기 : %d \n", sizeof(arr[0]));     16    <-- 1차 배열의 크기
printf("arr[1]의 크기 : %d \n", sizeof(arr[1]));     16
printf("arr[2]의 크기 : %d \n", sizeof(arr[2]));     16
printf("arr[2][3]의 크기 : %d \n", sizeof(arr[2][3])); 4    <-- int 변수의 크기
```

arr[0]은 1차 배열의 이름 즉 배열명으로 arr[0] = 값;의 대입은 에러이다. 배열명은 "주소 상수"로 변경할 수 없다. 2차 배열의 처리 자체는 어렵지 않다. for 문을 2개 겹쳐서 행의 반복과 열의 반복 내에서 "배열명[행번호][열번호]"로 요소들을 처리하면 된다.

2.2 배열의 처리

배열을 이해하고 활용하기 위해 여러 예제들을 살펴보도록 한다. 가능한 시험에 많이 나오는 것들로 추려서 연습해보도록 하겠다.

1) 배열에 임의의 정수를 저장하고 그 합과 평균을 구하는 코드를 학습해보자.

```
#include <stdio.h>
#include <stdlib.h>
void main( )
{
        int arr[10];
        int i, sum;
        double avg;
        //입력
        for(i=0; i<10; i++){
            arr[i] = rand( ) % 101;
        }
        // 요소들의 총합 구하기
        sum=0;
        for(i=0; i<10; i++)
```

```
        sum += arr[i];
        avg = (double)sum / 10;

        //출력
        printf("합계 : %d\n", sum);
        printf("평균 : %lf\n", avg);
}
```

배열에 값을 저장하면서 합계를 구해도 되긴 하지만 될 수 있으면 입력과정과 계산과정, 출력과정을 분리하여 코딩하는 습관을 들이는 것이 좋다. 데이터를 입력받다 말고 계산하고 계산하다 말고 출력하고 하는 식의 코드는 유지보수에 힘이 많이 들어간다. 위 코드는 배열을 "꽉 채운 상태"로 계산한다. 배열 길이인 10개 요소에 모두 임의 값을 저장하고 그 값들의 총합을 반복문으로 구한다. rand 함수는 stdlib.h에 선언된 표준 함수로 0~32767 범위에서의 임의 정수를 반환하는 함수이다. 평균을 계산할 때는 나눗셈을 하게 되는데 보통 나눗셈은 실수값을 생각하므로 자료형을 double로 하였으며 산술 연산/는 정수끼리의 연산 결과는 정수이므로 실수가 되도록 하기 위해 형변환 (double) sum / 10 이 사용되었다. 배열 요소들의 총합을 구하는 코드는 시험에 많이 나오므로 잘 익혀두는 것이 좋다.

2) 최대값 구하기

최대값은 배열 요소 중에서 가장 큰 값을 찾아내는 알고리즘이다. 사람은 데이터를 보고 어느 것이 가장 크고, 어느 것이 가장 작은지 알아낼 수 있다. 그러나 컴퓨터는 찾는 방법을 알려주어야 한다. 일반적인 최대값을 찾는 방법은 우선 임의의 변수를 정의하고 예를 들어 max라 하자. 이 변수에 배열의 첫 번째 값을 저장한다. 이 값이 가장 크다고 가정하고 다음번 요소에 있는 값과 비교를 한다. 이 변수에 저장된 값보다 큰 값이 있으면 더 큰 값으로 바꿔치기를 한다. 이 과정을 배열이 끝날 때까지 반복한다.

```
#include <stdio.h>
void main( )
{
        int a[10]={1, 2, -4, 56, 8, 89, 77, 23, 4, 22};
        int max, maxpos;
        max = a[0];   // 첫 번째(0번 요소)값이 가장 크다고 가정한다.
        maxpos = 0;  // 현재 위치(요소번호)를 저장

        for(int i=1; i < 10; i++) {
            if(max < a[i]) //max보다 더 큰 값이 나오면
```

```
            {
                max = a[i];  // max의 값을 변경한다.
                maxpos = i; // 위치값도 변경한다.
            }
        }
        printf("최대값 : %d, 요소번호 : %d\n", max, maxpos);
    }
```

반대로 최소값을 찾을 경우 위 코드에서 if의 조건식에 관계연산자만 뒤집어 준다.

```
#include <stdio.h>
void main( )
{
        int a[10]={1, 2, -4, 56, 8, 89, 77, 23, 4, 22};
        int min, minpos;
        min = a[0];   // 첫 번째(0번 요소)값이 가장 작다고 가정한다.
        minpos = 0;  // 현재 위치(요소번호)를 저장

        for(int i=1; i < 10; i++) {
            if(min > a[i]) // min보다 더 작은 값이 나오면
            {
                min = a[i];  // min의 값을 변경한다.
                minpos = i; // 위치값도 변경한다.
            }
        }
        printf("최소값 : %d, 요소번호 : %d\n", min, minpos);
}
```

배열의 "위치"는 요소번호라고 생각하면 된다. 배열의 요소들 중 가장 작거나 큰 값을 찾을 때는 요소들 중 첫 번째가 되는 [0]번 요소를 시작값으로 하여 나머지 요소들의 값과 비교하여 더 작거나 큰 값이 있는지 찾아본다고 생각하면 된다.

3) 특정 요소를 찾기

어떤 값이 배열 내에 존재하는지를 찾는 과정을 검색이라고 한다. 검색 알고리즘은 여러 가지가 있다. 선형검색, 이분검색, 해쉬 검색 등이 대표적으로 많이 사용되는데 각각 장단점이 있다. 선형검색은 찾으려는 값을 배열의 처음부터 시작해서 찾을 때까지 검색하는 방법이다. 구현이 쉬운 반면에 찾으려는 값이 어디에 놓여 있느냐에 따라 검색시간이 오래 걸리는 단점이 있다. 만일 데이터가 10,000개 이상이 존재한다면 최악의 경우 10,000번의 비교를 해야만 원하는 값을 찾을 수 있기 때문에 속도가 느

려질 수 있다. 이분 검색은 이를 개선한 알고리즘인데 데이터가 순서대로 정렬되어 있음을 가정한다. 순서대로 정렬된 데이터를 반으로 나누어 원하는 값이 작은 쪽에 속하는지 큰 쪽에 속하는지 비교한 후 반을 버리고 남은 반만 가지고 다시 동작을 반복하기 때문에 원하는 값이 어디에 있던 일정한 횟수의 비교를 하기 때문에 검색속도가 빠르다. 그러나 데이터를 정렬하는데 많은 시간이 필요할 경우에는 의미가 없다. 해쉬 검색은 이론상 한 번에 원하는 값을 찾을 수 있어서 속도는 가장 빠르나 구현이 어렵다. COS PRO 2급에서는 이런 알고리즘에 대한 문제는 없으므로 다양한 검색 방법이 있다는 것만 기억해두면 되겠다. 시험에서는 주로 선형검색을 사용한다. 배열 안에 무작위로 데이터가 있더라도 원하는 값을 정확히 찾아낼 수 있다. 배열 요소들을 차례대로 읽어가다가 원하는 값을 찾거나 배열이 끝이 나면 종료한다.

```c
#include <stdio.h>
void main( )
{
        int a[10]={1,2,3,4,5,6,7,8,9,10};
        int i, key;

        key = rand( ) % 10 + 1;
        printf("찾을 값 : %d \n", key);

        i=0;
        while(i < 10)       { <-- i 변수가 10이 되면 반복이 멈춘다.
          if(key == a[i]) { <-- key와 a배열의 [i]번 요소가 같으면
            break;          <-- 반복이 멈춘다. 이때의 i는 10보다 작다.
          }
          i++;
        }
        if(i < 10)    <-- while 문 내 if가 참인 적이 없었으면 i 변수는 10이다.
          printf("%d 번째에 있습니다.\n", i);
        else
          printf("찾을 수 없습니다.\n");
}
```

요소들의 반복을 for 문을 사용해도 좋다. 위 코드에서는 while 문으로 작성하였다. key 변수에 rand( ) 함수로 1~10 사이의 임의 값을 저장하고 이 값을 배열에서 찾는 코드이다. i 변수를 a 배열의 요소번호로 사용하여 0부터 반복하는 동안 1씩 증가하여 차례로 요소들을 비교하면서 반복하다가 key와 같은 값이 있으면 break로 반복을 종료한다.

4) 배열 복사하기

배열의 복사는 요소들을 하나씩 복사하는 것을 말한다. 앞서 말했듯이 배열명은 상수이므로 변수처럼 대입 연산으로 복사하는 것은 할 수 없다.

```
int a[10] = {1,2,3,4,5,6,7,8,9,10};
int b[10]; // 길이가 같거나 더 큰 배열을 준비해야 한다.
for(int i = 0; i < 10; ++i){
    b[i] = a[i];    <-- [i] 번 요소를 복사한다.
}
```

복사 자체는 어려운 코드가 아니다. 주의할 것은 사본(복사된) 배열의 길이는 반드시 원본(복사할) 배열보다 커야 한다.

2.3 문자열

1) 문자의 이해

문자를 저장하거나 처리하기 위해서는 작은따옴표' '로 상수를 쓰거나 char 형 변수를 선언한다. char 형 변수에는 문자 1개의 값을 저장할 수 있다. 컴퓨터에서 문자는 사실은 정수이다. 그래서 종종 문자를 int형 변수에 저장하거나 반환하는 함수를 볼 수 있는데 이는 정상적인 처리이다. 사람이 사용하는 "문자"에 번호를 붙인 것과 같은데 그 번호를 "문자값" 또는 "문자 코드"라고 한다. 우리가 사용하는 문자가 컴퓨터에서의 번호가 몇 번인지는 세계적인 표준으로 정하여 다루고 있다. 마음대로 사용하는 것이 아니라 일정한 규칙에 따른다. 프로그래밍 언어에 따라 사용하는 문자 코드가 다른데 C언어는 ASCII 라는 코드를 기준으로 문자를 처리한다. ASCII는 영문자, 숫자, 여러 기호들의 번호를 정의해두고 문자 1개를 1byte로 처리하도록 하고 있다. 1byte는 8bits로 구성되며 2진수 8자리의 정수 범위를 갖게 된다. 1byte로 표현할 수 있는 범위는 −128~127 사이로 256가지의 표현이 가능한 범위다. 즉 최대 256개의 문자를 정의했다는 것이다. 아래는 ASCII 중 일부이다.

Character	ASCII	Character	ASCII	Character	ASCII	Character	ASCII	Character	ASCII
a	97	n	110	A	65	N	78	0	48
b	98	o	111	B	66	O	79	1	49
c	99	p	112	C	67	P	80	2	50
d	100	q	113	D	68	Q	81	3	51
e	101	r	114	E	69	R	82	4	52
f	102	s	115	F	70	S	83	5	53
g	103	t	116	G	71	T	84	6	54
h	104	u	117	H	72	U	85	7	55
i	105	v	118	I	73	V	86	8	56
j	106	w	119	J	74	W	87	9	57
k	107	x	120	K	75	X	88		
l	108	y	121	L	76	Y	89		
m	109	z	122	M	77	Z	90		

#ascii

C언어에서 문자 처리는 ASCII표를 기준으로 처리하는 것이며 이 중 주의해서 볼 것은 숫자들이다. 시험 문제들을 보면 "숫자"라는 표현이 자주 등장하는데 이는 옳은 표현이 아니다. "수"를 "숫자"로 잘못 표현하고 있는 것이다. "숫자"는 수를 표현하기 위한 "문자"로 다양한 문자 표기법이 존재한다. 한글에서 "하나", "둘", "셋" 영어에서 "one", "two" 등 각 나라 언어마다 수를 표현하는 문자나 단어들이 존재한다. 흔히 얘기하는 "숫자"는 그중 아라비안 표기법을 사용한 것이며 사람은 10진 체계로 수를 다루기에 '0'부터 '9'까지 10개의 "숫자"로 수치 정보를 표현했던 것이다. 이를 구분하지 못하면 코딩 테스트는 무의미하다. 숫자 '0'은 컴퓨터 내에서 정수 48로 저장되기 때문에 숫자 '0'을 정수로 바꾸려면 '0' − 48의 뺄셈을 해야 한다. 마찬가지로 숫자 '9'는 57이므로 48로 뺄셈을 해야 정수 9가 된다. 키보드에서 9를 입력하여 ch 변수에 저장하였다면 이를 정수로 변환하기 위해 다음처럼 해야 한다.

```
char ch = '9';
int number = ch - 48;    // 48은 문자로 '0'이므로 '0'을 써도 된다.
```

문자열을 제대로 다루기 위해서는 각 언어에서 사용하는 "문자 코드"가 무엇인지 알고 대응하는 것이 정석이다. 여러분은 시험을 치르기에 시험에서의 표현에 맞추어 설명하겠지만, "숫자"와 "수"는 분명히 다른 것임을 알아두어야 한다. 한글은 반드시 문자열로 표현해야 한다.

2) 문자열의 이해

문자열은 곧 문자들을 요소로 하는 배열이다. 문자열은 그 자체로 char형 1차 배열과 같다고 보면 된다. 문자배열도 요소가 문자(char)일 뿐이지 배열이기 때문에 똑같이 취급된다. 다만 그 처리에서는 몇 가지 규칙이 있다.

- ASCII에 정의된 문자들을 제외한 나머지는 모두 문자열로 처리(한글, 한자 등 비영어)
- 메모리에 저장하는 문자열의 끝은 반드시 널문자('₩0') 여야 한다.
- 문자열 처리 함수는 문자열의 시작주소 − 첫 글자의 주소를 전달한다.

다른 배열도 마찬가지지만 배열의 길이가 10이라고 해서 저장된 데이터의 개수도 항상 10인 것은 아니다. 그래서 배열에 데이터들을 저장할 때는 몇 번 요소까지 저장이 된 것인지를 계산하여 배열 길이를 넘지 않는지 판단하고 저장된 개수만큼 반복하면서 처리하는데 "배열의 길이"는 선언 시 고정(상수)값으로 지정하므로 바로 알 수 있지만, "현재까지 배열에 저장한 개수"는 매번 다르고 따로 변수에 저장해두지 않으면 알 수가 없다. 특히나 코딩에서 가장 많이 다루게 되는 문자열을 매번 그렇게 다루면 코딩하기 상당히 피곤해진다. "이름" 하나 입력하려면 배열 선언해서 문자 하나씩 for 문으로 반복하여 저장하면서 어디까지 저장했는지를 세어 따로 저장해야 하는데 문자열의 수가 많아지면 추가되는 변수가 상당히 많아진다.

즉 문자열 10개를 저장하고 처리하려면 문자열의 길이를 저장한 변수도 10개가 있어야 한다는 말이다. 사람 이름 같은 경우 2글자인 사람도 있고 10글자인 사람도 있다. 다양한 길이의 문자열을 처리하기 위한 방법으로 제시한 규칙이 "끝"을 표시하자는 개념이다. 문자열은 그 길이가 매번 다른 경우가 많아 미리 정해진 약속으로 정수 0을 항상 마지막에 붙이도록 하고 있다. 이 값을 널(NUL) 문자라고 부르며 문자 표기로 '₩0'을 사용한다.

[0]	[1]	[2]	[3]	[4]	[5]	[6]	[7]
'H'	'e'	'l'	'l'	'o'	'₩0'	0	0

위 같이 저장된 char 배열에 [5]번 요소는 널문자로 저장된 문자열의 끝임을 의미하게 된다.

이를 규칙으로 하여 문자열 처리는 0을 만나기전까지는 아직 끝나지 않았다고 인식하여 계속 반복하도록 코드를 작성하게 된다. 그래서 문자배열을 선언할 때는 항상 최대로 사용될 길이 +1을 해주어야 한다. NUL값 들어갈 자리를 확보해줘야 하는 것이다. 가끔 이상한 한자가 나오곤 하는데 널문자를 저장하지 않은 경우에 발생한다.

```
#include <stdio.h>
void main( ){
    char s1[ ] = "COS PRO";          <-- s1 배열에 문자열을 초기화한다.
    char s2[10]={'k', 'o', 'r', 'e', 'a'}; <-- s2 배열에 한 문자씩 초기화한다.
    s1 = "cos pro specialist";    <-- s1 배열명에 대입 연산 불가
}
```

char 형 배열을 선언하면서 문자열 초기화는 위와 같이 작성이 가능한데 선언 이후에 대입하는 것은 에러이다. s1은 배열명이므로 불가능하다. 문자열만의 특징으로 이해하는 것이 좋다. 문자열을 처리할 때 직접 문자 하나씩 다루는 경우 반복문을 사용하며 문자열을 처리하는 함수를 사용할 때는 문자열

의 시작주소를 전달하도록 하고 있다. 문자열을 배열에 저장하였다면 배열명이 첫 문자의 주소를 의미하므로 배열명을 써준다고 생각하면 된다. 화면에 출력하기를 할 때 주로 사용되는 printf로 문자열을 출력하려면 문자열을 의미하는 형식 지정자 %s를 쓰고 뒤에 문자열의 시작주소를 적어준다. 여기서는 배열명인 경우이다.

```c
#include <stdio.h>
void main( )
{
        char s1[ ] = "COS PRO";          <-- s1 배열에 문자열을 초기화한다.
        char s2[10]={'k', 'o', 'r', 'e', 'a'};  <-- s2 배열에 한 문자씩 초기화한다.
        printf("%s   %d\n", s1, sizeof(s1)); <-- 문자열의 시작주소를 전달
        printf("%s   %d\n", s2, sizeof(s2));
}
```

문자배열은 2차 배열을 사용하는 경우가 많다. 시험에서 최소한 1문제 정도는 나올 가능성이 높다. char color[5][10]={"red", "green", "blue", "brown", "cyan"};은 5개의 문자열을 저장할 수 있는 2차 배열의 선언이며 각 문자열은 최대 9개의 문자를 저장할 수 있다. 마지막에 널문자를 반드시 저장해야 하기 때문에 배열의 길이가 10이면 하나 줄인 9개까지만 문자를 저장할 수 있다. 저장된 상태를 아래와 같이 이해한다.

color[0]	'r'	'e'	'd'	'\0'					
color[1]	'g'	'r'	'e'	'e'	'n'	'\0'			
color[2]	'b'	'l'	'u'	'e'	'\0'				
color[3]	'b'	'r'	'o'	'w'	'n'	'\0'			
color[4]	'c'	'y'	'a'	'n'	'\0'				

널문자 이후로는 어떤 값이 있든지 상관하지 않는다. 문자열은 널문자에서 종료되기 때문에 이후 요소의 값이 무엇인지는 관심을 두지 않는다. 코드의 의미를 생각하면

• color : 2차 배열명

• color[0] : [0]번 행 전체를 나타낸다(&color[0][0]과 같다).

• color[0][0] : [0]번 행의 [0]번 문자

color는 문자열이 아니라 문자열들을 저장한 배열명이다. 각 문자열은 color[행번호]로 표현한다. 대괄호가 하나 더 붙는 color[행번호][열번호]는 char 변수명으로 생각하면 된다.

```
#include <stdio.h>
void main( ){
    char color[5][10]={"red", "green", "blue", "brown", "cyan"};
    int i, k;
    for(i=0; i<5; i++)
            printf("%s\n", color[i]); <-- [i]번 문자열의 출력

    // 문자들을 하나씩 출력
    for(i=0; i<5; i++){
       for(k=0; k<10; k++){
           printf("%c", color[i][k]);    <-- [i]번 문자열의 [k]번 문자
       }
       printf("\n");
    }
}
```

문자열 단위로 출력할 때는 printf에 "%s"로 형식을 주고 각 i 번 문자열의 시작주소인 color[i]를 전달해준다. 모든 문자들을 하나씩 처리(출력)하는 경우 2차 배열이므로 for 중첩 구조로 표현하여 [i]번 문자열 내 [k]번 문자로 표현하여 처리할 수 있다.

3) 문자열 처리의 이해

이제 문자열 처리를 이해하기 위한 기능적인 코드들을 몇 가지 살펴보려고 한다. 코드에서 문자열을 어떻게 처리하는지를 꼭 정리한다. 첫 번째로 문자열 길이를 구하려고 한다.

코딩 예제 문자열 길이 알아내기

예제

```
#include <stdio.h>
void main( ){
    char s[12] = {"cospro2"};
    int len=0;
    while(s[len] != 0)
            len++;
    printf("길이 : %d\n", len);
}
```

모든 문자열의 끝은 널문자이다. 널문자는 정수 0이나 문자 '₩0'으로 작성할 수 있다. len 변수를 0으로 초기화하여 [0]번 문자부터 차례로 하나씩 while 조건식 s[len] !=0으로 검사하여 s 배열의 len 번요소의 문자값이 0이면 거짓이 되어 반복이 종료된다. 이때 len 변수값이 문자열의 길이가 된다. 주의할 것은 2가지인데 하나는 문자열의 길이와 그 문자열을 저장한 배열의 길이는 다르다는 것이다. 선언된 s 배열의 길이는 256이지만 저장된 문자열의 길이는 그보다 짧다. 선언되는 배열의 길이 [10]이라고 해서 저장된 문자열의 길이도 10이라고 생각해서는 안 된다. 두 번째는 반복 종료 후 [len]번 요소에는 어떤 값이 있느냐는 것이다. while 조건식이 s[len] !=0이므로 반복이 종료된 것은 이 조건이 거짓일 때다 따라서 반복이 종료되었을 때 s[len]에는 0이 저장되어 있다. 그럼 이 문자열은 [0]번부터 [len-1]번까지 문자들이 저장되어 있고 [len]번에는 널문자인 0이 저장된 상태임을 이해할 수 있어야 한다. 문자열의 길이 len이 7이라면 [7]번 요소는 0이고 [0]번부터 [6]번까지 문자들이 저장되어 있다. 널문자까지 개수를 세었다면 8개의 문자를 저장한 것이다.

[0]	[1]	[2]	[3]	[4]	[5]	[6]	[7]	[8]	[9]	[10]	[11]
'c'	'o'	's'	'p'	'r'	'o'	'2'	0				

"문자열이 길이"는 널문자 전까지의 문자 개수이며, 배열의 길이보다 작아야 한다.

문자열을 다른 배열에 복사해 보자. 요소 단위로 반복하면서 대입 연산을 실행하는 것은 일반적인 배열 복사와 같지만, 문자열에서는 널문자가 있다. 한 가지 방법은 복사할 문자열의 길이를 알아낸 다음 for 루프를 이용해서 한 글자씩 복사를 하면 되고, 또 한 방법은 NUL값을 만날 때까지 복사하면 된다. 마지막 글자에 NUL값을 추가해야 한다.

```c
char s1[80] = {"cos pro 1234"};;
char s2[80];
int len, i;
// s1 문자열의 길이 구하기
len = 0;
while(s1[len] != 0) len++;
printf("s1 문자열의 길이 : %d ₩n", len);

// s1 문자열의 길이만큼 반복하여 복사하기
for(i=0; i <= len; i++) {   <-- [len]번까지 복사한다.
    s2[i] = s1[i];
}
printf("복사본 : %s ₩n", s2);
```

문자열의 길이는 널문자가 나올 때까지 문자의 개수를 센 len 변수를 ++로 1씩 증가시켜 저장한다. while 반복이 종료된 후 s1 배열의 [len]번 요소에는 널문자가 있음을 기억하자. s1 문자열의 길이를 구한 후 이어서 s2에 문자열을 복사한다. 이때 for 문의 반복을 len까지 실행하여 마지막 문자일 널문자까지 s2로 복사하기 때문에 문자열 복사는 for 반복 종료 시 완전하게 복사된 상태가 된다.

```
char src[80] = {"cos pro 1234"};;
char dest[80];
int  i;
// 문자열 길이를 계산하지 않고 널문자이면 복사를 중단
for (i = 0; src[i] != 0 ; ++i) {<-- 널문자 이면 반복 종료
    dest[i] = src[i];    <-- 문자들을 복사
}
dest[i] = 0;          <-- 반복에서 널문자를 복사하지 않고 종료하기 때문
printf("원본 : %s\n", src);
printf("복사본 : %s\n", dest);
```

위 코드는 따로 문자열의 길이를 구하지 않은 상태에서 바로 문자열을 복사하는 방법이다. 모든 문자열에는 끝을 의미하는 널문자가 있다는 규칙이 있어서 가능한 방법이다. 이런 규칙이 없다면 문자열의 길이를 반드시 계산하거나 따로 저장해둔 것이 있어야 한다. 반복문 종료 후에 dest 배열에 마지막으로 0을 저장하는 것은 반복 조건식에 의해 src 배열의 [i] 번 요소가 0이면 dest 배열에 저장하지 않고 바로 반복 종료되기 때문에 dest에 복사된 문자열의 마지막에 널문자를 추가해야 한다. 문자열 처리 시에는 항상 끝에 널문자가 있어야 한다는 규칙만 잘 기억해두면 일반적인 배열 다루는 것과 차이가 없다.

4) 문자열 처리 함수들 다루기

여기서는 몇 가지 시험에 꼭 필요한 함수의 사용법만 배운다. 참고로 시험에서 사용되는 함수들은 현재는 버전이 바뀌어 사용 시 에러나 경고인 함수들이다. C언어도 지속적인 개선이 되어 최근 다루는 C언어 표준은 많이 변경되었고 강제하는 것도 많아서 수험자들이 집에서 연습할 때는 정상적이지 않을 수 있으니 주의해야 한다.

```
문자열 길이 알아내기
size_t strlen(const char *string);
문자열의 길이를 반환한다.
헤더파일 : string.h
반환값 : 문자열의 길이. size_t  : int 타입임
```

문자열 복사하기
char *strcpy(char *strDestination, const char *strSource);
strSource의 내용을 strDestintion으로 복사한다.
헤더파일 : string.h
반환값 : strDestination의 주소값이다.

문자열 비교하기
int strcmp(const char *string1, const char *string2);
두 문자열을 비교한 결과를 반환한다.
헤더파일 : string.h
반환값 : string1과 string2를 사전순으로 비교한 후
string1이 string2보다 작으면 -1, 같으면 0, 크면 1 반환
(ASCII값 참고. 한글은 영문보다 항상 크다.)

문자열 결합하기
char *strcat(char *strDestination, const char *strSource);
strDest에 strSource의 내용을 덧붙인다. strDest에서 널문자를 찾아 그곳에서부터 추가한다.
헤더파일 : string.h
반환값 : strDestination의 주소값이다.

```c
#include <stdio.h>
#include <string.h>
void main( ){
        char s1[100]="대한민국 파이팅";
        char s2[100];
        char s3[100];
        // 문자열의 길이를 반환한다.
        printf("s1 문자열의 길이 : %d\n", strlen(s1));

        strcpy(s2, s1);  //s1 배열의 값을 s2 배열로 복사한다.
        printf("%s\n",s2);

        strcat(s2, s1);  //s1 배열의 값을 s2의 값에 덧붙인다.
        printf("%s\n",s2);

        // 문자열의 비교, 일치하면 0, 다르면 1 또는 -1
        printf("%d\n", strcmp("school", "boy"));
        printf("%d\n", strcmp("boy", "school"));
        printf("%d\n", strcmp("boy", "boy"));
}
```

문자배열 함수들 모두 충분한 크기의 배열을 전달해야만 한다. 스스로 메모리의 크기를 늘리거나 오류를 체크하지 않으므로 주의해서 다루어야 한다. 2차 배열을 이용해서 문자열을 검색하여 위치인 요소번호를 확인하는 코드를 작성해보자.

```
#include <stdio.h>
#include <string.h>
void main( ){
    char word[6][20]={"한국", "미국", "일본", "영국", "독일", "호주"};
    char key[20] = {0};
    int cnt;
    strcpy(key, "독일");
    printf("찾을 단어 : %s ₩n", key);
    cnt = 0;
    for(int i = 0; i < 6 ; ++i){
            if(strcmp(word[i], key) == 0){
                printf("%d 번째에 있음₩n", i);
                cnt++;
            }
    }
    if(cnt == 0) printf("찾을 수 없음₩n");
}
```

6개국의 이름을 배열에 저장하여 그중 "독일"이 있는지 검색하는 코드이다. 이때 for 문은 모든 문자열을 검사한 후 반복을 종료하는데 cnt 변수는 "독일"이 몇 번 나왔는지를 세는 것과 같다. 즉 원하는 문자열을 찾았을 때 break를 실행하지 않으면 계속 반복하여 마지막 요소까지 모두 검사하는 것이므로 원하는 문자열이 중복 없이 저장되어 하나뿐이라면 if 조건문에서 break를 실행하지만 중복이 가능하여 "독일" 문자열이 여러 개가 있다면 모두 검색하기 위해 break를 실행하지 않고 모든 요소를 검사하도록 한다. 검색의 결과는 저장된 데이터의 상태에 따라 여러 경우를 잘 생각해두어야 한다.

```
"배열에는 중복되는 요소가 없다."인 경우
for(; ;) {
    if (조건식){
        break; <-- 원하는 값을 찾았으면 더이상 반복할 필요가 없으므로 중단.
    }
}
"배열에 요소들이 중복될 수 있다."인 경우
for(; ;) {
    if (조건식){
        <-- 해당하는 모든 값을 찾아야 하므로 배열 끝까지 반복해야 한다.
    }
}
```

통상의 검색 결과는 검색 결과가 없다면 할 일이 없다. 검색 결과가 있다면 "하나 이상 여러 개"이거나 "반드시 하나"여야 하는 경우로 나누어 코드를 작성한다.

Chapter 03 | 포인터

3.1 메모리의 구조와 포인터의 이해

1) 메모리의 구조

컴퓨터에서 사용하는 단위는 bit와 byte이다. 1byte는 8bits로 2진수(bit) 8자리를 의미한다. 컴퓨터에는 "메모리"라는 저장장치가 있는데 모든 데이터와 처리 명령을 이곳에 저장한 후 실행하게 된다. 메모리에 처리할 데이터를 저장하는 것을 보통 "할당", "대입"한다라고 한다. 메모리는 여러 개의 데이터들을 저장하기 위해 일정한 크기로 공간을 나누어서 사용하는데 그 최소 크기가 1byte이다. 그리고 각 1byte 크기의 공간을 구분하기 위해 0부터 시작되는 번호를 매겨서 사용하며 이를 "메모리의 주소"라고 부른다.

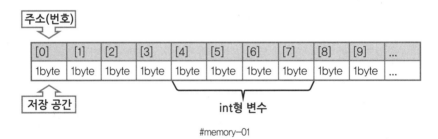

#memory-01

메모리에 데이터를 저장하거나 가져올 때는 시작주소에서부터 크기만큼 처리된다. 예를 들어 주소가 4인 곳에 정수 20을 저장하면 정수는 4byte 크기이므로 4번지부터 7번지까지의 공간에 20을 저장한다. 하나의 데이터를 저장한 공간을 "변수"라고 부르며 이름을 지정하거나 주소를 사용하여 처리할 수 있다. C언어의 "포인터"는 이 메모리의 주소를 이용하는 방법을 말한다.

2) 포인터변수

포인터란 포인터형 변수를 말한다. C언어를 처음 배우는 사람들은 말할 것도 없고 어느 정도 할 줄 아는 사람들도 힘들어하는 경우가 많다. 때로는 포인터를 잘 안다고 아무 곳에나 포인터를 남발하기도 한다. 명심할 것은 포인터는 C언어의 강력한 무기임과 동시에 프로그래머에게 상당한 책임을 요구하는 기술이라는 것이다. 제대로 사용된 포인터는 C언어를 다른 언어와 차별화되게 하는 좋은 수단이 된다. 다만 포인터의 모든 내용을 이해하기 위해서는 상당한 분량과 시간이 필요하다. 이 장에서는 시험을 위해 필요한 내용을 중심으로 설명을 하도록 하겠다. 기본 개념은 반드시 외우도록 한다.

> 메모리의 주소는 메모리 내에서의 위치를 의미한다.
> – 1byte마다 매겨진 번호이며 정수이다.
> 포인터 변수는 주소를 저장하는 변수이다.
> – 주소를 저장하기 위해서는 포인터 변수를 선언해야 한다.
> 선언 또는 할당받지 않은 주소를 가리킬 수 없다.
> – 임의로 아무 주소나 사용할 수 없다.
> &변수명
> – 변수의 주소
> * 주소
> – 주소에 저장된 값 또는 그 주소라고 읽는다.

변수 number를 선언하면 시스템은 메모리의 적당한 위치에 해당 변수의 공간을 할당해준다. 그리고 그 주소를 기억해두고 관리하게 된다. 변수의 주소를 알고 싶다면 변수명 앞에 주소연산자 &(앰퍼센트)를 붙여 알 수 있다.

```
int number = 123;
printf("number 주소 : %p   값 : %d\n", &number, number);
```

%p는 주소를 출력하는 형식이다. 변수의 주소는 고정된 위치가 아니라 매번 실행할 때마다 달라진다. 우리가 정해서 사용하는 것이 아니라 시스템으로부터 빌려서 사용하는 개념으로 생각하면 된다. 변수명은 저장된 값을 의미하고 &변수명은 변수의 주소를 의미한다. 그럼 어느 변수의 주소를 저장하고 싶을 때는 어떻게 할까? 그것이 포인터변수의 용도이다.

포인터 변수는 역참조 연산자 *(아스테리스크)를 붙여 선언하는데 "자료형 *포인터변수명"의 형식으로 선언한다. 다음은 int 형 포인터 변수의 선언이다.

```
int *ptr;
```

이렇게 선언하면 ptr 변수에 저장되는 값은 주소임을 알린다. 다른 변수들은 저장할 수 있는 값이 정수나 문자, 실수 등인데 포인터변수에는 컴퓨터 메모리의 주소를 저장할 수 있다. 즉 다른 변수의 주소를 저장함으로써 포인터변수를 통해 다른 변수들에 접근이 가능하여 포인터변수를 사용할 때 "간접 참조"라는 표현이 나온 이유다. 다른 변수의 주소를 저장하는 방법을 살펴보자.

```
int number = 5;
int *ptr = &number;                    ptr 이 number를 가리킨다.
*ptr = 10;                             *ptr은 number를 쓴 것과 같다.
```

이 코드에서 ptr 변수는 number의 주소를 "가리킨다."라고 표현한다. 포인터변수에 어떤 주소가 저장된 상태를 "가리킨다."라고 한다. *ptr은 "ptr이 가리키는 곳"을 의미한다. 즉 ptr에 저장된 주소의 변수를 말하는 것이다. ptr은 number 변수의 주소이므로 ptr이 가리키는 곳은 바로 number 변수이며 따라서 "*ptr"은 "number"라고 쓴 것과 같다. 포인터변수 사용 시 매우 중요한 표현이다.

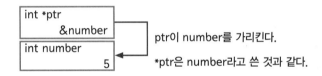

#pointer–01

ptr과 number는 모두 변수이다. 단지 저장하는 값이 다른 것이다. 변수는 언제든지 필요에 의해서 값을 변경하는 것이 가능하지만, 포인터변수는 저장된 주소의 변경을 신경써서 확인해야 한다. 주소가 바뀌게 되면 값을 덮어쓰는 것이므로 이전 데이터의 주소를 읽어버려 다시 접근할 수 없는 상태가 될 수 있다. 그리고 포인터변수에는 임의의 주소를 저장해서도 안 된다. 예를 들어 ptr = 50; 이라고 하면 이 문장의 의미는 ptr 변수에 주소 50번지를 저장하는 것인데 50번지에 무엇이 있는지, 그 값을 우리 맘대로 바꾸어도 되는지에 대한 명확한 선언이나 정의가 없다. 50번지는 우리가 알 수 없는 영역이다. 이 주소는 운영체제가 사용하고 있을 수도 있고, 아니면 응용 프로그램의 아주 중요한 코드가 이곳을 사용하고 있을 수도 있다. 이러한 연산을 허용하면 전체 시스템에 큰 문제가 생기며 악성 코드와 같은 동작이 되어 버린다. 그래서 컴파일러는 이러한 연산을 허용하지 않는다. 만일 이렇게 기술을 하면 컴파일러는 다음과 같은 에러메시지를 발생시킨다.

```
"error C2440: '=' : cannot convert from 'const int' to 'int *'
Conversion from integral type to pointer type requires reinterpret_cast, C-style cast or
function-style cast"
```

이는 정수 상수(const int)를 유효한 주소(int*)로 변환할 수 없다는 뜻이다. 미리 선언 또는 허가되지 않은 메모리를 접근하지 못한다는 의미로 보면 된다. 포인터변수에 저장할 수 있는 유일한 상수값은 0

이다. 0은 포인터변수가 어떤 유효한 메모리 주소도 갖지 못한 상태를 나타내는 약속으로 NULL(널포인터)이라고 부른다. 조금 더 자세한 코드를 보자.

```
int number;
int *pNumber = NULL;    <-- 주소를 저장하지 않은 상태를 표시
number = 5;
printf("number의 값 : %d\n", number);

pNumber = &number;         // number 변수의 주소를 가리킨다.
*pNumber = *pNumber + 5;   // *pNumber는 number 라고 쓴 것과 같다.
printf("number의 값 : %d\n", number);

[실행결과]
number의 값 : 5
number의 값 : 10
```

*pNumber = *pNumber + 5는 pNumber가 가리키는 곳에 number 변수가 있는 것이므로 number = number + 5라고 쓴 것과 같아서 number 변수의 값은 10이 되는 것이다.

시험에서는 포인터변수가 어렵게 사용되지 않으므로 이 개념만 정리해두면 문제 해결하는 데 큰 어려움은 없을 것이다.

포인터변수는 다양한 자료형으로 선언될 수 있지만, 포인터변수 자체는 고정 크기이다. 포인터변수 선언 시의 자료형은 포인터변수가 가리키는 곳의 자료형을 의미한다. int *ptr은 ptr이 가리키는 주소에 가면 int형 변수가 있음을 뜻하고 char *ptr은 ptr이 가리키는 주소에 가면 char형 변수가 있음을 뜻하는 것이다. 그 외에도 다양한 대상을 가리키는 포인터변수를 선언할 수 있다. 특히 문자열 상수는 char형 포인터변수를 많이 사용하게 된다.

```
char   *pChar;                          char   *pChar;
int    *pInt;                           int    *pInt;
double *pDouble;                        double *pDouble;
printf("%d\n", sizeof(pChar));          printf("%d\n", sizeof(*pChar));
printf("%d\n", sizeof(pInt));           printf("%d\n", sizeof(*pInt));
printf("%d\n", sizeof(pDouble));        printf("%d\n", sizeof(*pDouble));
[실행결과]                               [실행결과]
4                                       1
4                                       4
4                                       8
```

왼쪽 코드는 포인터변수의 크기를 출력한 것으로 모두 4이다. 오른쪽 코드는 포인터변수가 가리키는 대상 자료형의 크기로 char형은 1, int형은 4, double형은 8byte의 크기로 나온다. 포인터 변수들은 모두 주소를 저장하기 위한 공간만 필요로 한다. 그들이 가리키는 대상의 크기가 달라지는 것이지 메모리의 주소값의 크기가 자료형에 따라 달라지는 것은 아니다. 이 개념은 주소 연산 때문에 중요한데 포인터변수는 주소의 연산을 통해 메모리 공간의 이동이 가능하다.

```
pInt = pInt + 1;
pChar = pChar + 1;
pDouble = pDouble + 1;
```

포인터 변수에 1을 더했다. +1의 의미를 해석하는데 자료형이 문제가 된다. +1은 현재 포인터 변수의 값(주소)에 1을 더하는 것이 아니라 현재 가리키는 주소로부터 1번 + 방향의 위치(주소)로 이동하라는 의미다. 이를 통해 포인터변수는 연속하는 여러 개의 데이터들을 처리할 수 있게 된다. 여기서 1번 이동할 때 몇 byte를 이동하느냐가 자료형의 크기에 따라 달라지게 된다. char 형은 1byte, int 형은 4byte이므로 pInt + 1은 4byte × 1 만큼의 주소이동을 하고 pChar + 1은 1byte × 1 만큼의 주소이동을 하게 된다.

3.2 배열과 포인터

1) 포인터변수는 배열명과 같다.

C언어는 배열과 포인터변수가 아주 밀접한 관련을 가지고 있다. 사실상 서로 바꾸어 써도 별문제 없고 잘 돌아간다. 배열과 포인터변수는 분명 차이점이 있다.

> 배열은 구조이다.
> – 여러 개의 변수들을 연속하여 저장하는 메모리의 공간이다.
> 포인터변수는 주소를 저장하는 변수이다.
> – 하나의 주소를 저장하고 그 주소를 접근하는 수단이다.

배열은 반드시 메모리에서의 크기가 확정되어야 한다. 요소의 자료형(크기)과 개수(길이)를 정해야만 배열을 생성하여 사용할 수 있다. 때로는 확정되지 않을 때도 있다고 생각한다면 배열을 이해하지 못한 것이다. 아마도 "동적배열"을 염두에 두고 그렇게 말하겠지만, 아니다. 모든 배열은 언제나 반드시 확정된 메모리 크기, 즉 배열의 크기를 요구한다. 그래서 배열을 선언할 때는 요소의 자료형과 개수를 정하지 않는 한 사용이 불가능하다. 그것이 "정적배열"이든 "동적배열"이든 마찬가지다. 프로그램 실행 중 메모리가 부족하다고 더 많은 메모리를 요구할 수도 없고 또 불필요하다고 받은 메모리를 반환할 방법도 없다. 이런 상황을 정적(static)이라고 하며, 실행 중 메모리의 추가 할당이나 반환이 가능한 기술적 상황을 동적(dynamic)이라고 한다. 현재까지 우리가 다루고 있는 배열은 "정적배열"로 프로그램 실행 중 배열의 크기를 변경하거나 임의로 배열을 반환(해제)하여 버릴 수 없는 배열이다. 그래서 배열의 주소는 프로그램 실행 중 정해진 규칙에 따라 고정되며 시스템에 의해 관리되므로 이를 "상수"라고 표현하고 있었던 것이다. 여기서 정해진 규칙이란 "지역"과 "전역"에 따른 규칙으로 "함수"에서 다시 설명될 것이다.

포인터변수는 프로그램 실행 시 주소를 변경하는 것이 가능하다. 현재 포인터변수에 저장된 주소의 데이터들을 처리한 후 주소를 변경하여 다른 주소의 데이터들을 처리할 수 있다. 필요하면 언제든지 메모리를 새로 할당받거나 제거하는 것이 가능하다. 특히 프로그램 실행 중 메모리를 새로 할당받는 것을 "동적할당"이라고 하며 반드시 포인터변수가 있어야 가능한 방법이다. C언어 문법상 함수로 배열 자체를 전달하거나 반환하는 것이 불가능하다. 포인터변수는 변수 자신이든 저장된 주소이든 원하는 대로 전달하거나 반환할 수 있다. 사실 이것이 가장 큰 차이점이자 배열과 포인터를 함께 생각해야 하는 이유다.

```c
int arr[10]={1,2,3,4,5,6,7,8,9,10};
int *pArr;
int i;
//배열의 시작([0]번 요소의)주소를 pArr에 저장
pArr = &arr[0];
for(i=0; i<10; i++)
    printf("%p : %d\n", &arr[i], arr[i]);
for(i=0; i<10; i++)
    printf("%p : %d\n", pArr+i, *(pArr+i));
```

배열 arr의 요소는 int형 변수이다. &arr[0]은 [0]번 요소의 주소이다. 포인터변수 pArr에 [0]번 요소인 int형 변수의 주소를 저장하므로 int *pArr로 선언되었다. 그럼 pArr 포인터변수는 arr 배열의 시작주소를 가리키는 상태가 되고 자료형은 int이므로 배열명 arr과 같다. 즉 arr[i]와 pArr[i]는 같다. pArr + i는 pArr이 가리키는 주소로부터 +i번이 되는 주소를 의미하고 *(pArr + i)는 그 주소에 저장된 int형 변수의 값이 된다.

```
int *pArr = arr;              // arr은 배열명이다.
pArr은 arr[0]의 주소이다. // 배열명은 [0]번 요소의 주소이다.
*pArr == arr[0]               // *(주소)는 주소의 이름과 같다.
*pArr == *(pArr + 0) == arr[0]
*(pArr + i) == arr[i]
```

pArr에 반드시 &arr[0]을 저장해야 하는 것은 아니다. 다른 요소의 주소를 저장하고 그곳에서부터 증가나 감소연산을 통해서 arr의 요소들에 접근할 수도 있다. 예를 들어 pArr에 &arr[2]를 저장했다면 포인터변수 pArr은 arr 배열의 [2]번 요소를 가리키는 것이고 *pArr은 arr[2]와 같다. 따라서 pArr + 1은 [2]번 요소의 주소로부터 1번 이동한 [3]번 요소의 주소가 되어 *(pArr + 1)은 arr[3]과 같다. 이를 "상대적 위치"라고 한다. 포인터변수가 가리키는 곳을 시작점(0)으로 하여 +1씩 증가하면 연속되는 데이터들을 처리할 수 있다.

2) 포인터 배열

포인터 배열이란 포인터변수들의 배열을 말한다. 요소가 포인터변수인 배열로 일반 배열을 다루는 것과 다르지 않다.

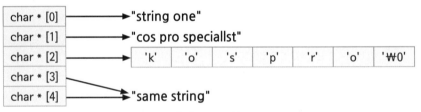

#pointer_array01

포인터 배열은 다음처럼 선언한다.

```
int *pArr[5];   // 포인터변수 5개를 저장하는 1차 배열
pArr[0] = 주소;
pArr[1] = 주소;
pArr[2] = 주소;
pArr[3] = 주소;
pArr[4] = 주소;

char *pStr[4] = {"red", "green", "blue", "gray"};
printf("[0]번 문자열 상수 : %s \n", pStr[0]);
printf("[1]번 문자열 상수 : %s \n", pStr[1]);
printf("[2]번 문자열 상수 : %s \n", pStr[2]);
printf("[3]번 문자열 상수 : %s \n", pStr[3]);
```

포인터 배열은 단지 포인터변수가 여러 개인 것 뿐이다. 앞서 포인터변수는 1차 배열과 같다고 했다. int형 포인터변수는 int형 변수 하나를 처리할 수도 있고 "주소연산"을 이용해서 연속하는 여러 개의 int형 변수들을 처리할 수도 있다. 즉 pArr 배열의 포인터변수들이 어떤 주소를 가리키느냐에 따라 pArr 배열에서 처리할 수 있는 int형 변수가 최대 몇 개인지는 알 수 없다. 단지 최소한 5개의 int형 변수를 사용할 것으로 예상할 수 있다. 아직 특별히 가리키는 대상은 없지만, 다섯 개의 int형 1차 배열을 가리킬 수도 있고 각각의 int형 변수 5개만을 가리킬 수도 있다. 달리 말하면 사용하기 쉽지는 않지만, 유연하게 데이터들을 다룰 수 있다는 말이다. 1차 배열도 될 수 있고 2차 배열도 될 수 있다.

pStr 배열은 char형 포인터변수들을 요소로 한다. 주의할 것은 초기화 값으로 "문자열상수"를 사용한 점이다. pStr 배열에 문자열들을 저장한 것이 아니라 문자열 상수들의 주소만을 저장하고 있다. 각각의 포인터변수 pStr[0]은 "red" 문자열의 첫 문자인 'r'의 주소를 저장하며 pStr[1]은 "green" 문자열의 첫 문자인 'g'의 주소를 저장하고 있다. 문자열은 곧 배열이므로 시작주소를 저장하는 개념은 같다. "문자열상수"가 저장되어 있는 메모리는 읽기 전용으로 값을 변경하는 것은 불가능하며 이 공간에 저장되는 "문자열" 들은 연속하지 않는 공간이다. 여기저기 떨어진 상태로 저장된다. 따라서 포인터배열은 흩어져 있는 여러 개의 메모리 공간을 하나의 배열로 모아 다루는 편의성을 갖도록 한 것이다.

3.3 동적할당

동적할당이란 프로그램의 실행 중에 필요한 메모리를 확보한다는 뜻이다. 동적으로 할당을 받은 메모리는 프로그램이 종료되기 전까지는 지속적으로 유지한다. 시스템이 한번 할당한 메모리는 실행 중 직접 해제(free)해 주거나 프로그램이 종료되어야 반환된다. 메모리를 할당받기 위해서는 반드시 원하는 크기(byte)를 정해야 한다. 길이가 아님을 반드시 기억하도록 하자. 동적할당을 하는 방법은 함수를 호출하여 할당된 주소를 반환받아 사용한다. 만약 함수의 반환이 NULL이라면 할당받지 못한 것이므로 예외처리를 하여야 한다.

```
#include <stdlib.h>  // 동적할당 함수를 사용하기 위한 헤더파일
void main( ) {
    int *pInt;
    pInt = (int*) malloc(sizeof(int)); // int형의 크기 4바이트

    *pInt = 14;
    printf("%d\n", pInt);
```

```
    free(pInt); // 메모리를 해제한다.
}
```

malloc 함수는 가장 많이 사용되는 메모리 할당 함수로 void *를 반환한다. void *는 어떤 형태의 포인터 변수라도 값을 다 받을 수 있는 자료형이지만 사용이 가능하려면 반드시 실제로 처리할 자료형으로 변환을 해야 한다. 이를 "형변환(cast)"한다고 한다.

pInt = (int*) malloc(sizeof(int));와 같이 (int*)를 붙여서 반환되는 (void*)형 주소를 int형으로 바꾸어 포인터변수에 저장하도록 한다. malloc 함수로의 전달값은 할당받고자 하는 메모리의 크기로 byte 단위이다. 4라고 써도 되지만 시스템에 따라 정수를 저장하기 위한 공간의 크기가 바뀔 수 있어서 호환성을 위해 sizeof 연산자를 사용한다. 만일 10개의 정수를 저장할 공간이 필요하다면 sizeof(int) * 10으로 작성한다. malloc 함수는 필요한 만큼의 메모리를 확보하여 첫 시작주소를 반환한다. 만일 메모리의 확보가 실패하면 0을 반환하는데 보통 "NULL"이라고 작성한다. 동적할당 시 다음과 같은 코드를 추가하는 것이 좋다.

```
pInt = (int*) malloc(sizeof(int));
if(pInt == NULL)     <-- pInt == 0으로 작성해도 된다.
{
    printf("메모리 부족\n");
}
```

시험에서는 배열을 복사하거나 새로운 배열을 생성하기 위해 malloc 함수를 사용하고 있다.

```
char *s = (char*)malloc (sizeof(char) * 10);
- char s[10]인 배열과 같다.

char param[20] = {"cos pro"};
char *s = (char*)malloc (sizeof(char) * strlen(param));
- char s[7]인 배열과 같다. param 배열에 저장된 문자열의 길이는 7이다.

int *counter = (int*)malloc(sizeof(int) * 20);
- int counter[20]인 배열과 같다.
```

동적할당의 위 코드만 이해하여 배열을 생성한다는 것을 알면 시험에서 무리 없이 코드를 이해할 수 있다. 다행히 복잡한 구조를 사용하고 있지 않으므로 char형 1차 배열이나 int형 1차 배열을 생성하는 코드만 잘 이해해두면 된다.

Chapter

04 | 함수

4.1 함수의 정의와 호출

함수란 프로그램을 작게 나누어서 일을 하도록 하는 실행 단위이다. 함수를 이용하게 되면 코드를 다시 사용하는 재사용성이 높아지고 오류검사(디버깅)나 유지보수 등에도 편리한 점이 많다. 물론 함수를 안 만들어도 문제는 해결할 수 있다. 반복되는 코드를 수차례 작성하다 보면 함수를 만들지 않을 이유가 없음을 알게 될 것이다. 특히 향후 C++와 같은 객체 지향 프로그래밍에서 함수는 선택의 문제가 아니라 필수다. 객체지향프로그래밍 언어의 적응력을 높이기 위해서도 함수를 잘 다룰 수 있어야 한다. 함수의 기본적인 구조이다.

```
반환형 함수명 (매개변수) ;    <-- 함수의 선언(원형, prototype이라고도 한다.)
반환형 함수명 (매개변수) {    <-- 함수의 정의
}
```

반환형은 함수에서 수행한 연산의 결과이다. 함수가 종료될 때 return 명령 옆에 써준 데이터를 반환한다고 한다. 그 값의 자료형을 적는다. 반환형이 void일 때는 반환하는 것이 없음을 의미하며 아무런 값도 내보낼 수 없다. 다만 return;은 사용할 수 있다. 함수명은 주로 영어의 "동사"에 해당하는 단어를 많이 사용한다. "~하다."라는 의미를 주기 위해서라고 생각하면 된다. 매개변수 리스트는 함수와 함수 간에 데이터를 주고받아야 할 경우에 데이터를 주고받기 위한 변수(들)를 선언하는 부분이다.

```
함수가 함수를 호출한다.              func_1( ) {
- 호출하는 함수 : func_1             func_2( );
- 호출되는 함수 : func_2          }
```

함수는 코드에 작성되어 있다고 바로 실행되는 것이 아니다. "호출"되어야 해당 함수가 실행되는데 함수만이 다른 함수를 "호출"하여 실행시킬 수 있다. 따라서 모든 프로그램에는 시스템에 의해 실행되는 첫 번째 함수가 있어야 하는데 이를 "진입점(entry point)"이라고 한다. C언어는 보통 "main" 함

수를 작성해야 한다고 들었을 것이다. 바로 main 함수가 이 진입점이기 때문이다. COS PRO 시험은 solution 함수를 만들거나 수정하는 문제들이다. 수험자에게 진입점이 되는 함수가 solution 함수라고 생각하면 된다. 실제 채점 시스템에서는 main 함수 내에서 solution 함수를 호출하도록 작성되어 있다.

```c
// solution 함수를 완성하세요.
int solution( ){
    int answer;
    return answer;
}
int main(void){    <-- 수험자의 화면에서는 main 함수가 보이지 않는다.
    solution( );
    return 0;
}
```

함수는 반드시 "정의{ }"되어 있어야 실행될 수 있다. 어떤 함수에서 다른 함수를 호출하려면 호출하는 지점보다 위에 함수의 선언이나 정의가 반드시 있어야 한다. "함수의 선언"은 필요한 함수의 이름만 적은 것과 같아서 반드시 "함수의 정의"가 어딘가에 있어야 한다.

```c
int func_a( );
int main( ){
    func_a( );    <-- 호출지점
    return 0;
}
```

```c
int func_a( ){
    return 0;
}
int main( ){
    func_a( );    <-- 호출지점
    return 0;
}
```

위 왼쪽 코드는 에러이다. int func_a( );는 함수의 선언이다. 호출지점보다 위에 선언을 적었더라도 함수의 정의가 없어서는 실행될 수 없다. 오른쪽 코드는 호출지점보다 위에 "함수를 정의"해 두었으므로 정상이다. 호출지점보다 아래쪽이나 다른 파일에 "함수의 정의"를 작성하는 경우 반드시 위쪽에는 "함수의 선언"을 적어두어야 한다.

```
int func_a( );    <-- 함수 선언              #include <stdio.h>
                                           #include <stdlib.h>
int main( ){                               #include <string.h>
   func_a( );    <-- 호출지점
   return 0;                               int main( ){
}

                                              return 0;
int func_a( ){    <-- 함수 정의             }
   return 0;
}
```

왼쪽 코드는 호출지점을 기준으로 위에는 "함수의 선언"을 적고 아래에는 "함수의 정의"를 적은 형태로 정상적인 코드이다. 오른쪽의 경우 "~.h"의 헤더파일들을 포함시켜 두었는데 저 헤더파일들에 사용하려는 함수들의 선언이 적혀 있는 것이다. 그래서 C언어 코딩 시 이런저런 헤더파일을 붙여야 한다고 하는 것이다. 헤더 파일에 적힌 함수들의 정의는 별도 파일로 제공되어 "빌드" 시 결합된다.

함수는 독립적인 일을 처리하는 단위로 함수와 함수 사이에는 데이터의 교환이 필요한 경우가 많다. 데이터가 필요한 경우에 어떤 방법을 사용하느냐에 따라 다양한 형태로 만들어진다. 함수 정의의 형태에 따라 부르는 방법도 달라지게 된다. 어떤 경우에 어떤 모습의 함수를 만들고 어떤 방법으로 호출해야 하는지, 함수를 어떤 식으로 나눌 것인지는 결국 필요와 경험에 의해 결정된다. 사실 여러 가지 형태의 함수들을 될 수 있는 한 많이 만들어 보는 것 말고는 함수를 공부하는 "왕도"는 없다. 함수 간에 데이터 교환이 필요가 없다면 그 함수는 다음과 같은 모습을 갖게 된다.

```
void 함수명(void)
{
   // 실행할 내용
}
```

void는 없음을 의미하며 소괄호( )의 void는 보통 생략한다. 그런데 반환형은 반드시 void를 써야 하는데 현대 컴파일러는 반환형을 적지 않은 경우 int로 가정하여 처리하려고 하기 때문에 반환을 하지 않는 경우라면 반드시 void라고 써야 한다.

함수명은 변수의 이름 규칙과 같다. 영문자, 숫자, 밑줄 문자 이외는 사용을 못하고 첫 글자는 반드시 영문자로 시작하고, 대소문자를 엄격히 구분한다. 함수는 }(닫는 중괄호)문자를 만나거나 return 명령이 실행되면 종료한다. 전달이 있는 경우는 다음처럼 작성한다.

```
void displayLine (int length)
{
    int i;
    for(i = 0; i < length ; i++) {
            printf("-");
    }
    printf("\n");
}
// 함수의 호출
int main( ){
    distplayLine(40);    <-- 40을 전달한다.
    return 0;
}
```

length는 호출하는 함수와 호출을 당하는 함수 간 매개체가 되는 변수라고 하여 "매개변수"라고 부른다. 호출하는 함수(main)에서 호출하려는 함수(displayLine)의 소괄호에 써준 값을 이 매개변수에 저장하여 전달할 수 있다. 매개변수가 있는 함수를 호출하려면 반드시 매개변수에 맞는 값을 넘겨주어야 한다. '−' 말고 다른 기호로 출력하고 싶다면 다음처럼 매개변수를 추가할 수 있다. 즉 매개변수는 여러 개를 선언할 수 있다.

```
void displayLine (int length, char mark)
{
    int i;
    for(i = 0; i < length ; i++) {
            printf("%c", mark);
    }
    printf("\n");
}
// 함수의 호출
int main( ){
    distplayLine(40, '@');    <-- 40과 '@'을 전달한다.
    return 0;
}
```

시험에서 요구되는 함수는 이렇게 필요한 데이터를 매개변수로 전달받아 처리한 결과를 return으로 반환하도록 만들어진다. 이제 반환형이 void 형이 아닌 함수를 만들어본다. 예를 들어 어떤 정수가 2의 배수인지를 확인하는 함수를 만들어보자. 2의 배수라면 1, 아니면 0을 반환하는 함수이다. 배수인지를 판별하는 식은 나머지 연산을 통해 나머지가 있는가 없는가 하는 개념의 식을 사용한다.

```
int isTimesOfTwo(int n)
{
    return (n % 2 == 0)? 1 : 0;     <-- 조건연산자는 둘 중 하나를 선택한다.
}
// 함수의 호출
int main( ){
    if (isTimesOfTwo(10) == 1){
        printf("2의 배수이다.\n");
    }else {
        printf("2의 배수 아니다.\n");
    }
    return 0;
}
```

위 코드의 경우 isTimesOfTwo 함수가 반환하는 값을 호출하는 함수인 main에서 저장하지는 않는
다. 바로 if 조건문으로 사용하고 버리는 값이 된다. 함수가 반환하는 값을 저장하려면 별도로 main
함수에서 반환형에 맞는 변수를 선언하여 대입받아야 한다.

```
int isTimesOfTwo(int n)
{
    return (n % 2 == 0)? 1 : 0;     <-- 조건연산자는 둘 중 하나를 선택한다.
}
// 함수의 호출
int main( ){
    int result;     <-- isTimesOfTwo 함수의 반환형이 int이다.
    result = isTimesOfTwo(10);
    if (result == 1){
        printf("2의 배수이다.\n");
    }else {
        printf("2의 배수 아니다.\n");
    }
    return 0;
}
```

호출된 함수의 반환값을 이후에 지속적으로 사용해야 하는 경우에는 위와 같이 변수를 만들어 반환값을
저장한 후 사용할 수 있도록 작성한다. 만일 이 값을 저장하지 않으면 결과를 알 수 없는 것과 같다.

함수 매개전달

함수에 매개변수를 전달하는 방법은 두 가지가 있다. 하나는 값을 복사하는 방법이고 하나는 주소를 복사하는 방법이다. C언어는 복사하여 전달함을 원칙으로 한다. 주소를 전달한다는 것은 주소를 저장할 매개변수가 포인터변수여야 한다. 다음 함수를 호출하는 과정을 자세하게 살펴보자.

```c
int Add(int x, int y) {
    return x+ y;
}

int main( ) {
    int x=5, y=7, z;
    z = Add(x, y);
    printf("%d\n", z);
    return 0;
}
[실행결과]
12
```

main 함수에서 선언된 x, y 변수는 이 함수 내에서만 변수명 x와 y를 사용한다. 이 변수들은 지역변수로써 다른 함수에서 이 변수들 "직접" 접근할 수 없다. Add 함수를 호출하면 Add 함수 내에서 사용하는 지역변수나 매개변수를 위한 메모리 공간이 따로 할당되는데 x와 y 변수도 main에서 보내는 값을 받기 위해 새로 메모리가 할당된다. 이름만 같을 뿐 같은 변수가 아니다. main 함수의 x, y 변수와 Add 함수의 x, y 변수는 메모리 주소가 다르다.

Add 함수의 지역	int x	= x of main
	int y	= y of main
main 함수의 지역	int x	5
	int y	7
	int z	= return of Add( )

Add 함수의 할당된 메모리에 main 함수의 x, y값이 복사된다. 값이 복사된 후 두 변수의 값을 더해서 반환하면 main 함수에서 z 변수에 저장한다. Add 함수가 종료되면 Add 함수에 할당되었던 메모리는 해제되어 사용하지 않는 상태가 된다. 따라서 메모리에는 main 함수의 공간만이 존재하기 때문에 Add 함수 내의 데이터(지역변수)는 사용할 수 없다.

Add 함수의 지역은 사라진다.		
main 함수의 지역	int x	5
	int y	7
	int z	12

이 개념은 함수의 매개전달을 이해함에 있어 매우 중요한 개념이다. 함수는 호출되어 실행될 때 지역변수들을 생성하였다가 종료되면 모든 지역변수들이 해제되어 사용할 수 없다. 따라서 함수에서 지역변수의 주소를 반환하는 코드는 작성할 수 없다.

```
int* Add(int x, int y) {    <-- 주소를 반환하는 경우 반환형은 * 이 붙는다.
    int sum;
    sum = x + y;
    return &sum;    <-- 지역변수인 sum의 주소를 반환한다.
}
int main( ) {
    int x=5, y=7;
    int *pz;    <-- 함수의 반환형이 주소이다.
    pz = Add(x, y);
    printf("%d\n", *pz);
    printf("%d\n", *pz);
    return 0;
}
[실행결과]
12
-82839839848
```

위 코드의 main 함수에서 Add 함수가 반환하는 주소를 받기 위해 포인터변수 pz를 선언하였으나 Add 함수가 종료된 바로 직후에는 값을 볼 수 있지만, 이후에는 엉뚱한 값이 출력됨을 볼 수 있다. 이는 Add 함수 실행 시 차지했던 메모리 공간은 함수 종료 시 해제되었다가 다시 다른 함수가 실행되면 그 공간을 덮어쓰기 때문이다. 간단하게 표현하기 위한 예로 main 함수에서 A 함수를 호출한 후 종료되면 이어서 B 함수를 호출한다고 가정해보자.

main 함수의 실행
- main 함수의 공간이 할당된다.

이어서 A 함수가 호출되면

> A 함수의 실행
> - A 함수의 공간이 할당된다.

> main 함수 대기
> - A 함수 호출 후 종료를 기다린다(메모리는 할당된 상태이다).

main 함수는 자신이 호출한 A 함수의 종료를 기다리고 실행하지 않는다. A 함수는 연산을 수행 후 종료하면 할당되었던 공간이 해제되고 main 함수로 돌아온다(return).

> A 함수의 공간은 해제된다.

> main 함수의 실행
> - A 함수 종료 후 이어서 B 함수를 호출한다.

이어서 main 함수가 B 함수를 호출하면 이 B 함수는 바로 전에 A 함수가 사용했던 공간을 덮어쓰게된다.

> B 함수의 실행
> - B 함수의 공간이 할당된다(이전 함수인 A 함수의 공간을 포함하여 할당된다).

> main 함수 대기
> - B 함수의 종료를 기다린다(여전히 main 함수의 공간은 할당된 상태이다).

이와 같이 각 함수들은 실행 중에만 자신의 메모리 공간을 유지하므로 지역변수의 주소를 반환하는 것은 값이 유지되지 않는다는 것을 반드시 기억해야 한다.

다음 함수는 매개변수가 포인터여야 하는 경우이다. 두 개 변수의 값을 서로 바꾸는 함수를 만들고자 한다. 이를 "교환(Swap)"한다고 한다. 두 개 변수의 값을 서로 바꾸려면 추가로 변수가 더 있어야 한다.

```
void Swap(int a, int b)  //값에 의한 전달
{
    int temp;
    temp = a;
    a = b;
    b = temp;
}
int main( )
{
    int a=5, b=8;
    Swap(a, b);
    printf("함수 호출 후\n");
    printf("a = %d   b = %d\n", a, b);
    return 0;
}
[실행결과]
함수 호출 후
a = 5   b = 8
```

위 프로그램의 결과에서 원하는 변수의 교환은 이루어지지 않았다. Swap 함수에서는 두 개의 변수 a, b의 값이 교환되었지만 호출한 함수인 main 함수의 변수 a, b값은 원래의 값을 그대로 저장한 상태이다. 값을 복사하여 전달하였기 때문이다. 값 복사란 매개변수에 전달되는 값이 변수의 주소가 아니라 그 변수에 저장된 값만 복사해간다는 얘기다. 값을 복사한 변수만 연산하여 변경한 것이고 호출하는 함수쪽의 변수에 저장하는 작업을 하지 않는다는 얘기다. 매개변수는 원래의 변수와 전혀 별개의 변수이고 이미 값을 읽어오는 시점에서 연결이 종료되어 지고 서로 간에 아무런 영향을 미칠 수 없다. 다음 그림으로 단계적인 실행을 보자.

Swap 함수의 지역

int a	= a of main
int b	= b of main
int temp	

main 함수의 지역

int a	5
int b	8

Swap 함수에서 선언된 변수 a와 b는 main 함수에서 선언된 변수 a, b와는 다른 메모리 공간을 사용하고 함수가 호출되면 값을 복사해 간다.

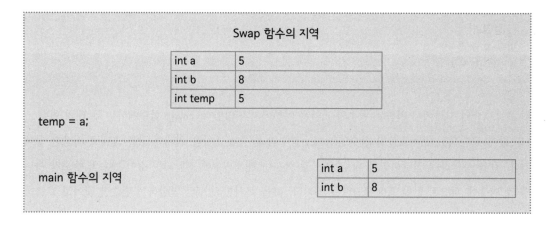

다음 복사된 값을 교환하는 과정을 거쳐 완료하지만, 그 과정에서 main 함수의 변수 a, b에는 어떤 값도 변경되지 않는다.

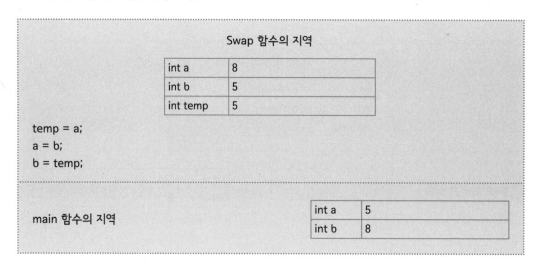

a와 b에 각각 상대의 값을 저장한다.

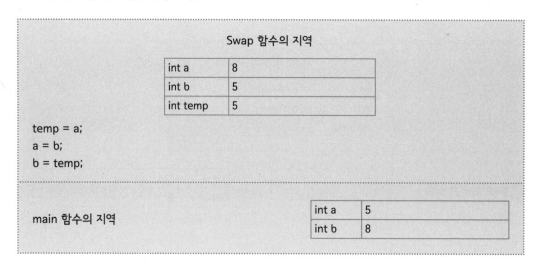

Swap 함수가 종료되면 지역변수인 a, b, temp가 사라지면서 main 함수에 아무런 영향도 미치지 않고 종료한다. Swap은 자신의 변수 a, b를 교환했을 뿐 main 함수의 변수를 교환한 것이 아니다.

Swap 함수 종료 후 main으로 되돌아간다.

main 함수의 지역

int a	5
int b	8

교환을 하기 위해 함수를 호출하였으나 결과는 원하는 대로 교환되지 않는다. 이런 경우와 같이 함수가 자신의 변수를 다른 함수에 의해 변경되도록 하고 싶다면 "변경될 변수의 주소를 전달"하는 "주소전달" 방법을 사용해야 하고 주소를 저장하기 위해 매개변수는 포인터변수로 선언되어야 한다. 포인터변수가 가장 많이 사용되는 영역은 바로 함수에서 매개전달을 하기 위한 것이다. Swap 함수를 변경하여 보자. main 함수의 변수값을 Swap 함수에서 변경하려면 변수의 주소를 전달한다. Swap 함수에서는 변수의 주소를 받아야 하므로 매개변수를 포인터로 선언하고 전달받은 주소의 값을 교환 처리후 변경된 값을 다시 주소에 저장해준다.

```
void Swap(int *pa, int *pb)  // 주소를 전달받는 함수
{
    int a = *pa;    <-- 전달받은 주소(a)의 값을 복사한다.
    int b = *pb;    <-- 전달받은 주소(b)의 값을 복사한다.
    *pa = b;
    *pb = a;
}
int main( )
{
    int a=5, b=8;
    Swap(&a, &b);    <-- 변경될 변수의 주소(&)를 전달한다.
    printf("함수 호출 후\n");
    printf("a = %d   b = %d\n", a, b);
    return 0;
}
[실행결과]
함수 호출 후
a = 8   b = 5
```

Swap 함수는 전달받은 a의 주소를 pa에 저장하고 b의 주소를 pb에 저장한 후 값을 상대방이 되는 변수에 바꾸어 저장함으로 교환을 마친다. *포인터변수의 표현을 이해하지 못한 경우 "포인터변수" 설명을 다시 참고해야 한다. 이를 단계적으로 표현해보자.

main 함수에서 Swap 함수로 변수 a, b의 주소를 전달한다.

Swap 함수의 지역	
int *pa	= &a of main
int *pb	= &b of main
int a	
int b	

main 함수의 지역	int a	5
	int b	8

Swap 함수는 전달받은 주소의 값(main 함수의 변수 a, b의 값)을 복사한다.

Swap 함수의 지역	
int *pa	= &a of main
int *pb	= &b of main
int a	5
int b	8

a = *pa;
b = *pb;

main 함수의 지역	int a	5
	int b	8

a의 값을 *pb에 저장하고 b의 값을 *pa에 저장하는데 *pa는 main의 변수 a이다. 다시 확인하면 pa == &a이므로 *pa == a와 같다. "역참조연산 *에 주소를 붙이면 그 주소의 선언된 이름과 같다."를 계속 주의하도록 한다.

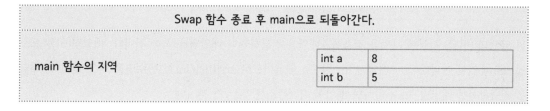

```
                    Swap 함수의 지역

              │ int *pa  │ = &a of main    │
              │ int *pb  │ = &b of main    │
              │ int a    │ 5               │
              │ int b    │ 8               │

a = *pa;
b = *pb;
*pa = b;  <- 8
*pb = a;  <- 5

                                    │ int a │ 8 <-- *pa │
main 함수의 지역                     │ int b │ 5 <-- *pb │
```

Swap 함수가 종료되면 지역변수인 pa, pb, a, b가 사라지지만 이미 main 함수의 변수를 교환해 두었으므로 교환 처리는 완료된다.

```
              Swap 함수 종료 후 main으로 되돌아간다.

                                    │ int a │ 8 │
main 함수의 지역                     │ int b │ 5 │
```

함수 간의 데이터를 교환하기 위한 방법은 많다. 그중 가장 일반적인 방법이 매개전달이다. 호출하는 함수에서 호출되는 함수로 데이터를 전달하는 기본은 "복사"이다. 주소 또한 복사하여 전달되는 것임을 잊지 않길 바란다. 특히 호출하는 함수의 변수를 호출당하는 함수에서 변경되길 원하는 경우에는 함수에 변수의 주소를 전달하고 이를 받을 함수는 매개변수로 포인터변수를 선언해야 한다는 것을 반드시 명심한다.

4.3 함수와 배열

1) 1차 배열의 전달과 반환

함수 매개전달 시 반드시 포인터변수를 써야 하는 것이 배열의 전달이다. 시험에서 가장 많은 빈도로 나오며 사실 모든 문제가 배열을 전달하여 처리하는 함수이다. 난이도가 높지 않기 때문에 모든 내용을 다룰 필요는 없고 다음의 규칙을 우선 기억하는 것이 좋다.

> 배열을 전달받을 함수는 매개변수를 반드시 요소에 대한 포인터변수로 선언한다.
> 배열을 전달하려는 경우 반드시 배열의 길이를 함께 전달해야 한다.
> – 시험에서는 문자열인 경우 배열 길이를 전달하지 않지만, 원칙으로 알고 있도록 하자.
> 함수 내에서 선언되는 "정적배열"을 반환할 수는 없다. 지역변수들이기 때문이다.

위 사항만 정확히 기억하고 있으면 시험의 코드를 대부분 이해할 수 있다. main 함수에서 solution 함수로 배열을 전달한다고 생각해보자.

```
int solution(매개변수){
}
int main( ){
    int arr[10] = {1,2,3,4,5,6,7,8,9,10};
    solution(전달);    <-- arr 배열을 전달하고 싶다.
    return 0;
}
```

위 코드의 (전달) 부분에 무엇을 적을까? 배열을 전달하려니 배열명을 적을 것이다. 배열명[0]은 요소 명으로 배열이 아니다. arr 배열은 int 형 1차 배열이므로 arr[0]은 int형 변수명을 적은 것이다. 배열을 전달하려면 배열명, 다시 말하면 배열의 시작주소를 주는 것 뿐이다.

```
int solution(매개변수){
    return 0;
}
int main( ){
    int arr[10] = {1,2,3,4,5,6,7,8,9,10};
    solution(arr);       <-- arr 배열을 전달한다.
//    solution(arr[0]);   <-- 요소인 int형 변수를 전달하는 것이다.
    return 0;
}
```

배열명은 [0]번 요소의 주소이고 이를 "배열의 시작주소"라고 표현했음을 알고 있다. 그럼 배열명을 전달받는 함수의 매개변수는 무엇일까? 맞다. 주소가 전달되는 것이므로 포인터변수여야 하고 요소는 int 형 변수들이므로 포인터변수의 자료형은 int로 선언한다.

```
int solution(int *p){
    return 0;
}
int main( ){
    int arr[10] = {1,2,3,4,5,6,7,8,9,10};
    solution(arr);        <-- arr 배열을 전달한다.
//    solution(arr[0]);    <-- 요소인 int형 변수를 전달하는 것이다.
    return 0;
}
```

매개변수인 포인터변수가 배열의 시작주소를 전달받는 경우 이를 시각적으로 "배열이 전달되는구나"
로 표현하기 위해 * 대신 [ ]를 붙여 선언하기도 하지만 포인터변수인 것은 변하지 않는다. 주의할 것
은 매개변수 선언에서만 * 대신 [ ]을 붙일 수 있다. 함수 내에서 사용할 경우 에러이다. "매개변수"이
지 "매개배열"이란 말은 없다. 매개변수 p의 크기를 출력해보면 안다.

```
int solution(int p[ ]){    <-- [ ]로 배열이 전달되는 것임을 알리려는 의도
    printf("p의 크기 %d \n", sizeof(p));    <-- p는 포인터변수다.
    return 0;
}
int main( ){
    int arr[10] = {1,2,3,4,5,6,7,8,9,10};
    printf("arr의 크기 %d \n", sizeof(arr));
    solution(arr);    <-- 배열의 시작주소를 전달하는 것
    return 0;
}
[실행결과]
arr의 크기 40
p의 크기 4
```

arr은 정적배열로 크기 40인 배열이지만 매개변수 p는 포인터변수이므로 크기가 다르다. 배열의 요소
는 int 형이므로 배열의 크기를 알면 배열의 길이를 알 수 있다.

```
int arr_len = sizeof(arr) / sizeof(arr[0]);
```

배열의 크기를 요소의 크기로 나눈값이 배열의 길이가 된다. arr_len은 40 / 4이므로 10이 된다. 하
지만 solution에서 p는 배열이 아니다. "배열처럼" 사용할 수 있을 뿐이다. 전달받은 배열에 요소들이
몇 개가 있는지를 스스로 계산할 수 없다.

```
int solution(int p[10]) { <-- 매개변수에 [ ] 안에 적힌 것은 여기서는 의미가 없다.
    int arr_len = sizeof(p) / sizeof(p[0]);
    return 0;
}
```

p는 int형 포인터변수이므로 [10]은 아무런 의미가 없다. 배열이 아니기 때문에 무시된다. 포인터변수의 크기는 기본 크기가 4이고 int형의 크기도 4이므로 4 / 4가 되어 arr_len은 1이 된다. 즉 요소 1개인 배열이 돼버린다. 전달받은 배열의 요소들을 모두 처리하기 위해서는 추가로 배열의 길이를 전달받아야 하는 이유다.

```
int solution(int *p, int len){
    for(int i=0; i < len; ++i){    <-- len은 10이다.
        printf(" %d", p[i]);
    }
    return 0;
}
int main( ){
    int arr[10] = {1,2,3,4,5,6,7,8,9,10};
    solution(arr, 10);    <-- 배열의 시작주소와 길이를 전달
    return 0;
}
[실행결과]
 1 2 3 4 5 6 7 8 9 10
```

여기까지 함수로 배열을 전달할 때 배열명과 배열의 길이를 전달해야 하고 매개변수는 포인터변수로 선언해야 하는 규칙과 이유를 설명하였다. 다음은 반환을 얘기해보자.

```
int* solution( ){  <-- 배열명은 주소이므로 반환형에 *을 붙인다.
    int arr[10] = {1,2,3,4,5,6,7,8,9,10};
    return arr;    <-- 배열을 반환한다.
}
int main( ){
    int *result;
    result = solution( );    <-- 배열의 시작주소를 반환받는다.
    for(int i=0; i <?? ; ++i){    <-- 반환받은 배열의 길이를 알 수 없다.
        printf(" %d", result[i]);
    }
    return 0;
}
```

배열을 전달하려면 배열의 길이도 함께 주어야 함을 설명했다. 위 코드는 2가지 점에서 잘못 작성된 코드이다. 첫 번째는 배열의 반환도 마찬가지로 반환되는 배열의 길이가 얼마인지 알아야 처리가 가능하다는 점에서 잘못된 것이고, 두 번째는 함수 내부에서 선언되는 "정적배열"은 그 함수가 종료될 때 해제되어 사용할 수 없게 된다는 점이다. 시험에서는 "배열을 return 하는 함수를"이라는 문제가 나오는데 실무에서는 그리 좋지 못한 코드 방식이다. 시험이라는 영역에서만 사용하고 실제 코딩을 할 때는 이런 방식은 사용하지 않도록 하자.

"정적배열"을 반환하지 못한다는 것은 "동적배열"을 사용함으로써 해소가 가능하다.

```c
int* solution( ){
    int *arr = (int*) malloc (sizeof(int) * 10);
    for(int i=0; i < 10 ; ++i) {
        result[i] = i+ 100;
    }
    return arr;    <-- 동적할당된 배열의 시작주소를 반환한다.
}
int main( ){
    int *result;
    result = solution( );    <-- 배열의 시작주소를 반환받는다.
    for(int i=0; i <?? ; ++i){    <-- 반환받은 배열의 길이를 알 수 없다.
        printf(" %d", result[i]);
    }
    return 0;
}
```

위 코드는 "동적배열"을 생성함으로써 배열을 반환할 수 있다. "동적할당" 공간은 free 함수로 해제를 하기 전에는 지속적으로 유지되는 공간으로 주소만 잃지 않는다면 프로그램 실행 중 언제라도 사용이 가능하다. 하지만 아직 반환을 받은 main 함수에서는 여전히 반환받은 배열의 길이를 알 방법이 없다. C언어에서는 반환을 1개만 할 수 있다. 2개 이상의 데이터를 동시에 반환할 수 없으며 받을 방법도 없다. return (배열명, 길이);처럼 할 수는 없다.

완전하진 않아도 이를 해소할 방법은 길이를 미리 지정하는 것으로 전역변수, 매크로상수, 길이값 전달 중 하나를 사용할 수 있다. 시험에서는 전역변수와 매크로상수는 현재 사용되고 있지 않으므로 전달하는 방법을 보자.

```
int* solution(int len){
    int *arr = (int*) malloc (sizeof(int) * len); <-- len 개의 공간을 생성
    for(int i=0; i < len ; ++i) {
        result[i] = i+ 100;
    }
    return arr;    <-- 동적할당된 배열의 시작주소를 반환한다.
}
int main( ){
    int *result;
    result = solution(10);    <-- 호출하는 함수에서 길이를 지정한다.
    for(int i=0; i < 10 ; ++i){   <-- 반환받은 배열의 길이를 이미 알고 있다.
        printf(" %d", result[i]);
    }
    return 0;
}
[실행결과]
 100 101 102 103 104 105 106 107 108 109 110
```

위 코드는 2가지 문제점을 해소한 코드이다. 정리하면 solution 함수는 "배열의 길이를 전달받아 새 배열을 생성한 후 100부터 순차적인 값을 저장한 배열을 반환하는 함수"가 된다. 시험에서 "배열을 return 하는 함수"라는 표현이 나오면 지금 작성한 코드와 같이 동적할당을 사용하는 것을 볼 수 있을 것이다. 길이는 문제에 따라 미리 지정되거나 변수로 처리하도록 함을 기억해둔다.

2) 2차 배열의 전달

1차 배열과는 달리 포인터변수의 선언과 처리하는 방법이 다양하다. 시험에서는 1문제 정도 나올 확률 이지만 간단하게 다양한 표현들을 봐두면 도움이 될 것이다. char 형을 기준으로 코드를 살펴볼 것이다.

```
int func_a( ){
    return 0;
}
int main( ){
    char titles[5][20] = {"first","second","third","fourth","fifth"};
    // 2차 배열의 전달
    func_a( );
    return 0;
}
```

위와 같이 문자열 5개를 저장한 2차 배열 titles를 선언하였다. 배열에 저장되어 있는 문자열들을 모두

출력하는 함수를 유형별로 몇 가지를 작성해보려고 한다. 다음 개념을 확인하자.

> 문자열은 char 형 1차 배열이며 널문자를 끝으로 한다.
> 2차 배열은 1차 배열들의 연속 구조이며 첫 대괄호를 [행] 다음 대괄호를 [열]로 한다.
> 2차 배열의 행은 1차 배열, 열은 1차 배열의 요소들이다.
> – titles[0]은 1차 배열명
> – titles[0][0]은 titles[0] 배열의 [0]번 요소

2차 배열의 요소는 1차 배열이다. titles 배열에는 [5] 개의 요소가 있다. 각 요소들은 char [20]인 1차 배열이다. titles[0]부터 titles[4]까지는 각 행의 시작주소로써 1차 배열명과 같다. 윗글을 수차례 읽어 이해할 수 있어야 한다. char 형 1차 배열은 "문자열"로 볼 수 있으니 titles 배열은 5개의 문자열을 저장하는 배열로 이해할 수 있다. 이전에 보았듯이 문자열을 여러 개 저장하기 위해서는 2차 배열이 필요하다. 그리고 2차 배열을 전달하는 방법을 보려고 하는 것이다. 1차 배열과 마찬가지로 배열명과 길이를 전달하려고 한다.

```
int func_a(매개변수){
    return 0;
}
int main( ){
    char titles[5][20] = {"first","second","third","fourth","fifth"};
    // 2차 배열의 전달
    func_a(titles, 5);    <-- 배열의 길이는 5이다.
    return 0;
}
```

2차 배열에서 길이는 행의 개수를 의미한다. 시험에서는 "세로 길이"라는 표현을 사용하기도 한다. 배열 선언에서 [5][20]은 행의 개수는 5, 각 행의 길이는 20으로 해석하며 20을 "가로 길이"라고도 한다. 2차 배열의 요소는 1차 배열이다. 배열의 길이는 요소의 개수를 말하는 것이므로 2차 배열의 길이는 1차 배열인 행의 개수를 말한다는 것이다. 따라서 main 함수에서 func_a 함수에 전달하는 func_a(titles, 5)는 전달하는 2차 배열은 titles이며 그 속에 요소인 1차 배열이 5개 있음으로 전달하는 것이다. func_a 함수는 매개변수의 선언을 어떻게 할까? 우선 2개가 전달되므로 매개변수도 2개를 선언한다. 첫 번째 전달값은 배열명이므로 포인터변수여야 하고 두 번째 전달값은 길이값인 정수이므로 int 형 변수를 선언한다.

```
int func_a(*p, int n){    // n은 전달되는 2차 배열의 행 개수이다.
    return 0;
}
int main( ){
    char titles[5][20] = {"first","second","third","fourth","fifth"};
    // 2차 배열의 전달
    func_a(titles, 5);    <-- 배열의 길이는 5이다.
    return 0;
}
```

남은 것은 포인터변수 p의 자료형이 무엇인가이다. 배열명은 [0]번 요소의 주소라고 했다. 1차 배열의
요소는 변수이므로 변수의 주소를 저장하지만 2차 배열의 요소는 변수가 아니다. 1차 배열의 주소를
저장하여야 하고 배열명은 시작주소인 [0]번 요소의 주소이지 배열의 주소가 아니다. 결론적으로 말하
면 2차 배열을 전달하려면 매개변수는 "배열포인터"로 선언되어야 하고 코드는 아래와 같다.

```
int func_a(char (*p)[20], int n){   <-- p는 배열을 가리키는 포인터변수이다.
    return 0;
}
int main( ){
    char titles[5][20] = {"first","second","third","fourth","fifth"};
    // 2차 배열의 전달
    func_a(titles, 5);    <-- 배열의 길이는 5이다.
    return 0;
}
```

func_a 함수의 매개변수 선언 char (*p)[20]에 소괄호는 반드시 붙여야 한다. 붙이지 않은 char
*p[20]은 "포인터 배열"이다. 그리고 char (*p)[20]은 * 대신 [ ]를 붙여 매개변수의 선언을 다음과 같
이 할 수 있는데 이것은 매개변수 선언 시에만 유효하다.

```
int func_a(char p[ ][20], int n){   <-- p는 배열을 가리키는 포인터변수이다.
    char a[ ][20];    <-- 함수 내에서 빈 대괄호[ ]는 초기값 없이 사용할 수 없다.
    return 0;
}
```

전달받은 함수에서는 그대로 2차 배열이라 생각하고 다루면 된다.

```
int func_a(char p[ ][20], int n){
    // 전달받은 2차 배열의 각 행의 문자열들을 n개 출력한다.
    for (int i=0; i < n ; i++) {
        printf("%s \n", p[i]);
    }
    // 2차 배열의 모든 문자들을 처리하려는 경우
    for (int i=0; i < n ; i++) {
        for (int k=0; k < 20 ; k++) {
            p[i][k];    <-- char 형 변수이다.
        }
    }
    return 0;
}
```

앞서 문법편에서 배열 부분에서 2차 배열의 크기와 행의 크기를 구분하여 본 적이 있다. 그 개념을 "배열의 주소"와 "배열의 시작주소"로 구분하는 것이 필요하다. C언어에서 "배열명"의 의미는 첫 요소의 주소이다. 그것이 몇 차 배열인지는 관계없다. 요소가 달라질 뿐 항상 "배열명"의 개념은 첫 요소의 주소이며 이를 "배열의 시작주소"라고 말한다. 시중의 상당수 책이나 온라인에서는 이를 "배열의 주소"로 표현한 것이 많다. 정확히는 다르다. "배열의 주소"는 그 배열 전체를 의미한다. 이를 확인하는 방법은 sizeof이다. 예를 들어 int형 변수의 주소라면 그 주소 공간의 크기는 4byte여야 한다. 주소 공간의 크기는 주소 앞에 *을 붙여 선언된 공간의 크기를 sizeof로 알아낼 수 있다. sizeof(*주소)가 주소의 할당된 크기이다. 임의의 크기가 아니라 선언된 크기임을 기억하자.

```
int number = 10;
printf("%d \n", sizeof(number)); <- 이름이 number인 공간의 크기
printf("%d \n", sizeof(*(&number))); <- 주소가 &number인 공간의 크기
[실행결과]
4
4
```

int 형 변수는 4byte의 크기이므로 모두 4가 나온다.

```
char name[20] = {0};
printf("%d \n", sizeof(name)); <- 이름이 name인 공간의 크기
printf("%d \n", sizeof(*(name))); <- 주소가 name인 공간의 크기
[실행결과]
20
1
```

name은 char 형 변수들을 요소로 하는 1차 배열이다. "배열의 크기"는 20byte이고 "요소의 크기"는 1byte이다. 배열명 name은 [0]번 요소의 주소이므로 주소에 할당된 크기는 1이다. 그 주소에는 char 형 변수가 있기 때문이다. 다시 코드를 보자.

```
char name[20] = {0};
printf("%d \n", sizeof(name)); <- 이름이 name인 공간의 크기
printf("%d \n", sizeof(*(name))); <- 주소가 name인 공간의 크기
printf("%d \n", sizeof(*(&name))); <- 주소가 &name인 공간의 크기
[실행결과]
20
1
20
```

주소연산자 &는 선언된 이름의 메모리 주소다. 즉 name이라는 이름이 붙여진 메모리의 주소를 찾아 반환해준다. &name에서 name은 배열이다. 메모리에 name이라는 이름이 붙여진 곳에는 1차 배열이 있다. char name[20]이라는 문장을 통해 배열을 선언했으니 메모리에 배열이 있는 것은 당연하다. 따라서 &name은 배열이 있는 주소이므로 "배열의 주소"가 된다. 그래서 sizeof 연산자에 &배열명 – 배열의 주소를 써주면 배열의 크기가 반환된다.

```
char name[3][20] = {0};
printf("%d \n", sizeof(name)); <- 이름이 name인 공간의 크기
printf("%d \n", sizeof(*(name))); <- 주소가 name인 공간의 크기
printf("%d \n", sizeof(*(name[0]))); <- 주소가 name[0]인 공간의 크기
[실행결과]
60
20
1
```

이제 2차 배열에서의 위 코드가 이해가 되는지 살펴보자. [3][20]의 char 2차 배열이므로 name 배열의 크기는 60byte이다. 배열명은 주소이므로 *(name)은 해당 주소의 할당된 크기인데 20이 나온다. 이 크기는 행 하나의 크기임을 선언을 보면 알 수 있다. 즉 name은 행의 주소를 의미한다. 이어서 *(name[0])는 할당된 공간의 크기가 1이다. 이것은 name[0]이 char 형 변수의 주소임을 알 수 있다. 다시 확인하면 2차 배열명 name은 자신의 [0]번 요소의 주소이다. &name[0]과 같다. name[0]은 무엇일까? name 배열의 요소는 1차 배열이므로 name[0]은 "1차 배열명"이다. 번호가 [0]번일 뿐이다. 그럼 &(name[0])은 &(1차 배열명)을 쓴 것이다. 즉 "배열의 주소"이다. 따라서 2차 배열명 name은 [0]번 요소인 "배열의 주소"를 의미하고 있는 것이다. 다차 배열을 포인터 개념과 함께 제대로 이해하

려면 이와 같이 요소를 배열로 볼 수 있어야 하고 "배열의 시작주소"와 "배열의 주소"를 구분할 수 있어야 한다. 이렇게 말이 어렵다. 다른 프로그래밍 언어도 비슷하겠지만, 특히 C언어는 말 자체가 어렵다. 교육을 하다 보면 상당수가 코드보다 용어나 개념이 더 어렵다고 한다. 그래서 강의할 때 수강자 분들에게 종종 하는 얘기가 "국어를 못하면 코딩을 못한다."이다. 수학보다 국어가 더 중요할 때가 실무에서는 빈번히 생긴다. 다음 표로 정리해 보자

char name[20] : 1차 배열	char name[3][20] : 2차 배열
"배열의 시작주소" : 배열명 name : [0]번 char 변수의 주소	"배열의 시작주소" : 배열명 name : [0]번 char [20]의 주소
"배열의 주소" : &배열명 &name : char [20]의 주소	"배열의 주소" : &배열명 &name : char [3][20]의 주소
"요소의 주소" : &배열명[요소번호] &name[0] : [0]번 char 변수의 주소	"요소의 주소" : &배열명[요소번호] &name[0] : [0]번 char [20]의 주소
	"행의 시작주소" : 배열명[요소번호] name[0] : [0]번 배열 [0]번 char 변수 주소
	"행의 요소의 주소" : &배열명[요소번호][요소번호] &name[0][1] : [0]번 배열 [1]번 char 변수 주소

이제 포인터변수와의 연결을 생각해보자. 2차 배열명을 대입받으려면 어떤 포인터변수가 필요한가? 2차 배열명은 요소의 주소이므로 요소를 가리키는 포인터변수가 필요하다. 2차 배열의 요소는 1차 배열이므로 포인터변수는 "배열포인터"가 필요하다.

```
char titles[5][20] = {0};
char *p1 = titles;    <-- titles는 크기가 20인 곳의 주소이다.
```

위 코드의 p1은 char 형 즉 1byte짜리 메모리의 주소를 가리키는 포인터변수이다. titles가 의미하는 주소에는 20byte인 char [20] 배열이 있으므로 크기가 일치하지 않아 자료형이 다른 것으로 판단한다. 따라서 오류이다.

```
char titles[5][20] = {0};
char **p2 = titles;    <-- titles는 크기가 20인 곳의 주소이다.
```

위 코드의 p2는 * 이 두 개 붙은 이중포인터변수이다. 이것은 "포인터변수의 주소"를 저장하는 포인터변수로 마찬가지로 titles는 포인터변수가 아니므로 자료형이 일치하지 않아 오류이다.

```
char titles[5][20] = {0};
char *p3[5] = titles;    <-- titles는 크기가 20인 곳의 주소이다.
```

위 코드의 p3은 배열이다. char형 포인터변수 5개를 저장하는 배열로 초기화는 중괄호{ }를 사용하여
요소별 저장할 주소들을 작성해줘야 한다. 이 역시 오류다.

```
char titles[5][20] = {0};
char (*p4)[20] = titles;    <-- titles는 크기가 20인 곳의 주소이다.
```

이 코드가 정상적인 코드이다. 2차 배열명인 titles를 대입 받으려면 포인터변수여야 하고 해당 주소
에는 char [20]인 배열이 있는 것이므로 배열포인터 p4만 2차 배열명을 대입 받을 수 있다. 상당히 긴
내용이지만 간략히 정의하면 "2차 배열명"은 "배열포인터변수"로 받으라는 것이다.

2차 배열을 처리하는 또 다른 방법은 "포인터배열"을 사용하는 방법이다. 포인터 배열은 요소가 포인
터변수들이므로 배열명은 포인터변수의 주소이다. 따라서 포인터 배열을 전달받을 함수는 포인터변수
의 주소를 저장하는 포인터변수, 즉 이중포인터변수여야 한다.

```
int func_a(char (*p)[20], int n){
    return 0;
}
int func_b(char* p[ ], int n){// char* p[ ]는 char **p와 같다.
    return 0;
}
int main( ){
    char titles[5][20] = {"first","second","third","fourth","fifth"};
    // 2차 배열의 전달
    func_a(titles, 5);    <-- 배열의 길이는 5이다.

    // 포인터 배열 par에 위 titles 배열의 각 행의 시작주소를 저장한다.
    char *par[5] = {titles[0], titles[1], titles[2], titles[3], titles[4]}
    func_b(par, 5);    <-- 배열의 길이는 5이다.
    return 0;
}
```

func_b 함수는 매개변수를 이중 포인터변수로 선언하였다. 이는 포인터배열을 전달받는 것과 같다.
포인터배열은 포인터변수가 여러 개 있는 것으로 위 코드에서는 2차 배열 titles의 각 행의 시작주소
를 먼저 포인터배열에 저장한 후 이 포인터배열을 전달하는 방법으로 2차 배열 구조를 다룬다. 선언만

다를 뿐 결국 2차 배열로써 똑같은 처리가 가능하다.

```c
int func_b(char* p[ ], int n){
    for (int i=0; i < n ; i++) {
        printf("%s ₩n", p[i]);
    }
    for (int i=0; i < n ; i++) {
        for (int k=0; k < 20 ; k++) {
            p[i][k];    <-- char 형 변수이다.
        }
    }
    return 0;
}
```

2차 배열을 선언한 상태에서 포인터배열을 다시 선언하여 사용하는 것은 사실 불필요한 코드이지만 포인터배열을 전달하는 방법을 제시한 것이니 매개변수의 선언과 결국은 2차 배열 구조가 된다는 개념만 이해하는 것으로 충분하다.

여기까지 COS PRO 시험을 치르기 위해 필수적인 문법만을 추려 정리하였다. 이미 C언어를 상당한 수준으로 학습된 수험자분들은 복습하는 정도이겠으나 이 내용이 생소하거나 이해하지 못한 분들은 반드시 이해한 후 시험을 치르길 바란다.

문제 해결 능력

Chapter 01 | COS PRO 출제 형식의 이해

COS Pro 시험은 전체 급수 동일하게 10문항으로 1,000점 만점이다. 합격 커트라인은 1급, 2급 동일하게 600점인데 문항당 100점씩 동일한 배점으로 채점되지는 않으며 시험의 난이도에 따라 배점과 부분 점수가 각 문항에 따라 다르게 적용된다. COS Pro 시험은 정책상 각 문항별 정확한 배점 및 채점 결과와 저작권 등 문제 유출을 막기 위해 문제 및 답안을 공개하지 않는다. 다만 수험자는 시험 종료 후 성적표를 통해 각 영역(디버깅, 설계, 코드이해)에 대한 문항별 배점 및 정답률을 확인할 수 있도록 하고 있다. 가능한 다양하고 많은 코드를 작성해보고, 작성된 코드를 읽어보는 것이 이 시험을 대비하는 좋은 방법이다.

1.1 문제(지문)의 구성

시험이 진행되는 화면은 아래와 같은 형태이다.

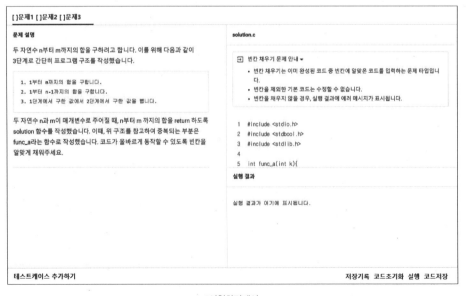

#시험화면예시

왼쪽 영역에는 문제를 설명하는 지문과 해결을 참고할 수 있는 조건들이 있다. 오른쪽 영역에는 코드가 작성되어 있는 편집기이다. 이곳에 코드를 작성하여 제출하게 된다. 하단 왼쪽의 "테스트케이스 추가하기"는 거의 사용할 일은 없을 것이다. 제한된 시간이 있으니 대부분은 코드 작성 후 하단 오른쪽의 "실행"을 눌러 확인 후 "코드 저장"을 하고 바로 다음 문제로 넘어갈 것이다. 반드시 "코드 저장"을 눌러 작성한 답안을 저장하여야 한다. "실행"은 현재 작성한 코드를 수험자가 확인할 수 있도록 한 것으로 채점을 하고 다음 문제로 넘어가기 위해서는 꼭 "코드 저장"을 하도록 한다. "테스트케이스 추가하기"는 이 "실행" 시 작성할 solution 함수로 전달되는 데이터들을 추가하는 것인데 시험을 처음 치르는 사람은 오히려 이 테스트 데이터를 잘못 적어 넣을 수 있으므로 가능한 건드리지 않는 것이 좋다. 시험공부를 할 때 여러 데이터를 넣어 연습하는 용도로만 생각하자. "문제 설명" 부분은 어떤 상황을 표현하고 작성할 코드가 어떤 목적인지를 설명하고 있다. 문제 설명을 보면서 오른쪽의 코드를 잘 비교하면서 보는 것이 중요하다. 문제는 일정한 범위 조건을 가지므로 이를 확인하는 것도 잊지 않아야 하며 거의 "1 이상~이하의 정수(자연수)"라고 제시될 것이다.

1.2 코드 조각 완성하기

COS Pro 시험 문제 유형은 3가지이다. "빈칸 채우기", "함수 수정하기", "함수 완성하기"

1) 빈칸 채우기

```
int solution(int a, int b) {
    if([    ])    return a;
    return [   ] ;
}
```

시험 화면에서는 빈칸에 직접 코드를 작성하여 넣을 수 있도록 되어 있으니 해당하는 빈칸에만 코드를 작성하고 나머지 코드는 수정하지 않아야 한다. 자신만의 코드로 다시 작성하겠다고 코드와 싸우려 하지 말고 문제에서 원하는 것에만 집중하도록 한다. 수험자들의 실력이 좋고 나쁘고를 떠나 시험 문제를 해결해야지 문제를 더 키워서는 안 된다. 코드가 거의 작성된 상태이기 때문에 난이도는 그리 높지 않다.

2) 잘못된 부분 수정하기(한 줄 수정하기)

```
int solution(int arr[ ], int arr_len) {
    int i;
    int answer = 0;
    for(i = 0; i < 10 ; i++){
        answer += arr[i];
    }
    return answer;
}
```

위와 같이 코드는 빈 곳 없이 작성이 되어 있다. 이 코드에서 한 줄이 잘못 작성되어 있으니 그것을 찾아 수정하라는 문제로 디버깅, 오류해결 문제라고도 한다. 단번에 눈에 들어오지 않기 때문에 코드를 한 줄씩 읽어 내려가면서 오류가 있는지를 찾아야 한다. 대개 시험 문제는 문법적 오류가 있지는 않을 것이다. COS PRO는 문법을 확인하는 시험이 아니고 코드 작성 능력을 평가하기 위한 것이므로 논리적으로 코드의 전후의미가 맞는지, 문제 해결이 가능한지를 검토하는 문제들이다. for 문은 10번 반복하고 있는데 문법적으로 틀린 것은 아니지만 배열의 길이는 10일 수도 있고 아닐 수도 있다. 이런 부분을 찾아 수정하는 문제이다.

3) 함수 완성하기

```
int solution(int arr[ ], int arr_len) {
    int answer = 0;
    return answer;
}
```

함수로 전달되는 매개변수와 반환형태만 표현되어 있다. 수험자가 마음껏 코딩 능력을 발휘할 수 있는 문제이긴 너무 복잡하고 긴 코드를 작성하는 것은 권장하지 않는다. 간결하고 쉽게 작성하면 된다. "문제 설명"을 잘 봐야하는 유형으로 다른 문제들은 코드만 보고 어느 정도 이해가 가능하지만, 이 유형은 아무것도 작성된 것이 없어서 반드시 문제를 잘 이해했는지 살핀 후에 코드를 작성하도록 한다.

1.3   문제 해결을 위한 가이드

1) 컴퓨터를 이해하자

시험의 코드들은 간단하다. 이를 표현하는 사람의 말과 글이 어렵지 C언어는 간결하고 해석하기 쉬운 코드를 지향한다. COS PRO 같은 코딩 시험에서는 한국어로 표현된 문제를 보고 C언어로 번역하는 작업이라고 생각하면 된다. 일상에서 사용하는 단어(용어)인데도 어렵게 느껴지는 것은 코딩에서의 의미가 조금은 다르게 사용되기도 하고 컴퓨터 입장에서의 사고방식을 요구하게 되어 글의 "문맥"을 파악하는 것이 힘들 수 있다. 우선 하나는 알아두자.

> 컴퓨터는 정수의 세계이다. 모든 것을 정수를 기본으로 하여 다루어진다.
> – 0과 1로 이루어진 체계

사람은 다양한 방법으로 정보를 인식하고 생각한다. 눈으로 보는 "색", "문자", "형상" 등이 있고 만져지는 감각으로 "형상", "재질" 등을 인지한다. 귀로 듣는 "소리"에 의해 대화를 하고 음악을 듣는다. 다양한 정보를 그 나름의 방법으로 인지하고 처리한다. 컴퓨터는 모든 것이 0와 1로 구성되는 "정수"이다. 그중에서도 "양수"이다. 사람이 인지하는 정보들을 컴퓨터에 전해주려면 모든 정보를 "정수화, 수치화" 해야 한다. 그래서 code, coding이라는 단어를 쓰는 것이다. encoding은 정보를 수치화함을 decoding은 수치화된 정보를 다시 역으로 되돌림을 의미한다. 프로그래밍에서 매우 흔히 사용되는 저 용어의 개념을 알아야 이해를 쉽게 할 수 있게 된다. "문자 인코딩"이 무엇일까? "문자를 수치화하다." 이다. 사람이 정보를 전달하기 위해 사용하는 "문자"도 컴퓨터에서는 "인코딩" 즉 수치화되어야 한다. 컴퓨터는 이 수치화된 문자값을 "디코딩"하여 사람이 볼 수 있는 "문자"형태로 화면에 보여준다.

"코딩, 프로그래밍"이란 사람(개발자)과 컴퓨터 간의 대화방법이다. 컴퓨터는 모든 정보를 "수치화"하여 다루는 기계라는 점을 명심하고 코딩을 공부해야 할 것이다.

2) 지문(문제의 설명 글)을 빨리 이해하는 자신의 방법

문제를 설명하는 지문은 길다. 문제 해결을 위한 중요한 내용도 있지만, 군더더기로 낀 내용도 많다. 지문에서 중요한 부분만을 빨리 잡아내는 것도 시험에서는 필요한 능력일 것이다. 한국어 능력은 중요하고 요구하는 목표나 목적이 보통 글의 끝부분에 있는 경우가 많다.

A학교에서는 단체 티셔츠를 주문하기 위해 학생별로 원하는 티셔츠 사이즈를 조사했습니다. 선택할 수 있는 티셔츠 사이즈는 작은 순서대로 "XS", "S", "M", "L", "XL", "XXL" 총 6종류가 있습니다. 학생별로 원하는 티셔츠 사이즈를 조사한 결과가 들어있는 배열 shirtsize와 shirtsize의 길이 shirtsizelen이 매개변수로 주어질 때, 사이즈별로 티셔츠가 몇 벌씩 필요한지 가장 작은 사이즈부터 순서대로 배열에 담아 return 하도록 solution 함수를 완성해주세요.

위 지문을 거꾸로 읽으면서 필요한 게 무엇인지 정리한다고 생각해보자.

- solution 함수를 완성해주세요.

  – 어떤 함수를?

- 사이즈별로 티셔츠가 몇 벌씩 필요한지 배열에 담아 return 하는 함수

  – 배열을 반환하는 함수구나. 사이즈별 개수면 사이즈는 어디에 있어?

- 사이즈를 조사한 결과가 들어있는 배열이 매개변수로 주어질 때

  – 함수로 전달되는구나. 근데 사이즈가 뭐지?

- 사이즈는 작은 순서대로 "XS", "S", "M", "L", "XL", "XXL" 총 6종류가 있습니다.

  – 티셔츠 사이즈 종류가 6가지가 있고 그 사이즈별로 몇 개인지 세는 함수구나.

물론 지문은 차근히 읽어 내려가길 권장한다. 성격이 좀 급하거나 글의 문맥을 잘 파악하지 못한다고 스스로 생각하는 수험자들은 지문의 마지막 문장을 보고 뭘 해야 하는지 파악한다.

"함수를 완성해주세요." – 함수가 비어있으니 내용을 작성하라.

"채워주세요."   – 빈칸이 있으니 그 부분에 내용을 써넣어라.

"수정해주세요."   – 코드가 잘못된 곳이 있으니 한 줄을 수정하라.

이렇게 문제 유형을 파악한 후 오른쪽 영역의 코드를 살펴본다. "함수"가 여러 개 작성되어 있는지 "매개변수"가 무엇인지, "반환형"이나 "반환하는 값"이 무엇인지를 살펴본 후에 다시 지문에서 정확히 어떤 것을 요구하는지를 정리하는 것도 시험을 치르는 요령이 될 수 있다.

3) 직접 코드를 작성해보고 오류를 정리한다.

코딩을 학습하는 최선의 방법은 역시 많이 작성해보고 많은 오류를 경험해보는 것이다. 흔히 "오답노트"를 활용하라는 얘길 들었을 것이다. COS PRO 시험에도 오류를 찾아 수정하는 문제가 최소 2문

제는 나올 것이므로 책이나 웹에서 제시되는 잘 실행되는 코드만 보지 말고 코드의 일부분을 무작위로 바꾸어 작성해보고 어떤 에러나 결과가 나오는지를 연습하는 것이 좋다. 이 시험을 준비하는 수험자분들은 C언어는 학습을 한 상태라고 보기 때문에 예제 코드들을 작성해보았을 것이다. 책이 있다면 그 책에 수록된 예제나 연습문제들이 있을 것이다. 수험자는 반드시 코드를 직접 작성하여 결과를 확인하고 에러가 나거나 원하는 결과가 나오지 않았을 때의 코드를 잘 정리하여 "원인"과 "현상"을 파악해 두길 바란다. "현상"은 당장 눈에 보이는 것을 말하는데 "원인"이 다르더라도 "현상"이 같은 경우가 많다. 다양한 오류 "현상"을 보고 "원인"이 무엇이었는지를 경험하고 정리한다면 본 시험은 그리 어렵지 않게 합격할 수 있다.

4) 가끔 수학 문제들을 풀어본다.

코딩은 수학 개념이 많이 사용된다. "수학을 못하면 코딩/알고리즘이 어렵다."라는 얘기가 많다. 이는 수학에서 나오는 여러 가지 어려운 공식들을 말한다기 보다는 수학적으로 문제를 푸는 과정에 대한 이해가 필요하다는 것이다. 앞서 얘기했듯이 코딩은 정수의 세계인 컴퓨터를 다루는 기술이다. 즉 정수를 다루어야 하기 때문에 수학 개념이 많이 활용되게 된다. COS PRO 2급은 잘 알려진 알고리즘을 다루는 난이도는 아닌 것으로 분석되고 있다. 본격적인 알고리즘 관련 문제는 1급 수준에서 다루어질 것이다. 코딩 시험 문제는 대부분 수학적인 문제를 푸는 것들 위주다. "총합", "평균", "소수" 등을 구하거나 "개수"를 세는 등의 산술적인 문제들이 대부분이므로 수학의 공식이나 개념들을 알아두는 것은 개발자의 길을 가려는 분들에게는 반드시 필요한 기초 지식이 된다.

5) 일상에서 말을 구체적으로 분명하게 하자.

일상 속에서 우리는 많은 말을 생략하거나 줄여서 사용한다. 특정 집단이나 그룹만 아는 단어나 비속어를 사용하는 경우가 많아서 오히려 정상적인 단어를 사용하면 순간적으로 무슨 뜻인지 떠오르지 않을 때가 있다. 시험 문제를 잘 이해하기 위해서는 시험을 준비하는 동안만이라도 말과 글을 좀 더 일반적이고 명확한 표현을 사용하도록 노력하길 바란다. "문제 설명"은 가능한 모든 사람이 알 수 있는 용어를 사용한다. 문제 자체를 읽어 이해하지 못하면 코딩은 아무 소용이 없다.

Chapter 02 | 기출문제 따라하기

문제 ① 티셔츠 주문 수량 구하는 함수 완성하기

1. 문제 분석

지문이 생각보다 양이 많고 지루하게 느껴질 수 있지만, 한 문장씩 나누어 정리를 하면서 문제의 요구 사항을 정확히 파악해야 한다. 지문을 읽음과 동시에 필요한 데이터가 어떤 것이고 그 개수나 자료형을 예측하는 것은 필수이다. 문제를 이해 못 해 지문을 여러 번 다시 읽는 것은 제한된 시간 내에 해결해야 하는 시험인 만큼 여러분의 마음을 급하게 만들 것이다.

> A학교에서는 단체 티셔츠를 주문하기 위해 학생별로 원하는 티셔츠 사이즈를 조사했습니다. 선택할 수 있는 티셔츠 사이즈는 작은 순서대로 "XS", "S", "M", "L", "XL", "XXL" 총 6종류가 있습니다. 학생별로 원하는 티셔츠 사이즈를 조사한 결과가 들어있는 배열 shirtsize와 shirtsize의 길이 shirtsizelen이 매개변수로 주어질 때, 사이즈별로 티셔츠가 몇 벌씩 필요한지 가장 작은 사이즈부터 순서대로 배열에 담아 return 하도록 solution 함수를 완성해주세요.

문제를 설명하는 지문은 현실적인 상황을 예시로 작성할 코드가 어떤 상황에서 사용될 것인지를 알려주려는 것으로 이해를 돕기 위한 것이지만 종종 오히려 어렵게 느껴질 수 있기 때문에 한 문장씩 나누어서 상황을 이해하고 어떤 데이터가 필요한지를 생각해야 한다.

1) 단체 티셔츠를 주문하기

주문은 어떤 물건을 사기 위한 것이고 가격과 개수라는 데이터가 필요할 것이다. 이 문제는 주문할 티셔츠의 개수나 총금액에 관련된 문제임을 예측할 수 있다.

2) 학생별로 원하는 티셔츠 사이즈를 조사

"티셔츠 사이즈"가 무엇인지를 생각한다. 일상에서 옷의 사이즈를 표현하는 방법은 정수(95, 100, 105, 110) 또는 문자열("Small", "Medium", "Large")처럼 여러 가지가 있다. 여러 명의 학생들이 각

자 자신에게 맞는 사이즈를 골랐을 것이고 각 사이즈별로 필요한 개수를 조사해야 주문을 할 수 있을 것이다.

3) 작은 순서대로 "XS", "S", "M", "L", "XL", "XXL" 총 6종류

사이즈는 문자열로 표현됨을 알 수 있다. 학생들이 선택할 수 있는 사이즈의 종류는 6가지만 있다. "총 6종류"라는 것은 최대 6개(가지)라는 말과도 같다. 여기까지에서 파악할 수 있는 것은 배열의 사용이다. 길이 6인 배열에 각 티셔츠 사이즈별로 조사된 개수를 저장할 것을 예상할 수 있다.

4) 학생별로 원하는 티셔츠 사이즈를 조사한 결과가 들어있는 배열 shirtsize와 shirtsize 의 길이 shirtsizelen이 매개변수로 주어질 때

이런 문장이 문제의 이해를 어렵게 하는 것 중 하나이다. "티셔츠 사이즈"를 조사했다는 것이 정확히 무엇인지를 아는 것이 중요한데 이는 이어지는 배열이 어떤 것이냐를 파악하는 단서이기 때문이다.

조사한 결과를 저장한 배열 shirtsize에는 무엇이 있는 걸까?
문자열 여러 개를 저장한 배열일까, 각 사이즈별 필요한 수량(정수)을 저장한 배열일까?

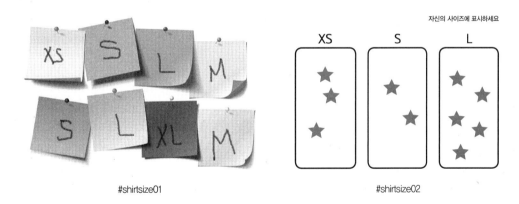

#shirtsize01   #shirtsize02

문자열과 정수를 처리하는 방법은 다르기 때문에 조사한 결과가 무엇이냐는 매우 중요하다. 조사한 배열이 함수에 매개변수로 전달된다고 하니 제시되는 코드 조각에서 함수의 매개변수가 어떻게 선언되어 있는지 확인하면 그 전달되는 배열이 어떤 것인지 예상할 수 있다.

❶ solution(char *shirtsize[ ], int shirtsizelen)
    문자열 배열의 전달, 이것은 "티셔츠 사이즈"를 의미하는 문자열을 저장한 배열이다.

❷ solution(int shirtsize[ ], int shirtsizelen)
    정수 배열의 전달, 이것은 각 사이즈별 개수를 저장한 배열이거나 "티셔츠 사이즈"를 정수로 저장한 배열이다.

❸ solution(char (*shirtsize)[12], int shirtsizelen)

문자열 배열의 전달, 이것은 ①과 같은 의미이나 문법적인 구조는 다르다.

5) 사이즈별로 티셔츠가 몇 벌씩 필요한지 가장 작은 사이즈부터 순서대로 배열에 담아 return 하도록 solution 함수를 완성해주세요.

결국 문제에서 원하는 것은 학생들의 사이즈를 적은 노트(문자열 배열)를 줄 테니 정리해서 각 사이즈별로 개수를 세어 반환하는 함수를 완성하라는 것이다. 지문을 살펴볼 때는 처음부터 읽는 것보다 마지막 부분에서 무엇을 해야 하는지를 먼저 살피는 것도 빠른 방법이 될 수 있다.

여기까지 우리가 파악할 수 있는 것은 티셔츠의 사이즈가 6종류가 있고, 학생들이 각자 자신의 사이즈를 적어서 제출하면 최종적으로 사이즈별로 주문할 수량을 알아내는 문제라는 것이다. 결과는 아래와 같은 표를 생각할 수 있을 것이다.

티셔츠 사이즈	수량
XS	1
S	0
M	2
L	3
XL	1
XXL	0

완성해야 하는 solution 함수는 사이즈를 조사한 배열을 전달받아 각 사이즈별 티셔츠 개수를 계산하여 저장한 배열을 만들어 반환하는 함수임을 파악했다.

2. 필요한 기능(문법)적 요소들 추리기

문제가 파악되면 다음은 코드를 작성하기 위해 필요한 C언어 문법을 생각해본다. 문제와 함께 제시되는 코드를 보면서 필요한 변수나 배열, 문법이 어떤 것이 필요한지를 정리하면 쉽게 답안을 알아낼 수 있을 것이다.

```
#include <stdio.h>
#include <stdbool.h>
#include <stdlib.h>

int* solution(char* shirt_size[ ], int shirt_size_len) {
    int* answer;
    // 여기에 코드를 작성해주세요.
    return answer;
}
```

우리가 해야 하는 것은 solution 함수를 완성하는 것이다. 함수를 완성하기 위해서는 매개변수와 반환이 무엇인지를 파악하는 것이 우선이다.

1) 매개변수의 이해

문제 분석을 통해 완성해야 하는 solution 함수로 배열이 전달된다는 것을 알았다.

```
char* shirt_size[ ], int shirt_size_len
```

shirt_size는 포인터 변수들을 요소로 하는 포인터 배열이다. 각 포인터들이 문자열의 주소를 가리키며, 개수(길이)는 두 번째 인자인 shirt_size_len에 저장된다.

shirt_size

[0] char *
[1] char *
[2] char *
:
[shirt_size_len-1] char *

"XS"
"XL"
"L"

#stringpointerarray01

전달되는 배열은 아래와 같이 예를 들 수 있다.

```
char *shirtsize[ ] = {"XS", "S", "XXL", "XS", "XL"};
solution(shirtsize, 5);
```

shirtsize 배열에는 치수(사이즈)를 나타내는 문자열을 여러 개 저장한 것이다. 각 사이즈별 개수가 아니라 각자 자기 사이즈를 적어낸 것을 그대로 모았다고 생각하면 되겠다. "XS" 사이즈를 고른 학생이 여러 명이면 "XS"가 여러 개 있을 것이다.

전달되는 문자열들을 하나씩 확인하여 개수를 세기 위해 문자열을 비교하는 처리가 필요하고 개수를 하나씩 증가시켜야 한다. 문자열의 비교는 strcmp 함수를 이용한다.

```
if (strcmp(문자열1, 문자열2) == 0)
{
    문자열 1과 문자열 2는 같다.
}
```

strcmp 함수는 전달되는 두 문자열이 일치(같다)하면 정수 0을 반환한다. shirt_size의 [0]번 문자열이 무엇인지 알아야 하므로 사이즈 문자열 "XS", "S", "M", "L", "XL", "XXL" 들을 모두 비교해 보아야 하고 전달받은 모든 문자열에 대해 실행하기 위해 반복문을 사용할 것이다. 전달받은 문자열의 개수는 매개변수 shirt_size_len에 저장되므로 조건식에 사용한다.

```
int i;
for (i = 0; i < shirt_size_len ; ++i){
    if (strcmp(shirt_size[i], "XS") == 0){
        [i]번 문자열은 "XS"이다.
    }
    else if (strcmp(shirt_size[i], "S") == 0){
        [i]번 문자열은 "S"이다.
    }
    else if (strcmp(shirt_size[i], "M") == 0){
        [i]번 문자열은 "M"이다.
    }
    else if (strcmp(shirt_size[i], "L") == 0){
        [i]번 문자열은 "L"이다.
    }
    else if (strcmp(shirt_size[i], "XL") == 0){
        [i]번 문자열은 "XL"이다.
    }
    else if (strcmp(shirt_size[i], "XXL") == 0){
        [i]번 문자열은 "XXL"이다.
    }
}
```

위 반복을 통해 사이즈가 무엇인지를 판단할 수 있고 각 사이즈별 개수를 셀 수 있을 것이다.

이제 문제 분석에서 가장 작은 사이즈인 "XS" 일 때는 answer 배열의 [0] 번 요소에 개수를 저장할 것이므로 answer[0] 요소의 값을 1 증가시키는 코드를 추가할 수 있을 것이다.

answer[0]++; 현재값에 1을 더하여 증가시킨다.

2) 반환(return 값)의 이해

```
사이즈별로 몇 벌씩 필요한지 가장 작은 사이즈부터 순서대로 배열에 담아 return 하는 함수
int* solution(char* shirt_size[ ], int shirt_size_len) {
    int* answer;
    // 여기에 코드를 작성해주세요.
    return answer;
}
```

solution 함수의 반환형이 int *이므로 주소를 반환하는 것이고 문제는 배열을 반환하는 함수를 완성하는 것이므로 int 형 배열을 생성하여 반환하는 것임을 알 수 있다. 반환해야 하는 배열 answer에는 총 6종류 사이즈의 수량을 저장하는 것이므로 요소는 int 형 변수들이고 배열의 길이는 6이며 [0]번부터 [5]번까지의 요소에 계산된 수량을 저장하여 반환한다.

"가장 작은 사이즈부터 순서대로 배열에 담아"라는 것은

배열명[0] = "XS" 개수   〈- 가장 작은 사이즈

배열명[1] = "S" 개수

배열명[2] = "M" 개수

배열명[3] = "L" 개수

배열명[4] = "XL" 개수

배열명[5] = "XXL" 개수   〈- 가장 큰 사이즈

위와 같이 저장하라는 것이다. 일반적으로 "순서대로"라는 말을 사용할 때는 1부터 10까지, 작은 것에서 큰 것으로 또는 큰 것에서 작은 것으로, 먼저 온 사람부터 나중에 온 사람이라는 의미로 많이 사용해 왔을 것이다. 만약 "~부터 순서대로"라는 표현 없이 "순서대로"라고만 하는 경우, 함정 문제로 더욱 세심히 살피거나 2급에서는 배열 위주의 문제가 나오므로 [0]번 요소부터 +1씩 차례대로 처리한다고 생각하면 된다. 특히 프로그래밍 분야는 이 순서라는 것이 중요하게 여겨지는 분야이므로 세심하게 살펴야 한다.

끝으로 solution 함수는 배열을 반환해야 하는데 함수 내에서 선언되는 배열은 반환하지 않으므로 함수 내에서 동적할당을 이용하여 배열을 생성 후 그 주소를 반환해야 한다. 제시되는 코드에 int answer[6];이 아니라 int *answer;로 선언된 것은 이때문이다.

int *answer;

❶ answer = (int*)malloc(sizeof(int) * 6); // sizeof(int) 대신 4도 가능

❷ answer = (int*)calloc(6, sizeof(int));

동적할당을 하는 방법은 위 ①과 ② 중 어느 것이든 상관없다. 단 calloc은 0으로 초기화된 배열이 생성지만 malloc은 초기화되지 않은 쓰레기값이 있기 때문에 malloc 사용 시에는 배열의 요소들을 0으로 초기화하는 코드가 필요하다.

3. 코드 작성하기

문제의 목적과 데이터들의 분석을 마치면 이제 코드를 작성해 볼 수 있다.

```c
int* solution(char* shirt_size[ ], int shirt_size_len) {
int *answer;
int i;
// 사이즈별 수량을 저장할 배열을 생성한다.
answer = (int*)malloc(sizeof(int) * 6);
// malloc은 쓰레기값(임의값)이 있어 에러가 될 수 있으므로 미리 0으로 초기화한다.
for(i = 0; i<6; ++i){
        answer[i] = 0;
}
// 전달받은 배열의 문자열을 하나씩 각 사이즈 문자열과 비교하여 개수를 센다.
for(i = 0; i<shirt_size_len; ++i){
        if(strcmp(shirt_size[i], "XS") == 0){
            answer[0]++;
            // 가장 작은 사이즈면 [0]번 요소를 1씩 증가(개수 증가)
        }
        else if(strcmp(shirt_size[i], "S") == 0){
            answer[1]++;
        }
        else if(strcmp(shirt_size[i], "M") == 0){
            answer[2]++;
        }
        else if(strcmp(shirt_size[i], "L") == 0){
            answer[3]++;
        }
```

```
        else if(strcmp(shirt_size[i], "XL") == 0){
            answer[4]++;
        }
        else if(strcmp(shirt_size[i], "XXL") == 0){
            answer[5]++;
        }
    }
    return answer;
}
```

COS PRO에서 출제되는 문제들뿐만 아니라 다양한 프로그래밍 문제를 풀 때도 이와 같은 과정을 통해 문제의 의도를 파악하고 필요한 기능들을 추리하면 막연하게 코드를 작성하는 것보다 쉽게 해결할 수 있을 것이다.

문제 ② 두 날짜 사이의 일수를 구하는 함수 빈칸 채우기

1. 문제 분석

빈칸 채우기 문제는 코드가 거의 작성되어 있어서 함수의 목적을 파악하면 쉽게 풀 수 있다.

> 시작 날짜와 끝 날짜가 주어질 때, 두 날짜가 며칠만큼 떨어져 있는지(D-day)를 구하려 합니다. 이를 위해 다음과 같이 3단계로 간단히 프로그램 구조를 작성했습니다(단, 윤년은 고려하지 않습니다).
> 1단계. 시작 날짜가 1월 1일로부터 며칠만큼 떨어져 있는지 구합니다.
> 2단계. 끝 날짜가 1월 1일로부터 며칠만큼 떨어져 있는지 구합니다.
> 3단계. (2단계에서 구한 날짜) − (1단계에서 구한 날짜)를 구합니다.
> 시작 날짜의 월, 일을 나타내는 startmonth, startday, 끝 날짜의 월, 일을 나타내는 endmonth, endday가 매개변수로 주어질 때, 시작 날짜와 끝 날짜가 며칠만큼 떨어져 있는지 return 하도록 solution 함수를 작성했습니다. 이때, 위 구조를 참고하여 중복되는 부분은 func_a라는 함수로 작성했습니다. 코드가 올바르게 동작할 수 있도록 빈칸을 알맞게 채워주세요.

며칠만큼 떨어져 있냐는 건 일(day) 수를 계산하라는 것이다. 같은 월(month)에서는 일(day)을 뺄셈으로 알 수 있다. 10일은 6일로부터 4일이 지난날이니 10 − 6 = 4와 같은 식으로 계산할 수 있다. 그런데 3월에서 5월처럼 월이 다르면 각 월의 일수를 합산하는 것이 필요한데 1월부터 12월까지 각 월의 일수가 모두 같지는 않지만, 윤년인 해에 일수가 바뀌는 2월을 제외하고는 각 월의 일수는 일정하다.

다행히 문제에서는 윤년은 고려하지 않는다.

JANUARY	FEBRUARY	MARCH	APRIL
S M T W T F S	S M T W T F S	S M T W T F S	S M T W T F S

JANUARY
S M T W T F S
    1 2 3 4 5 6
7 8 9 10 11 12 13
14 15 16 17 18 19 20
21 22 23 24 25 26 27
28 29 30 31

FEBRUARY
S M T W T F S
           1 2 3
4 5 6 7 8 9 10
11 12 13 14 15 16 17
18 19 20 21 22 23 24
25 26 27 28

MARCH
S M T W T F S
           1 2 3
4 5 6 7 8 9 10
11 12 13 14 15 16 17
18 19 20 21 22 23 24
25 26 27 28 29 30 31

APRIL
S M T W T F S
1 2 3 4 5 6 7
8 9 10 11 12 13 14
15 16 17 18 19 20 21
22 23 24 25 26 27 28
29 30

MAY
S M T W T F S
    1 2 3 4 5
6 7 8 9 10 11 12
13 14 15 16 17 18 19
20 21 22 23 24 25 26
27 28 29 30 31

JUNE
S M T W T F S
             1 2
3 4 5 6 7 8 9
10 11 12 13 14 15 16
17 18 19 20 21 22 23
24 25 26 27 28 29 30

JULY
S M T W T F S
1 2 3 4 5 6 7
8 9 10 11 12 13 14
15 16 17 18 19 20 21
22 23 24 25 26 27 28
29 30 31

AUGUST
S M T W T F S
           1 2 3 4
5 6 7 8 9 10 11
12 13 14 15 16 17 18
19 20 21 22 23 24 25
26 27 28 29 30 31

SEPTEMBER
S M T W T F S
               1
2 3 4 5 6 7 8
9 10 11 12 13 14 15
16 17 18 19 20 21 22
23 24 25 26 27 28 29
30

OCTOBER
S M T W T F S
    1 2 3 4 5 6
7 8 9 10 11 12 13
14 15 16 17 18 19 20
21 22 23 24 25 26 27
28 29 30 31

NOVEMBER
S M T W T F S
           1 2 3
4 5 6 7 8 9 10
11 12 13 14 15 16 17
18 19 20 21 22 23 24
25 26 27 28 29 30

DECEMBER
S M T W T F S
               1
2 3 4 5 6 7 8
9 10 11 12 13 14 15
16 17 18 19 20 21 22
23 24 25 26 27 28 29
30 31

#calendar

그림과 같이 1월은 총 31일, 2월은 28일, 3월은 30일로 각 월의 일수를 미리 정하여 계산할 수 있다. 문제에서 제시하는 날짜 차이를 계산하는 방법은 지정하는 두 날짜를 1월 1일을 기준으로 며칠이 지났는지를 각각 계산하여 뺄셈을 하여 그 차이를 구하는 동작을 한다.

❶ 1월 31일은 1월 1일로부터 30일(31-1)만큼 지난날짜이다.

❷ 2월 2일은 1월은 31일이고 2일을 더 지난날이니 31 + 2 = 33인데 기준일인 1월 1일 하루를 뺀 일수는 33 − 1 = 32일이 된다. 즉 1월 1일로부터 32일이 지난날짜이다.

따라서 두 날짜(1월 31일, 2월 2일) 사이의 일수는 32 − 30 = 2일의 차이가 난다.

2. 빈칸에 알맞은 문법적 요소들 확인하기

제시되는 코드에서 빈칸이 어느 곳에 있는지를 확인하고 그 자리에 들어갈 수 있는 문법적 표현이 무엇인지를 생각해본다.

```
int func_a(int month, int day){
    int month_list[ ] = {31, 28, 31, 30, 31, 30, 31, 31, 30, 31, 30, 31};
    int total = 0;
    for(int i = 0; i ①[      ]; i++)
        total += ②[    ];
    total += ③[    ];
    return total - 1;
}
int solution(int start_month, int start_day, int end_month, int end_day) {
    int start_total = func_a(start_month, start_day);
    int end_total = func_a(end_month, end_day);
    return end_total - start_total;
}
```

빈칸이 있는 함수는 func_a이다. func_a 함수는 월(month)과 일(day)로 날짜를 전달받아 1월 1일부터의 일수를 구해 반환한다. 우선 빈칸에 들어갈 수 있는 표현에 대해 생각해보자.

❶ for(int i = 0; i   ; i++)

for 문은 3개의 식을 작성하는데 (초기식 ; 조건식 ; 증감식)의 순으로 작성한다. 빈칸이 있는 곳은 가운데인 조건식을 작성하는 곳이다. 반복문에서 조건식은 주로 관계연산자를 사용하게 되는데 i 변수에 0을 저장한 후(초기식) 반복하는 동안 1씩 증가(i++)할 때는 i 변수가 〈 또는 〈= 연산으로 반복을 종료하기 위한 조건식으로 사용하게 된다.

❷   total +=   ;

total 변수에 빈칸의 값을 저장하는데 += 연산은 (total = total + 빈칸의 값)식과 같다. 현재 total 변수의 값과 빈칸의 값을 더한 결과를 total 변수에 저장함으로써 값이 증가되는 코드이며 주로 총합을 구하거나 개수를 셀 때 많이 사용되는 표현이다. 예를 들어 total 변수에 3이 저장되어 있을 때 total += 10은 3 + 10의 결과인 13을 total 변수에 저장하여 total 변수는 13이 되는 것이다.

```
❸ total +=        ;
```

같은 코드가 2번 있는데 마찬가지로 total 변수에 빈칸의 값을 덧셈하여 증가하는 코드이다. 이 부분은 유의할 것이 (1)의 for 문에 중괄호가 없다는 것이다. for 문의 중괄호가 없는 경우 반복문은 첫 번째 세미콜론(;)까지를 반복하므로 (1)과 (2)가 for 반복 구간이 되어서 (3)은 for 문이 종료된 후 한 번만 실행되는 코드이다. 자칫 for 문 내에 있는 것으로 오해하면 오답을 작성하게 될 것이다. 항상 반복문이나 분기문(if)은 중괄호를 잘 살펴야 한다.

3. 코드 분석 및 작성하기

빈칸의 채워야 할 내용은 for 문 조건식과 total 변수에 더할 값이 무엇인지를 알아야내야 한다. func_a 함수의 나머지 코드에 대한 분석이 필요하다. 먼저 func_a 함수는 전달되는 날짜가 1월 1일로부터 며칠이나 지난날(일수)인지를 계산하는 것이 목적이다. 이를 생각하면서 코드를 분석해 본다.

```
❶ int func_a(int month, int day)
```

func_a 함수에 월(month)과 일(day) 이 전달된다. month는 1에서 12 사이에서의 값이 전달되고 day는 1에서 최대 31까지의 값이 전달된다. 모든 월에서 31일을 넘는 월은 없다.

```
❷ int month_list[ ] = {31, 28, 31, 30, 31, 30, 31, 31, 30, 31, 30, 31};
```

month_list 배열에 저장된 것은 각 월의 일수이다. 1월은 1일부터 31일까지 총 31일이며 2월은 29일이 되는 윤년은 고려하지 않아서 2월 1일부터 28일까지 28일로 정한다. 이와 같이 각 월의 일수를 미리 배열에 저장해 둔 것이다. 주의할 것은 배열에 저장되는 요소의 번호와 월 값이 일치하지 않는다. 현실에서 우리는 0월은 없다. 1월부터 12월까지로 표현하는데 배열의 요소번호는 [0]번부터 시작되어서 그 차이를 생각해두어야 한다. 위 코드에서 요소번호 [0]번이 1월의 일수이다. 이를 표로 보면 아래와 같다.

month_list의 요소번호	요소의 값(일수)	해당 월(month)
0	31	1
1	28	2
2	31	3
3	30	4
4	31	5
5	30	6
6	31	7
7	31	8
8	30	9
9	31	10
10	30	11
11	31	12

month_list 배열의 요소 개수는 12개이며 모든 요소들의 값을 더한 총합은 365일로 1년의 일수가 된다. 매개변수 month와 요소번호와의 관계는 month − 1로 표현할 수 있다. 즉 month가 4일 때 4월의 일수는 month_list[month − 1]로 month_list[3] 요소의 값인 30일이 된다. 이제 전달되는 날짜의 일수를 계산하려면 total 변수를 0으로 초기화한 후 month의 바로 전 월까지의 일수를 모두 더한 후 day값을 더하여 알아낼 수 있다. 예로 4월 14일이 1월 1일로부터 며칠이 지난날인지 계산하기 위해 month에 4, day에 14를 전달받아 저장하였으면 직전 달인 3월까지 일수를 총합한 후 14일인 day 더해 계산할 수 있다. month_list 배열의 [0]번 요소는 1월의 일수이므로 3월은 [2]번 요소가 된다.

```
for(int i = 0; i < month-1 ; i++)
    total +=  month_list[i];
```

month − 1은 4 − 1 = 3이므로 i 〈 month-1은 i 〈 3과 같다. 따라서 for 문은 i 변수 0, 1, 2까지 반복하게 되고 month_list 배열의 [0]번 요소부터 [2]번 요소까지의 총합을 구한다. 이것은 1월부터 3월까지의 총 일수를 total 변수에 저장한 것으로 90(일)이 된다.

```
total += day ;
```

이제 for 문이 종료되고 4월의 직전 달인 3월까지의 일수를 계산하였으니 여기에 day 변수의 값을 더하는데 전달된 날짜는 4월 14일이므로 3월까지 일수에 14일을 더하는 것이다.

```
❸ return total - 1;
```

계산된 total 변수에서 1을 뺄셈하여 반환하는데 기준일이 되는 1월 1일로부터 경과된 일수를 계산하는 것이므로 1월 1일 하루를 빼야 하기 때문이다.

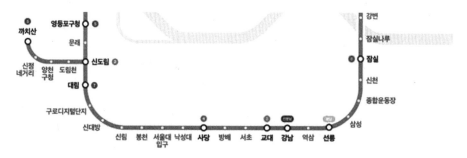

#subway01

이해를 위해 예를 들면 삼성역에서 몇 정거장(역)을 지나야 강남역이냐고 묻는다면 삼성역-〉선릉역-〉역삼역-〉강남역 3개(번) 가면 된다는 말과 비슷하다. 출발역인 삼성역을 포함하면 4개의 역이 있지만, 몇 번 가야 하느냐는 출발역을 제외한 3개(번)가 된다.

이제 완성된 코드는 solution 함수에서 func_a 함수에 원하는 날짜의 월(month)과 일(day)을 전달하여 일수를 받은 후 두 날짜의 일수를 뺄셈하여 날짜간의 차이(일수)를 계산하고 반환한다.

```
int func_a(int month, int day){
    int month_list[ ] = {31, 28, 31, 30, 31, 30, 31, 31, 30, 31, 30, 31};
    int total = 0;
// 요소번호 [0]번이 1월이므로 전달받은 month가 3(월)이면 2월인 [1]번까지 반복
    for(int i = 0; i < month-1 ; i++)
       total += month_list[i] ;
    total += day ;
    return total - 1;
}
int solution(int start_month, int start_day, int end_month, int end_day) {
    int start_total = func_a(start_month, start_day);
    int end_total = func_a(end_month, end_day);
    return end_total - start_total;
}
```

문제 ③ 수강 대상자 수를 구하는 함수 고치기

1. 문제 분석

작성되어 있는 코드에서 한 줄만 수정해야 하고 여러 줄을 수정하게 되면 오답으로 처리되니 주의해야 한다. 이 유형의 문제는 이미 작성되어 있는 코드의 실행을 예상해서 잘못 작성된 부분을 고쳐야하는 것으로 흔히 디버깅(Debugging)이라고 한다.

> A 대학에서는 수준별 영어 강의를 제공하고 있습니다. 초급 영어 강의는 토익시험에서 650점 이상 800점 미만의 성적을 취득한 학생만을 수강대상으로 하고 있습니다. 초급 영어 강의에 수강 신청한 사람이 10명일 때, 이 중에서 몇 명이 수강 대상에 해당하는지 확인하려 합니다. 수강 신청자들의 토익 성적이 들어있는 배열 scores와 scores의 길이 scores_len이 매개변수로 주어질 때, 수강 대상자들의 인원수를 return 하도록 solution 함수를 작성했습니다. 그러나 코드 일부분이 잘못되어있기 때문에, 몇몇 입력에 대해서는 올바르게 동작하지 않습니다. 주어진 코드에서 한 줄만 변경해서 모든 입력에 대해 올바르게 동작하도록 수정해주세요.

A 대학에서 진행하는 초급 영어 강의를 수강하려면 토익시험 점수가 650점 이상 800점 미만의 성적을 취득하여야 한다. 범위가 정해지는 문제의 경우 "이상, 이하, 초과, 미만"이라는 표현을 잘 살펴야 한다. "650 이상" 650을 포함하면서 큰 값을 의미하고 "650 초과" 650을 제외한 "651 이상"의 값을 의미한다. 익히 아는 것이겠지만, 이것을 놓치면 오류를 찾아낼 수 없다. 수강 대상은 토익 점수 "650 이상 800 미만"이므로 관계연산자로 표현하면 아래와 같이 표현될 수 있다.

```
(score >= 650 && score < 800)
(650 <= score && score < 800)
```

위 두 식의 결과는 같으며 단지 연산자의 좌우 순서만 바꾸어 표현한 것이다. 관계연산자 중 "~이상"은 >=나 <=을 사용할 수 있는데 보통 왼쪽을 기준으로 해석했을 것이다.

score >= 650는 "score 변수의 값이 650보다 크거나 같으면 참이 된다."고 해석한다. 그런데 좌우를 바꾸어(뒤집어) 작성하였다면 650 <= score가 되는데 "650이 score 변수의 값보다 작거나 같으면 참이 된다."고 해석한다. 결국 같은 의미인데 사람은 말을 반대로 하면 헷갈리는 경우가 많다. 출제자의 입장에서는 문제를 정확하게 파악하는지를 평가하는 방법이 된다. 코드를 해석할 때는 가능하면 변수를 기준으로 말을 하고 해석하는 습관을 갖는 것이 좋다. 800 > score는 "score가 800보다 작으면",

score 〈 800는 "score가 800보다 작으면"과 같이 변수명을 기준(주어)삼아 해석하는 것이 코드 이해에 도움이 된다.

수강대상자의 조건을 파악하고 나머지 지문은 초급 영어 강의를 신청하는 사람들의 토익점수들을 받아서 수강이 가능한 대상자가 몇 명인지를 세어 반환하는 코드를 완성하는 것이고 이미 작성되어 있는 코드 중 단 1줄만을 수정하여 오류 없이 정상적으로 실행되도록 하는 것임을 알 수 있다. 예를 들어 10명의 수강 신청자가 있고 이들의 토익점수가 아래와 같다.

```
[600, 900, 780, 660, 800, 600, 500, 720, 860, 700]
```

수강대상자 조건인 "650 이상 800 미만"에 해당하는 점수는 780, 660, 720, 700이며 4개이다. 따라서 solution 함수는 4를 반환하여야 한다.

2. 실행 예상하기

미리 작성된 코드를 보면서 실행 결과를 예상해 보자.

```c
int solution(int scores[ ], int scores_len) {
        int count = 0;
        for (int i = 0; i < scores_len; i++)
            if (650 <= scores[i] || scores[i] < 800)
                court += 1;
        return count;
}
```

solution 함수로 토익점수들이 저장된 배열이 전달된다.

```
❶ int solution(int scores[ ], int scores_len) {
```

scores 배열에 요소의 개수(길이)는 scores_len에 저장되어 전달된다. scores_len 변수의 값이 10이라면 scores 배열에는 10개의 토익 점수가 저장되어 있을 것이다. 문제에서 제시한대로 토익점수가 저장된 배열을 전달하는 것이므로 수정할 것이 없다.

```
❷ int count = 0;
```

scores 배열에 저장된 값들 중 수강대상 조건에 해당하는 개수를 세어 저장할 변수이다. 이 변수의 값을 반환하는 것이 목표이다. 당연히 초기값은 0으로 저장하고 조건에 만족하는 점수가 있을 때 1씩 증가시킬 변수이므로 수정할 것이 없다.

```
❸ for (int i = 0; i < scores_len; i++)
```

for 반복은 전달되는 scores 배열의 요소 개수만큼 반복하는 것으로 i 변수는 scores 배열의 요소번호로 사용될 것이다. 배열 요소의 첫 번째인 [0]번 요소부터 시작하여 배열의 길이(요소 개수)인 scores_len 만큼 반복하여야 하니 수정될 것은 없다. 다만 이럴 때 조건식인 i < scores_len에서 관계연산자를 잘 살피는 것이 좋다. solution 함수로 전달되는 scores_len에는 배열의 요소번호가 아니라 길이인 개수가 전달되는 것이므로 마지막 요소번호는 scores_len보다 1 작은 [scores_len − 1]번까지 반복하는 것이므로 <= scores_len으로 사용되었다면 이는 틀린 식이 된다. 그리고 for 문에 중괄호 { }가 없으므로 이하의 첫 번째 세미콜론 ;까지만 for 반복 구간으로 실행됨을 주의하여야 한다.

```
❹ if (650 <= scores[i] || scores[i] < 800)
```

전달되는 scores 배열에 저장된 토익점수가 수강 대상자의 조건인 650 이상 800 미만의 점수인지 판단하기 위해 if 조건문이 사용되었다. for에서 i 변수를 1씩 증가시키면서 반복되므로 scores 배열의 [i]번 요소의 값이 650 이상 (650 <= scores[i]) 800 미만 (scores[i] < 800)인지를 확인하는 것이다. 이처럼 조건식이 여러 개가 나올 때는 논리연산자(AND, OR, NOT)가 잘 사용되었는지를 보아야 한다. 가장 손쉽게 낼 수 있는 문제이기 때문이다. 실제로 코드를 작성하다 보면 논리적인 판단이나 조건식을 작성하는 것이 어렵고 헷갈리는 경우가 많다. 코드에서 사용된 ||(OR연산)은 한국어로 "~이거나", "또는"으로 해석된다. OR 연산은 변수의 값이 "~이상/초과~이하/미만"같이 일정 범위 내(사이)에 있는지 확인할 때 사용하지 않는 연산이다. 이럴 때는 &&(AND연산)을 사용하여 "~이면서", "그리고"라는 의미로 해석하여야 한다. A OR B 라는 연산식은 A가 참이거나(또는) B가 참이면 결과는 참이 되는데 A 나 B 조건 중 하나만 만족해도 참이 된다는 것이다. 그러나 AND 연산은 두 개의 조건을 모두 만족해야 참이 되는 것이므로 650 이상 이면서(그리고) 800 미만 사이에 해당하는 값을 판단하는 이 문제에서는 A && B의 형태로 AND 연산을 사용하여야 한다. 즉 이 부분을 수정하여야 한다.

```
❺ count += 1;
```

if의 조건이 참(수강 가능조건 만족)일 때 count 변수의 값을 1씩 증가시키며 이는 개수를 세기 위한 것이므로 수정할 것이 없다. for 문이 중괄호 없이 사용되었으므로 for 이후 첫 번째 세미콜론인 여기까지가 for 문의 반복구간이 된다.

> **❻** return count;

계산된 값을 반환하는 것이므로 수정할 것은 없다.

3. 코드 작성하기

잘못 작성된 부분을 찾았으니 한 줄을 수정하여 코드를 완성한다.

```
int solution(int scores[ ], int scores_len) {
        int count = 0;
// for 반복구간 시작
        for (int i = 0; i < scores_len; i++)
// scores[i] 요소의 값이 650 이상 이면서 800 미만 이면
            if (650 <= scores[i] && scores[i] < 800) <-- 수정할 한 줄 &&
                count += 1;
// for 문 반복구간 끝
        return count;
}
```

작성된 코드를 수정하는 한 줄 바꾸기 유형의 문제는 코드를 읽고 오류를 찾아내는 능력을 평가하는 것이므로 2~3번 정도 실행을 예상해보고 괄호나 연산자를 잘 살피도록 한다.

문제 ❹ 상품 구매 금액을 구하는 함수 완성하기

1. 문제 분석

A 쇼핑몰에서는 회원 등급에 따라 할인 서비스를 제공합니다. 회원 등급에 따른 할인율은 다음과 같습니다. (S = 실버, G = 골드, V = VIP)

등급	할인율
"S"	5%
"G"	10%
"V"	15%

상품의 가격 price와 구매자의 회원 등급을 나타내는 문자열 grade가 매개변수로 주어질 때, 할인 서비스를 적용한 가격을 return 하도록 solution 함수를 완성해주세요.

쇼핑몰에서 구매할 때 할인된 가격에 살 수 있는 서비스를 제공한다. 가격이 10,000원인 상품을 구매할 때 1,000원을 할인해 준다면 9,000원만 내면 된다. 이렇게 원래 판매 가격보다 싸게 구매할 수 있도록 해주는 것을 할인 서비스를 제공한다고 한다. 종종 이 "할인"이라는 용어를 섞어서 혼란을 주기도 하는데 아래 표현들을 살펴보고 잠시 생각해보자.

❶ 할인받은 금액이 얼마인가?

❷ 할인된 금액이 얼마인가?

❸ 1,000원 할인받은 금액이 얼마인가?

❹ 1,000원 할인된 금액이 얼마인가?

위에서 (3)과 (4)는 쉽게 답을 알 수 있다. 금액이 제시되어 있어서 1,000원을 뺀 금액을 생각하게 될 것이다. (1)과 (2)의 경우는 바로 결론을 내리지 말고 지문을 다시 보며 정확한 의미가 무엇일까를 생각해야 한다. 흔히 물건을 사러 마트나 백화점에 가면 "1,000원 할인해 드려요."라는 말을 많이 들었을 것이다. 그럼 구매자는 "1,000원 할인을 받은 것"이 된다. 즉 상대방이 나에게 주었으니 나는 받는다 라는 말이 자연스럽다. 그래서 "할인받은 금액"은 깎아준 금액을 의미하는 것이고 "할인된 금액"은 할인받은 금액을 차감한 실제 지불할 금액을 말하는 것이다. 지문에서 할인 서비스를 "적용한"은 이미 계산(처리)을 마친 것이라는 의미로 상품 가격에서 깎아(할인해)주는 금액을 뺀 실제 지불할 금액인 "할인된 금액"과 같다. 완성해야 하는 solution 함수는 상품의 가격에서 회원등급별 할인액을 뺀 차액을 반환하여야 한다.

2. 필요한 기능(문법)적 요소들 추리기

1) 매개변수

작성할 solution 함수로 상품의 가격 price와 회원 등급 문자열 grade가 전달된다. 보통 "가격", "금액" 같은 수치 정보는 정수나 실수형으로 다루게 되며, 정수인 경우 int price로 선언하고 실수형인 경우 double price로 선언된다. 코드에 소수점이 있는 실수값을 상수로 쓰면 그 값은 자동적으로 double 형으로 인식한다.

```
price = 100;    // 정수 상수 100은 int 형
price = 10.90; // 실수 상수 10.90은 double 형
```

실수값을 int 형 변수에 저장하려고 하면 경고가 나타나는데 4byte의 크기인 int형 변수에 8byte의 크기인 실수값을 저장할 수 없기 때문이다. 따라서 실수형과 정수형이 섞여 있는 코드는 형변환을 하거나 경고를 무시한 채 다소 위험한 코드를 작성하게 된다.

```
int price;
price = 10.95;
[오류출력창]
warning C4244: '=': 'double'에서 'int'(으)로 변환하면서 데이터가 손실될 수 있습니다.
```

그리고 형변환을 하는 경우 실수값의 소수점 이하는 버리고 정수부분만 저장한다.

```
int price;
price = (int)10.95;  // 실수 상수 10.95를 (int)형으로 변환한다.
printf(" %d ", price);
[실행결과]
10
```

위와 같이 실수값을 형변환하면 소수점 이하값이 버려지므로 0.95 같은 경우 0이 된다. 다음과 같이 정수와 실수를 곱셈한 결과를 정수형 변수에 저장하려는 경우에는 정수형으로 형변환하여 저장하기 위해 소괄호를 사용하는 것이 좋다.

코딩 시험에서 이와 같이 실수형 연산의 경고를 무시하는 문제들이 종종 있다. 에러는 아니기에 실행은 될 수 있지만, 실제 현업에서는 모든 경고를 해결하여야 하고 올바른 표현도 아니다. 대입 연산의 원칙은 왼쪽과 오른쪽의 자료형이 같아야 한다는 것이다.

실수에 대해 말하는 이유는 문제에서 나오는 "할인율" 때문이다. 대게 할인을 얘기할 때 "10% 할인해 드려요.", "80%만 내시면 되요." 등 "%"라는 단위를 많이 사용한다. 이는 비율(수학의 분수)을 의미하는 것으로 나눗셈의 결과인 실수에 100을 곱한 것으로 실제 계산 시에는 실수로 계산하여야 한다. 즉 80%는 80 / 100의 결과인 0.80으로 본다. 문제에서의 회원 등급별 할인율을 보면 5%, 10%, 15%로 각각 0.05, 0.10, 0.15와 같다. 할인율은 원래 가격에서 할인해주는 금액의 비율로 상품의 가격이 10,000원일 때 할인율 10%에 해당하는 금액은 10,000 × 0.10 = 1,000원이고 할인 적용된 가격은 10,000 − 1,000인 9,000원이 된다. 거꾸로 2,000원을 할인해 준다면 할인율은 아래와 같이 계산할 수 있다.

할인율 = (할인액 / 상품가격) × 100 = (2,000 / 10,000) × 100 = 0.20 × 100 = 20%

10%의 할인율을 적용 받는다면 상품 가격의 90%(100%−10%)만 내면 된다. 90%는 0.90이고 100%는 1.00과 같으므로 계산 공식은 아래와 같다.

할인 적용된 가격 = 상품가격 × (100% − 할인율) = 10,000 × (1.00−0.10) = 9,000 (원)

이미 할인율을 고정하여 알고 있으므로 상품가격에 95%(0.95), 90%(0.90), 85%(0.85)를 할인 적용된 가격으로 계산하도록 식을 만들 수 있을 것이다.

```
"S" 등급 회원의 할인율 5%
int price;
int answer;
price = 10000;
answer = (int)(price * 0.95);    // 할인율인 5%를 뺀 95% 금액을 지불한다.
```

회원 등급을 의미하는 문자열이 grade에 전달되므로 미리 정해진 3개의 문자열인 "S", "G", "V"와 비교하여 각각의 할인율을 적용한 가격을 계산한다. 두 개의 문자열이 같은지를 비교하기 위해 strcmp 함수를 사용할 수 있으며 아래와 같이 문자열들을 비교할 수 있다.

```
char *grade = "V";
if(strcmp(grade, "S") == 0){
    // S 등급 회원의 할인율은 5%
}
if(strcmp(grade, "G") == 0){
    // G 등급 회원의 할인율은 10%
}
if(strcmp(grade, "V") == 0){
    // V 등급 회원의 할인율은 15%
}
```

각 조건에 따라 price의 값과 회원등급별 할인을 적용한 가격을 곱셈 연산으로 구하는 코드를 작성할 수 있다.

3. 코드 작성하기

문자열 상수는 고정 주소를 가진다.

```
char *ptr1 = "S";
char *ptr2 = "S";
char *ptr3 = "S";

printf("[%s][%s][%s]\n", ptr1, ptr2, ptr3);
printf("[%p][%p][%p]\n", ptr1, ptr2, ptr3);

[실행결과]
[S][S][S]
[00396BCC][00396BCC][00396BCC]
// 3개의 포인터 변수의 값이 같다. 즉 같은 문자열 상수를 가리키고 있다.
```

큰 따옴표 " "로 묶인 문자들은 문자열 상수로 변경할 수 없는 고정값이며 메모리 내의 특정한 영역에 저장된다. 여러 개의 포인터 변수에 문자열 상수("S")의 주소를 저장하는 경우 모두 같은 주소(하나의 문자열 상수)를 가리키게 된다. 그래서 두 개의 포인터 변수 ptr1과 ptr2가 문자열 상수의 주소를 저장하고 있을 때 ptr1 == ptr2가 참이라면 같은 주소를 의미하는 것이므로 문자열이 같다고 판단할 수 있다. 또한 문자열 상수를 나타내는 큰 따옴표 " " 역시 연산자로 문자열이 저장된 주소를 반환한다.

```
char *ptr1 = "Immutable String";
char *ptr2 = "Immutable String";
if(ptr1 == ptr2) {// 주소가 같으면 문자열도 같다. 문자열 상수이기 때문이다.}
if(ptr1 == "Immutable String") {// " " 연산은 문자열 상수의 주소를 반환한다}
```

그러나 문자열 상수의 주소를 받을 때는 const char *로 선언하는 것이 정석이다.

제시되는 코드에서 solution 함수의 매개변수는 char *grade이다. 이는 문자열 상수가 아니다. 문자열 상수를 전달받을 매개변수는 const char *grade여야 한다. 물론 함수를 작성하는 사람이 수정을 하지 않으면 문제는 없겠지만, 이건 기본의 문제이고 소통의 문제이다. const는 주소를 받아서 읽기만 하고 쓰기, 즉 변경은 하지 않을 것임을 약속하는 표현으로 보는 것이 좋다. const char *으로 선언된 solution 함수를 호출하는 쪽은 문자열 상수이든 배열이든 원하는 대로 전달을 할 수 있지만, char

＊ 인 경우 문자열 상수를 전달하면 에러가 날 것이라 생각하므로 배열을 전달하려 할 것이다. 다만 시험에서 회원 등급 문자열이 상수이고 이를 전달하는 것으로 가정하여 출제된 문제이므로 아래와 같이 작성이 가능하다.

```c
int solution(int price, char* grade) {
    int answer = 0;
// 전달된 주소가 문자열 상수 "S", "G", "V" 중 하나의 주소와 같으면
    if (grade == "S") {
        answer = (int)(price * 0.95);   // 5%할인받아 95%만 내면 된다.
    }
    if (grade == "G") {   answer = (int)(price * 0.9);   }
    if (grade == "V") {   answer = (int)(price * 0.85);  }
    return answer;
}
```

위 코드는 문자열을 비교한 것이 아니라 주소가 같은지를 확인한 것이며 전달되는 문자열이 상수일 때만 가능한 표현이다. 문자열을 비교하는 코드는 아래와 같다.

```c
int solution(int price, char* grade) {
    int answer = 0;
// 전달된 주소의 문자열이 "S", "G", "V" 중 하나와 같으면
    if (strcmp(grade, "S") == 0) {
        answer = (int)(price * 0.95);   // 5%할인받아 95%만 내면 된다.
    }
    if (strcmp(grade, "G") == 0) {
        answer = (int)(price * 0.9);
    }
    if (strcmp(grade, "V") == 0) {
        answer = (int)(price * 0.85);
    }
    return answer;
}
```

문자열 상수와 배열에 대해서는 충분히 그 차이를 알고 문제를 보아야 하며 특히 디버깅 문제(한 줄 고치기)같은 유형에서는 손쉽게 함정을 팔 수 있는 부분이니 여러 가지 방법으로 풀어보는 것이 좋다.

문제 ⑤ 정수에 3, 6, 9가 포함되어 있는지 확인하는 함수의 빈칸 채우기

1. 문제 분석

> 369게임은 여러 명이 같이하는 게임입니다. 게임의 규칙은 아래와 같습니다. 1부터 시작합니다. 한 사람씩 차례대로 숫자를 1씩 더해가며 말합니다. 말해야 하는 숫자에 3, 6, 9 중 하나라도 포함되어 있다면 숫자를 말하는 대신 숫자에 포함된 3, 6, 9의 개수만큼 손뼉을 칩니다. 어떤 수 number가 매개변수로 주어질 때, 1부터 number까지 369게임을 올바르게 진행했을 경우 박수를 총 몇 번 쳤는지를 return 하도록 solution 함수를 작성하려 합니다. 빈칸을 채워 전체 코드를 완성해주세요.

언뜻 3, 6, 9 라는 것만 보면 3의 배수를 찾아 개수를 세는 문제로 보일수 있다.

"숫자에 3, 6, 9 중 하나라도 포함되어있다면"이라는 것은 3, 6, 9의 개수를 각각 모두 세어야 한다는 것을 의미한다. number가 15일 때 1부터 number까지의 정수는 1, 2, 3, 4, 5, 6, 7, 8, 9, 10, 11, 12, 13, 14, 15이고 이 중에서 3의 배수는 3, 6, 9, 12, 15로 5개가 있다. 369는 게임의 규칙에 해당하지만 12와 15는 3의 배수이긴 하지만 3, 6, 9가 포함되어 있지 않으므로 박수를 치지 않아야 하고 13은 3의 배수가 아니지만 3이 포함되어 있으므로 박수를 쳐야 한다. 즉 하나의 정수에 3, 6, 9가 몇 개가 있는지를 모두 세는 것이다. number에 60이 있다면 1부터 60까지 범위에서 3, 6, 9가 포함된 것을 찾아보고 박수를 몇 번 쳐야 하는지를 생각해보자.

> 박수를 한 번 쳐야하는 경우 23개 × 1번 = 23번
> 3 6 9 13 16 19 23 26 29 30 31 32 34 35 37 38 43 46 49 53 56 59 60
> 박수를 두 번 쳐야하는 경우 3개 × 2번 = 6번
> 33 36 39

박수는 총 29번을 쳐야 한다. 종종 친구들이나 동료들과 해보았을 게임이어서 비교적 문제 이해는 어렵지 않게 할 수 있을 것이다. 이 문제의 핵심적인 부분은 정수를 한 자리씩 쪼개어 특정값이 있는지를 판단하는 조건식을 작성하는 것이다. 일반적으로 사람이 사용하는 수의 표현은 10진 정수 형식을 사용하는데 0부터 9까지를 한 자리의 범위로 하여 9를 초과하는 수는 두 자리로 표현하여 10부터 99까지의 범위를 표현한다. 그래서 10을 기준으로 자릿수가 늘어나는 것을 곱셈으로 자릿수가 줄어드는 것을 나눗셈으로 표현하고 있다.

```
1 × 10 = 10        // 자릿수가 늘어나 2자리 10이 된다.
10 × 10 = 100      // 자릿수가 3자리 100이 된다.
100 / 10 = 10      // 자릿수가 줄어 2자리 10이 된다.
10 / 10 = 1        // 자릿수가 줄어 1자리 1이 된다.
1 / 10 = 0         // 값이 1자리일 때 나누기 10은 0이다. 소수점 이하 버림
```

위와 같이 10으로 곱하거나 나누는 계산을 단순하게 "얼마이다."로 보는 것이 아니라 자릿수의 개념으로 보는 것이 중요하다. 정수 12는 두 자리(십의 자리 1과 일의 자리 2)이다. 이를 식으로 표현하면 10 + 2와 같은데 이때 10은 1 × 10과 같다. 즉 처음 값 1에 10을 곱하여 자리를 올린 후 두 번째 값 2를 더하면 12가 만들어지는 조합으로 생각할 수 있어야 한다. 10진수에서 10을 곱하는 것은 자리올림을 표현하고 10으로 나누는 것은 자리내림을 표현하는 것임을 이해하는 것이 중요하다.

2. 필요한 기능(문법)적 요소들 추리기

함수의 매개변수 number에 전달되는 값까지의 정수들을 모두 확인해야 하고 연속하는 정수들은 1씩 증가되는 값들이다. 이처럼 시작값에서부터 종료값까지 1씩 증가하는 변수는 for 문을 이용해 표현할 수 있다.

```
for(int i = 1 ; i <= number ; ++i){
}
```

변수 i는 1로 시작(i=1)하여 1씩 증가(++i)하면서 반복되고 <= 연산은 "작거나 같으면 참"을 의미하므로 number의 값보다 크면 for 반복은 종료된다.
다음은 하나의 정수를 쪼개어 한 자리씩 나누어야하는데 산술 연산자 중 나누기와 나머지 연산을 사용한다. 0은 나누기, 나머지 연산을 할 수 없다.

```
int number = 234;
number = number / 10;      // number 변수의 일의 자리 4를 버리고 23이 된다.
number = number / 10;      // number 변수의 일의 자리 3을 버리고 2가 된다.
number = number / 10;      // number 변수의 일의 자리 2를 버리고 0이 된다.
```

나누기 연산은 높은 자리의 값을 남기는 것으로 보면 이해가 쉽다. 234 정수를 10으로 나누기 한 값(몫)은 23이며 일의 자리값인 4를 떼어버린 것과 같다. 정수를 10으로 계속 나누기를 하면 처음 값에서 한 자리씩 줄어들어 결국 마지막에 더 이상 나누기를 할 수 없는 0이 된다. 산술적으로 1 / 10 = 0.1

로 실수라고 생각될 것이다. 그러나 프로그래밍에서 정수 / 정수 = 정수 여서 소수점 이하를 버린 0이 된다. 만약 0.1로 저장하길 원한다면 자료형을 실수형인 double number로 선언하여야 한다.

나머지 연산 %는 반대로 일의 자리만을 남기는 것과 같은데 정수 234를 10으로 나눈 나머지 값은 백의 자리(2)와 십의 자리(3)값을 떼어버리고 일의 자리값 4만 남긴 것과 같다.

```
int number = 234;
number = number % 10;    // number 변수의 일의 자리 4만 남겨서 4가 된다.
number = number % 10;    // number 변수의 값이 10보다 작으므로 4가 된다.
```

나머지 연산은 연산자의 오른쪽 값(10)보다 작은 값만 남는 것을 말하는데 어떤 값 R을 10으로 나눈 나머지 R % 10은 10보다 작은 값이다. R의 값이 0 이상(R)=0)의 값이라면 최소값은 0이며 10보다 작은 최대 정수는 9이다. 이 범위는 10진수 1자리의 범위를 말한다. 그래서 10으로 나눈 나머지는 10진수의 일의 자리값이 된다고 하는 것이다.

```
int number = 234;
printf(" number의 백의 자리값 : ₩n", number / 100);
printf(" number의 일의 자리값 : ₩n", number % 10);
printf(" number의 십의 자리값 : ₩n", (number / 10) % 10);

[실행결과]
number의 백의 자리값 : 2
number의 일의 자리값 : 4
number의 십의 자리값 : 3
```

이제 정수 하나를 각 자리로 쪼개어 조건을 판단하는 절차를 정리하면 다음과 같다.

❶ 일의 자리값을 얻는다.

❷ 3, 6, 9 중 하나이면 개수를 센다(박수친다).

❸ 자릿수를 줄인다(일의 자리를 버린다).

❹ 0이 아니면 다시 반복한다.

```
int number = 37;
int current = number; // 십의 자리 3, 일의 자리 7
int count;
int i; // 일의 자리값


count = 0;
// 10으로 나눈 나머지 %은 일의 자리만 남긴 것과 같다.
i = current % 10;
// 변수 i의 값이 3이거나 6이거나 9이면
if (i == 3 || i == 6 || i == 9) {// 이때 i는 current % 10이라고 쓴 것과 같다.
    count++;    // 박수 친 횟수 세기(증가)
}
// 10으로 나누기한 값은 일의 자리를 잘라 버리는 것과 같다.
current = current / 10;
```

3. 코드 분석 및 작성하기

제시된 코드를 분석하여 빈칸에 들어갈 내용을 작성해 본다.

① int solution(int number) {
        int count = 0;

매개변수에는 확인해야할 정수 범위의 최대값이 저장되어 1부터 number까지 정수들의 값을 확인하여야 한다. count 변수에는 3, 6, 9의 개수를 세어 저장하므로 처음에 0으로 초기화되어야 한다.

②   for (int i = 1; i <= number; i++) {

정수들을 하나씩 확인하기 위해 for 반복을 사용하고 반복하는 동안 변수 i에 저장된 정수에 3, 6, 9가 포함되어 있는 개수를 확인하여 세어야 한다.

③   int current = i;
     int temp = count;

i 변수의 값을 current 변수에 복사하고 있는데 앞서 살펴보았듯이 정수의 각 자리의 값을 쪼개기 위해 나누기 / 연산으로 값을 변경하므로 i 변수의 값에 직접 /= 연산을 하게 되면 for 문이 종료되지 못

하고 무한 반복이 되기 때문에 별도 변수인 current에 복사하여 처리하고자 하는 것이다. for 반복문 내에서 current 변수에 저장된 값이 3, 6, 9가 있는지 확인할 대상이라고 보면 된다. 이어서 현재 count 값을 temp에 복사하고 있다. 그 이유는 여기까지 내용으로 판단할 수 없고 좀 더 코드를 읽어봐야 알 수 있다.

```
for(int i = 1; i <= 100; ++i){
    printf(" %d ", i);
    i /= 10;
}
```

위 코드는 무한 반복이 되어 반복이 종료되지 않는다. i 변수의 값이 1인 상태로 시작되어 i /= 10이 실행되면 1 / 10은 0이므로 i 변수는 0이 되고 ++i에 의해 1 증가되면 결국 i 변수는 항상 1인 상태로 조건식 i < = 100이 실행되므로 항상 참으로 판단하게 된다.

```
for(int i = 1; i <= 100; ++i){
    int current = i;     // 현재 i 변수의 값을 current 변수에 복사
    printf(" %d ", current);
    current /= 10;
}
```

변수 i의 값은 1에서 시작되어 일정하게 1씩 증가되어 i 변수의 값이 101이 되면 반복이 종료된다. for 반복문 내에서 current 변수가 0이 되든 100이 되든 for 반복 조건에는 영향이 없게 된다.

```
❹          while (current != 0) {
                if (_____){
                        count++;
                        printf("짝");
                }
                current /= 10;
            }
```

이제 문제 부분이 나왔다. current 변수의 값이 0이면 while 반복이 종료되며 0이 아니면 계속 반복한다. while 문내에서 current 변수의 값의 자릿수를 줄이면서 (current /= 10)반복하여 결국 0이 되어 더 이상 나눌값이 없는 것으로 판단하고 종료 된다. current 변수의 값을 10으로 나누는 것은 일의 자리값을 버리는 것인데 이는 이미 확인을 했으니 필요가 없기 때문일 것이다. 즉 일의 자리값이 3, 6, 9인지 확인을 했으니 다음 자리의 값을 확인하기 위해 current 변수의 값을 계속 10으로 나누어 저

장하면서 자릿수를 줄여가는 과정인 것이다. 그래서 current /= 10을 하기 전에 그 위에 있는 if 문에서 현재 current 변수의 값을 확인하는 조건이 필요해지게 된다.

빈칸이 있는 if의 조건식에는 current 변수값의 일의 자리값을 판단하는 식이며 어떤 식을 작성해야하는지 참일 때 실행할 내용이 되는 { } 안을 살핀다. count 변수를 1 증가시키고 "짝"(박수치는 소리)이라고 출력을 하려고 하고 있다. count 변수에는 3, 6, 9의 개수를 세어 저장하려는 변수였고 게임의 규칙으로 박수를 치는 것이니 if 조건에는 현재 정수인 current의 일의 자리값이 "3이거나 6이거나 9이면 참"이 되는 조건식을 작성하면 된다.

```
if (current % 10 == 3 || current % 10 == 6 || current % 10 == 9)
```

나머지 % 10은 10보다 작은 값 즉 일의 자리값만 남겨서 3, 6, 9와 비교하여 어느 하나와 같으면 참이되도록 OR || 연산으로 합쳐서 표현해 준다. 이제 결론적인 답은 나온 것이며 나머지 코드를 확인하도록 한다.

```
❶          if(temp == count)
                printf("%d", i);
           printf(" ");
```

이 부분은 화면에 출력하기 위해 약간의 기교를 부린 것으로 크게 신경 쓸 부분은 아니다. 변수 temp는 while 문 전에 count 변수의 값을 복사해 둔 것인데 while 문을 반복하면서 count 변수의 증가(count++)가 없었다면 이는 현재값 i의 정수에는 3, 6, 9가 없었다는 말이 된다. 그래서 solution 함수가 실행되면 3, 6, 9가 포함된 값은 "짝"이라고 출력하고 그렇지 않은 값은 정수값 그대로 출력하기위해 작성된 코드이다.

```
[1~20까지 범위에서의 출력 결과]
1 2 짝 4 5 짝 7 8 짝 10 11 12 짝 14 15 짝 17 18 짝 20
```

출력하기 위한 부분을 제외하고 정리한 완성 코드를 살펴보며 변수들의 값을 예상해 보는 연습을 반드시 하도록 하자

```
int solution(int number) {
    int count = 0;
    for (int i = 1; i <= number; i++) {
            int current = i;
            while (current != 0) {
                if (current % 10 == 3 || current % 10 == 6 || current % 10 == 9){
                    count++; // 3, 6, 9가 있으면 개수 증가
                }
                    current /= 10;
        } // while 종료
    } // for 종료
    return count;
}
```

문제 ⑥ 빈도(출현 횟수)를 구하는 함수의 빈칸 채우기

1. 문제 분석

자연수가 들어있는 배열이 있습니다. 이 배열에서 가장 많이 등장하는 숫자의 개수는 가장 적게 등
장하는 숫자 개수의 몇 배인지 구하려 합니다. 이를 위해 다음과 같이 간단히 프로그램 구조를 작성
했습니다.

1단계. 배열에 들어있는 각 자연수의 개수를 셉니다.

2단계. 가장 많이 등장하는 수의 개수를 구합니다.

3단계. 가장 적게 등장하는 수의 개수를 구합니다.

4단계. 가장 많이 등장하는 수가 가장 적게 등장하는 수보다 몇 배 더 많은지 구합니다.

단, 몇 배 더 많은지 구할 때는 소수 부분은 버리고 정수 부분만 구하면 됩니다.

자연수가 들어있는 배열 arr과 arr의 길이 arrlen이 매개변수로 주어질 때, 가장 많이 등장하는 숫자
가 가장 적게 등장하는 숫자보다 몇 배 더 많은지 return 하도록 solution 함수를 작성하려 합니다.
위 구조를 참고하여 코드가 올바르게 동작할 수 있도록 빈칸에 주어진 funca, funcb, funcc 함수와
매개변수를 알맞게 채워주세요.

자연수는 0보다 큰 정수를 의미하므로 배열은 정수들을 저장하기 위한 int 형 배열이다. 많이 등장하
는 숫자라는 것은 배열에 같은 값이 여러 개 저장되어 있으니 같은 값이 몇 개 있는지를 세어 개수를
알아내라는 의미이다. 그리고 "숫자"는 바른 표현이 아니다. "숫자"는 수치를 표현하기 위한 "문자"이

며 "숫자"의 개수를 구하는 문제와 "수"의 개수를 구하는 문제는 전혀 다른 문제이다. 출제자는 "자연수", "숫자", "수", "정수"라는 용어를 마구 뒤섞어 씀으로 해서 일부러 혼란을 주려 했는지 모르겠다. 다행히 이 문제는 제시되는 코드에서 빈칸을 채우는 문제이고 완성되어 있는 함수를 보았을 때 문제의 의도는 정수로 보는 것이 맞다. 함수 코드에 대한 분석 부분에서 상세히 다루어 볼 것이다. 배열에 [2, 3, 3, 1, 3, 3, 2, 3, 2]와 같이 저장되어 있다면 1은 1개, 2는 3개, 3은 5개가 저장되어 있고 이를 "등장한다."고 표현하고 있다. 가장 많은 수는 3이며 5번 등장하는 것이고 가장 적은 수는 1이며 2번 등장한다고 할 수 있다. 몇 배라는 것은 수학에서 곱셈이나 나눗셈으로 표현된다. 8은 4의 배수이며, 4의 2배라고 할 수 있고 반대로 2의 4배라고도 할 수 있다. 어떤 값 a가 b × 3과 같다면 a는 b의 3배라고 한다. a를 b로 나눈값이 3이면 마찬가지로 a는 b의 3배라고 한다. 가장 많은 개수를 max 라고 하고 가장 적은 개수를 min 이라고 하면 max가 min의 몇 배인지 구하라는 건 min에 얼마를 곱해야 max가 되느냐 또는 max를 min으로 나누면 얼마이냐 하는 문제이다. 따라서 max / min의 결과가 solution 함수가 반환할 값이다.

2. 필요한 기능(문법)적 요소들 추리기

지문에서 프로그램의 실행 단계를 알려 준 것이 있으니 이에 맞추어 필요한 것들을 추려보는 것이 편하다.

❶ 1단계. 배열에 들어있는 각 자연수의 개수를 셉니다.

값이 같은 자연수들이 전달되는 배열 arr에 몇 개씩 저장되어 있는지를 구해야 한다. 각 자연수의 개수를 세어야 하므로 개수를 저장할 변수들이 필요한데 자연수는 무한히 증가되는 수학적인 개념이므로 범위를 정해주지 않으면 이 문제는 해결할 수 없다. 따라서 이런 유형의 문제는 추가적으로 "제한사항"이나 "조건"이라는 항목의 예시나 설명으로 최소~최대의 범위를 정하여 제시될 것이다. 만약 없다면 제시되는 코드 내에서 찾아내야 한다. 우선 배열에 저장되는 자연수는 1 이상 1,000 이하의 범위에서 저장된다는 조건 하에서 필요한 문법을 생각해 보고 코드 분석에서 살펴보겠다. 1에서부터 1,000까지 자연수의 개수는 1,000개이다. 각 자연수의 개수를 세어 저장하려면 1,000 개의 변수가 필요하고 이를 하나하나 선언하는 것은 무리이다. 이렇게 수십, 수백의 변수를 선언하기 위해 사용되는 것이 바로 배열이다.

```c
// int형 변수 1,000개를 저장하는 배열 counter의 생성
int counter[1000] = {0};                          // 정적 배열의 선언
int *counter = (int*)malloc(sizeof(int) * 1000);   // 동적 배열의 선언
```

배열을 생성하는 방법은 2가지 방법이 있다. 정적 배열은 대괄호[ ]내에 상수로 길이를 주고 생성하여 고정된 길이로 다루는 방법과 포인터변수와 동적할당 함수를 활용하여 실행 중 길이(최대 개수)를 변경하여 다룰 수 있는 동적 배열이다. 위 코드의 배열은 모두 counter[0]번부터 counter[999]번까지 길이 1,000인 1차 배열을 생성하는 코드이다. 둘 중에 어느 것을 사용해야 하는지는 실제로 여러 상황을 고려해야 하지만 시험에서는 주로 "배열을 반환하는 함수를 작성"라는 것이 대부분인데 이 경우에는 함수에서 동적 배열을 생성한 후 그 주소를 반환하여야 한다.

```
// int형 배열을 반환하는 함수
int * returnArray( ){
    // int arr[1001];    x 함수 내에서 선언되는 정적 배열은 반환할 수 없다.
    int *ptr;          // 요소가 int이므로 int 형 포인터변수를 선언
    int length = 1001;  // 생성할 배열의 길이 – 요소 최대 개수
    ptr = (int*)malloc(sizeof(int) * length);
    return ptr;
}
```

C언어는 함수 내에서 선언되는 정적 배열은 반환할 수 없다. 따라서 배열의 반환이 필요한 경우는 위와 같이 포인터변수를 선언한 후 동적할당을 받아 반환하도록 해야 한다.

배열 counter에 각 자연수의 개수를 저장하기 위해 counter[0]번 요소에 자연수 1의 개수를 저장하기보다는 counter[1]번 요소에 자연수 1의 개수를 저장하는 것이 코드를 이해하기가 편할 것이다. 1부터 1,000까지 자연수들의 개수를 저장할 수 있으려면 [1]번 요소부터 [1,000]번 요소가 있도록 만들기 위해 배열 선언 시 길이는 1,001개가 되도록 선언하는 것이 자연스러울 것이다. 배열의 요소번호가 개수를 세려는 자연수가 되는 것이다.

```
int * counter = (int*) malloc (sizeof(int) * 1001);
for(int i = 0; i <= 1000 ; ++i){// counter 배열의 모든 요소를 0으로 초기화
    counter[i] = 0;
}
counter[7] = 0;    // 자연수 7의 개수는 0개이다. = 없다.
counter[10]++;     // 자연수 10의 개수를 1 증가시킨다.
int n = 654;
counter[n] = 10;   // 변수 n 이 654이므로 자연수 654의 개수는 10개이다.
```

위 코드와 같이 counter 배열에 자연수들의 개수를 저장할 수 있고 이를 전달되는 배열에 저장된 자연수들과 비교하여 각 자연수들이 배열 속에 몇 개가 있는지를 계산하여 구할 수 있다.

```
int * fun(int arr[ ], int arrlen) {
    int * counter = (int*) malloc (sizeof(int) * 1001);
    for(int i = 0; i <= 1000 ; ++i){counter[i] = 0;}
// 전달된 배열의 정수를 하나씩 꺼내어 counter 배열이 요소번호로 사용
    for(int n = 0; n < arrlen ; ++n){
        counter[arr[n]]++;     // arr[n]에 저장된 자연수의 개수를 1씩 증가
    }
    return counter;
}
```

전달되는 배열 arr의 [3]번 요소의 값이 7이라면 7의 개수를 저장할 변수는 counter[7]번 요소이므로 counter[7]++로 1씩 증가를 시켜주는 것이다. 이렇게 하여 1부터 1,000까지 자연수들이 전달되는 배열 arr 속에서 몇 개나 존재하는지를 셀 수 있게 된다.

❷ "2단계. 가장 많이 등장하는 수의 개수를 구하기"와 "3단계. 가장 적게 등장하는 수의 개수를 구하기"는 거의 같은 코드로 작성된다. 단지 〈와〉만 다르게 적용될 뿐이다. 쉽게 얘기하면 각 자연수들의 개수를 저장한 배열 counter에 저장된 값들 중 가장 큰 값과 가장 작은 값을 찾으라는 것과 같다.

```
// 배열 속 최대값을 반환하는 함수
int maxInArray(int arr[ ], int arrlen) {
    int max;
    max = arr[0];     // 처음 [0]번 요소를 최대값으로 가정한다.
    for(int i = 1; i < arrlen ; ++i){
        if(max < arr[i]){   // [i]번 요소의 값이 더 크면 이것이 최대값이다.
            max = arr[i];
        }
    }
    return max;
}
// 배열 속 최소값을 반환하는 함수
int minInArray(int arr[ ], int arrlen) {
    int min;
    min = arr[0];     // 처음 [0]번 요소를 최소값으로 가정한다.
    for(int i = 1; i < arrlen ; ++i){
        if(min > arr[i]){   // [i]번 요소의 값이 더 작으면 이것이 최소값이다.
            min = arr[i];
        }
    }
    return min;
}
```

주의할 것은 배열 counter의 요소번호는 각각의 자연수를 의미하며 요소의 값은 개수를 의미한다는 것과 "가장 적게 등장하는"이라는 말은 최소한 1번은 나온 것을 말한다는 것이다. 개수가 0인 것은 등장하지 않은 것이기 때문에 제외하여야 한다. 0을 제외한 최소값은

```
if (arr[i] != 0 && min > arr[i]){
    // [i]번 요소의 값은 0이 아니면서 (and)
    // [i]번 요소의 값이 min 변수의 값보다 작으면
}
```

위와 같이 조건을 추가하여 구할 수 있다. 어느 자연수가 가장 많이 등장하느냐가 아니라 개수만을 구하는 것을 잊지 않아야 한다. max나 min은 자연수의 개수를 의미한다.

❸ 4단계. 가장 많이 등장하는 수가 가장 적게 등장하는 수보다 몇 배 더 많은지 구합니다.

가장 단순한 계산이다. 최대 개수인 max와 최소 개수인 min을 나누기한 값이 몇 배인지를 나타내는 것이니 return(max / min);으로 반환식을 구성할 수 있으며 혹시 반대로 적지 않도록 변수명이나 변수의 값이 무엇인지를 유심히 살펴서 작성하도록 한다.

3. 코드 작성하기

이번 문제는 코드가 완성되어 있는 함수를 호출할 때 매개변수에 무엇을 전달할 것인지를 작성하는 문제이므로 함수 매개 변수를 이해하면서 코드를 작성해보도록 한다.

```
int solution(int arr[ ], int arr_len) {
    int* counter = func_____(_____);      ---- ①
    int max_cnt = func_____(_____);        ---- ②
    int min_cnt = func_____(_____);        ---- ③
    return max_cnt / min_cnt;
}
```

빈칸이 있는 함수는 solution 함수이다. 두 부분으로 나누어 생각하면 어느 함수를 호출할 것인지와 그 함수에 무엇을 전달해줄 것인가이다. solution 함수는 자연수가 저장된 배열 arr을 전달받아 지문에서 제시되는 절차에 따라서 함수들을 호출하며 실행된다. 그 절차에 맞추어 호출되는 함수의 역할과 순서는 다음과 같다.

1단계. 배열에 들어있는 각 자연수의 개수를 셉니다.

    int * counter = 함수명(전달인자);

호출될 함수는 자연수가 저장된 배열을 전달받아 각 자연수의 개수가 저장된 배열을 반환한다. int 형 포인터변수 counter를 선언하여 함수의 반환을 받고 있으니 counter는 함수가 반환하는 배열명으로 생각하면 된다.

2단계. 가장 많이 등장하는 수의 개수를 구합니다.

int max_cnt = 함수명(전달인자);

보통 cnt는 count를 줄여 쓴 표현이며 count는 개수의 의미로 많이 사용되는 단어이다. 따라서 max_cnt는 "최대 개수", "가장 많이 등장하는 자연수의 개수"로 본다. 호출될 함수는 배열의 요소들 중에서 가장 큰 값(개수)을 반환할 것이고 이를 max_cnt 변수에 받아 저장한다. 이렇게 변수명을 보고 어떤 값이 저장되었음을 예상할 수 있도록 하는 것이 좋은 습관이 된다. 변수명을 마구잡이로 사용하는 것은 코드를 이해하는데 도움이 되지 않는다.

3단계. 가장 적게 등장하는 수의 개수를 구합니다.

int min_cnt = 함수명(전달인자);

2단계에서와 마찬가지이며 min_cnt는 "최소 개수", "가장 적게 등장하는 자연수의 개수"로 본다. 최대와 최소를 구하는 함수를 따로 만들어 사용하고 있음을 예상할 수 있다.

4단계. 가장 많이 등장하는 수가 가장 적게 등장하는 수보다 몇 배 더 많은지 구합니다.

return max_cnt / min_cnt;

마지막 단계에서 최대 개수(max_cnt)가 최소 개수(min_cnt)의 몇 배인지 구하여 반환한다.

각 단계에서 필요한 함수의 역할을 정리하였으니 제시되는 코드에 나머지 함수들이 어떻게 구현되어 있는지를 보고 빈칸을 채워 완성하겠다.

```
int* func_a(int arr[ ], int arr_len){
    int* counter = (int*)malloc(sizeof(int)*1001);    // int count[1001] 배열 생성
    for(int i = 0; i < 1001; i++)                     // 배열 초기화
        counter[i] = 0;
    for(int i = 0; i < arr_len; i++)
        counter[arr[i]]++;                // 전달받은 배열 속 자연수의 개수를 저장
    return counter;
}
```

func_a 함수는 반환형이 int*이다. 이것만으로 우리는 이 함수가 solution 함수에서 1단계인 int *counter = 함수명(전달인자);에 호출된 함수라는 것을 알 수 있다. 2단계와 3단계에서는 함수의 반환이 int 형 변수이므로 func_a 함수는 사용될 수 없다. 동적할당 함수 malloc에서 sizeof(int)는 요소가

int형 변수임을 의미하고 1001은 요소의 개수를 의미한다. 1001은 중요한 의미를 가지게 되는데 이 문제에서 사용될 자연수의 범위를 말하는 것과 같다. 배열의 길이(최대 개수)가 1001이면 요소번호는 [0]번부터 [1,000]번까지 존재하고 counter 배열은 요소번호를 각 자연수로, 요소에 저장된 값을 그 자연수의 등장 개수로 표현하는 배열이다. 따라서 요소번호의 범위가 0부터 1,000까지라는 것은 이것이 사용될 자연수의 범위임을 나타낸다. func_a 함수는 자연수가 저장된 배열을 전달받아 각 자연수가 몇 번 등장하는지를 구하여 저장한 counter 배열을 반환하는 역할이므로 다음과 같이 호출된다.

```
int solution(int arr[ ], int arr_len) {
    int* counter = func_a(arr, arr_len);        ---- ① 완성
    int max_cnt = func_____(_____);           ---- ②
    int min_cnt = func_____(_____);           ---- ③
    return max_cnt / min_cnt;
}
```

solution 함수가 전달받은 배열을 그대로 func_a 함수로 전달하여 자연수들의 개수가 저장된 배열 counter를 반환받으며 counter 배열의 길이는 1,001로 약속된 것이다.

```
int func_b(int arr[ ], int arr_len) {
    int ret = 0;
    for(int i = 0; i < arr_len; i++){ // 전달받은 배열 arr의 길이만큼 반복
        if(ret < arr[i])      // arr 배열 [i]번 요소의 값이 ret값보다 크면
            ret = arr[i];     // ret 변수에 arr 배열 [i] 번 요소의 값을 저장
    }
    return ret;
}
```

func_b 함수의 반환형은 int 형이므로 2단계 또는 3단계에서 호출될 함수이다. 매개전달은 int 형 배열과 그 길이를 전달받도록 되어 있다. 함수 내부에 ret 변수가 있는데 처음에 0으로 초기화되고 for 반복이 진행되는 동안 arr[i]를 대입받고 있다. 그리고 이 ret 변수를 마지막에 return한다. 반환되는 것이 ret 변수의 값이므로 ret 변수의 값이 언제 어떤 값으로 바뀌는지를 살피면 함수의 역할을 이해할 수 있다. if 조건식을 보면 ret 〈 arr[i]는 arr[i] 〉 ret로도 작성할 수 있다. 좌우만 변경되었을 뿐 같은 식이다. 이 식은 "ret 변수의 값이 arr[i]의 값보다 작으면 참"이고 말을 바꾸면 "arr[i]의 값이 ret 변수의 값보다 크면 참"과도 같은 뜻이 된다. 즉 ret 변수의 값보다 큰 값이 arr 배열에 있으면 ret 변수에 큰 값을 덮어쓰는 것이다. 이것은 최대값을 찾는 전형적인 코드이므로 func_b 함수는 배열 요소 중 가장 큰 값을 찾아 반환하는 함수이다. 그럼 func_b 함수는 solution 함수의 2단계에서 사용될

것이며 2단계는 "가장 많이 등장하는 자연수의 개수"를 구하는 것이므로 자연수의 개수를 저장한 배열인 counter 배열을 전달하여야 할 것이다. solution 함수 내에 2개의 배열이 존재하고 이를 잘 구분하고 있어야 문제를 해결할 수 있다. solution 함수가 전달받는 배열 arr은 임의의 자연수들이 저장되어 있는 것이고 함수 내부의 counter 배열은 각 자연수들의 개수를 저장하고 있는 배열임을 놓치면 안 된다. 이제 2단계에서의 함수 호출을 완성한다.

```c
int solution(int arr[ ], int arr_len) {
    int* counter = func_a(arr, arr_len);        ---- ① 완성
    int max_cnt = func_b(counter, 1001);        ---- ② 완성
    int min_cnt = func_____(_____);           ---- ③
    return max_cnt / min_cnt;
}
```

func_b 함수는 자연수들의 개수를 저장해 놓은 counter 배열을 전달하고 counter 배열의 길이는 1,001개이다. 총 3개의 함수 중 2개의 함수가 결정되었으므로 마지막 3단계에서 호출될 함수는 func_c 함수뿐이므로 이미 문제는 해결된 것이나 다름없다.

```c
int func_c(int arr[ ], int arr_len){
    const int INF = 1001;    // 별의미 없는 코드
    int ret = INF;               // INF 대신 1001로 적어도 되며 자연수 최대값
    for(int i = 0; i < arr_len; i++){
        if(arr[i] != 0 && ret > arr[i])    // arr 배열 [i]번 요소의 값이 0이 아니다.
            ret = arr[i];
    }
    return ret;
}
```

func_c 함수는 반환형이 int 형으로 func_b와 마찬가지로 2단계, 3단계에서 호출될 수 있는 함수이다. 단 제시되는 코드에는 의미 없는 코드가 있는데 INF = 1001은 없어도 관계없는 코드이다. ret 변수에 INF를 대입하지 않고 바로 ret = 1001로 하여도 문제없다. 수험자에게 혼선을 주기 위한 것이라면 그리 위협적이진 않다. 전달받은 배열의 요소들을 반복하여 처리하면서 if 조건식에 따라 ret 변수에 arr 배열의 [i]번 요소의 값을 저장하고 있다. 조건식을 살펴보면 arr[i] != 0은 요소의 값이 0이 아니어야 한다는 의미이다. ret > arr[i]는 "ret 변수의 값이 arr[i]보다 크면 참", "arr[i] 요소의 값이 ret 변수의 값보다 작으면 참"이라는 의미가 된다. arr 배열 요소의 값이 ret보다 작으면 ret 변수에 작은 값을 저장하겠다는 의미이므로 func_c 함수는 전달되는 배열에서 최소값을 찾아 반환하는 함수임을 알 수 있다. 여기서 "0이 아닐 때"라는 조건이 붙은 이유는 "등장하는 개수"라는 문제 때문이다. 결

국 func_c 함수는 자연수의 개수가 저장된 counter 배열을 전달받아 가장 작은(최소)값을 찾는 것인데 counter 배열에 저장된 값이 0이라는 것은 "등장하지 않음"을 의미하므로 "가장 적게 등장하는 자연수의 개수"라는 의미는 최소 1번 이상 등장한 것이기 때문에 0을 제외한 최소값을 찾도록 하는 것이다. 이렇게 solution 함수의 마지막 단계를 완성할 수 있다.

```c
int solution(int arr[ ], int arr_len) {
    int* counter = func_a(arr, arr_len);      ---- ① 완성
    int max_cnt = func_b(counter, 1001);      ---- ② 완성
    int min_cnt = func_c(counter, 1001);      ---- ③ 완성
    return max_cnt / min_cnt;
}
```

문제 ❼ 배열 요소들의 순서를 뒤집는 함수의 빈칸 채우기

1. 문제 분석

주어진 배열의 순서를 뒤집으려고 합니다. 예를 들어 주어진 배열이 [1, 4, 2, 3]이면, 순서를 뒤집은 배열은 [3, 2, 4, 1]입니다. 정수가 들어있는 배열 arr과 arr의 길이 arr_len이 매개변수로 주어졌을 때, arr를 뒤집어서 return 하도록 solution 함수를 작성하려 합니다. 빈칸을 채워 전체 코드를 완성해주세요.

배열에서 순서는 보통 요소번호를 말한다. [0]번을 가장 처음으로 하여 1씩 증가되는 [1]번, [2]번, [3]번의 순서로 처리한다. 순서를 뒤집는다는 것은 요소번호를 반대로 표현하는 것으로 마지막 요소에서부터 [0]번 요소로 1씩 감소하며 처리하는 것을 흔히 배열에서 역순(reverse) 처리라고 한다. 저장된 순서의 반대로 출력하는 문제라면 이 요소번호를 반대로 표현하는 것으로 코드를 작성할 수 있다.

```c
int arr[5];
for(int i=0; i<5; ++i){    // 0번부터 4번까지 1씩 증가되는 순서
    arr[i] = 값;
}
// 저장한 순서의 반대로 출력하세요.
for(int i=4; i >=0 ; --i){    // 4번부터 0번까지 1씩 감소되는 순서
    printf("%d ", arr[i]);
}
```

배열에 값들을 저장할 때는 [0]번부터 [4]번까지의 순서로 저장을 하고, 그 반대로 출력할 때는 마지막에 저장된 요소번호인 [4]번부터 처음 저장된 요소번호인 [0]번까지의 순서로 출력할 수 있다. 배열 요소들을 처리할 때 순서의 문제는 [0]번부터 시작되면 1씩 증가되는 방향으로 마지막 요소부터 시작되면 1씩 감소되는 방향이라는 개념이 중요하다. 배열의 요소번호는 양의 정수를 사용하기 때문에 −1과 같은 음수는 배열의 경계를 넘는 것이 되며 마지막 요소번호보다 큰 번호 역시 배열의 경계를 넘게 되므로 이를 유의하여야 한다.

문제에서 요구되는 것은 단순히 역순으로 출력하라는 것이 아니라 요소에 저장된 값의 위치를 바꾸라는 것이다. 예로 사용된 배열에 [1, 4, 2, 3]이 저장되어 있으면 배열의 길이는 4이고 요소번호의 범위(경계)는 [0]번부터 [3]번까지가 된다. 저장된 값들의 순서를 뒤집기 위해서는 [0]번 요소의 값 1을 마지막 요소인 [3]번 요소에 저장하고, [3]번 요소의 값 3을 [0]번 요소에 저장한다. 다시 [1]번 요소의 값 4를 [2]번 요소에 저장하고, [2]번 요소의 값 2를 [1]번 요소에 저장하면 [3, 2, 4, 1]이 되어 뒤집힌 상태가 된다. 이렇게 두 변수의 값을 바꾸는 것을 교환(swap)한다고 하며 문제는 배열의 요소들을 두 개씩 짝을 지어 교환하는 코드를 완성하는 것이다.

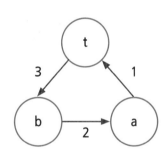

#swap_basic

2. 필요한 기능(문법)적 요소들 추리기

두 변수의 값을 교환하는 코드는 다음과 같다.

```
int temp;
int a = 10;
int b = 20;
temp = a;        // temp 변수에 a 변수의 값을 저장 : temp = 10
a = b;           // a 변수에 b 변수의 값을 저장 : a = 20
b = temp;        // b 변수에 temp 변수의 값을 저장 : b = 10
```

이때 순서를 잘 맞추지 않으면 a 또는 b 중 하나의 값을 잃어버리게 된다.

```
temp = b;        // temp 변수에 b 변수의 값을 저장 : temp = 20
a = b;           // a 변수에 b 변수의 값을 저장 : a = 20
b = temp;        // b 변수에 temp 변수의 값을 저장 : b = 20
```

위 코드처럼 처음 b 변수의 값을 temp에 옮긴 후 a 변수에 b 변수의 값을 덮어쓰면 a 변수의 값을 따로 복사해두지 않았기 때문에 a 변수의 10을 잃어버린다.

배열 요소들의 값을 뒤집는 것은 서로 반대편이 되는 요소들의 값을 교환하면서 가운데로 모이는 모습이 된다.

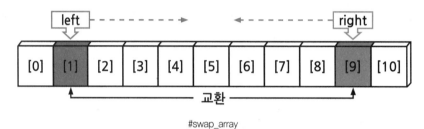

#swap_array

교환하려는 왼쪽 요소의 번호와 오른쪽 요소의 번호가 같으면 모든 요소들의 값이 교환된 것으로 반복을 종료한다.

```
int left = 0;
int right = 배열의길이 - 1; // 배열의 마지막 요소번호
while(left < right){
    // 왼쪽 요소와 오른쪽 요소의 값 교환
    left++;    // 0번부터 1씩 증가 > 오른쪽으로 간다.
    right--;   // 마지막 번호부터 1씩 감소 < 왼쪽으로 간다.
}
// 만나면(같으면) 종료한다.
```

배열의 길이가 5일 때 마지막 요소의 번호는 [4]번이다. 배열의 요소번호는 [0]번으로 시작되어서 개수와 1의 차이가 생긴다. 전달되는 배열의 길이가 arr_len 이라면 그 배열의 요소번호는 [0]번부터 [arr_len − 1]번이 되는 것이다. 만약 길이가 1이라면 [0]번 요소 하나만 존재한다. left와 right 변수의 값이 같다면 가운데 지점에서 만난 것을 의미하는데 현재 번호를 기준으로 왼쪽 요소들과 오른쪽 요소들의 교환이 끝난 것이 된다. 예로 배열 arr에 [1, 2, 3, 4, 5]가 저장되어 있으면 left와 right가 반복문에서 다음과 같이 변한다.

```
left = 0, right = 4  -> [0]번과 [4]번 교환                -> [5, 2, 3, 4, 1]
left = 1, right = 3  -> [1]번과 [3]번 교환                -> [5, 4, 3, 2, 1]
left = 2, right = 2  -> [2]번과 [2]번으로 같은 번호는 종료 -> [5, 4, 3, 2, 1]
```

요소번호가 같다면 하나의 요소이므로 교환할 필요가 없다. 그리고 [2]번 요소를 기준으로 하여 왼쪽과 오른쪽이 바뀐 상태가 됨을 알 수 있다. 이 개념은 요소들의 값을 크기순으로 나열하는 정렬 문제에서 많이 보여지는 방법으로 오름차순으로 정렬된 배열을 뒤집으면 내림차순으로 정렬되는 것이다. solution 함수는 전달되는 배열의 요소들을 두 개씩 짝을 지어 교환하고 이를 가운데 즉 두 요소의 번호가 같아질 때까지 반복하여 요소들을 뒤집는 함수이다.

3. 코드 작성하기

비교적 간단한 문제로 빈칸을 찾아 채워 완성하도록 한다.

```
int* solution(int arr[ ], int arr_len) {
    int left = 0;                  // 교환할 왼쪽 요소의 시작번호
    int right = arr_len - 1;       // 교환할 오른쪽 요소의 시작번호(마지막 요소)
    while(_____){                // 반복의 조건식이 비어있다.
        int temp = arr[left];      // 두 요소의 값을 교환
        arr[left] = arr[right];
        arr[right] = temp;
        left += 1;                 // 왼쪽(0번 요소쪽)에서 오른쪽(마지막 요소쪽)으로 진행
        right -= 1;                // 오른쪽(마지막 요소쪽)에서 왼쪽(0번 요소쪽)으로 진행
    }
    return arr;
}
```

함수 내에 빈칸은 while 반복문의 조건식이다. 요소들의 교환을 언제까지 반복하여 종료할 것인지를 판단하라는 것이다. [0]번 요소를 왼쪽의 시작으로 하여 1씩 증가해가고 [arr_len-1]번 요소를 오른쪽의 시작으로 하여 1씩 감소하면서 두 개씩 짝을 지어 교환한다. 이를 left와 right 변수로 표현하는 것이니 left 변수와 right 변수가 같으면 반복을 종료하기 위해 while 문의 조건식은 left 〈 right가 된다. 이때 〈=는 left와 right가 같을 때도 참이 되어서 실행 시 문제가 되지는 않지만, 불필요한 교환을 하게 되므로 〈로 표현하는 것이 옳다. 이를 채워 완성된 코드이다.

```
int* solution(int arr[ ], int arr_len) {
    int left = 0;
    int right = arr_len - 1;
    while(left < right){          // left와 right가 같으면 종료한다.
        int tmp = arr[left];
        arr[left] = arr[right];
        arr[right] = tmp;
        left += 1;
        right -= 1;
    }
    return arr;
}
```

문제 ⑧ 거꾸로 읽어도 같은 팰린드롬을 확인하는 함수 수정하기

1. 문제 분석

앞에서부터 읽을 때와 뒤에서부터 읽을 때 똑같은 단어 또는 문장을 팰린드롬(Palindrome)이라고 합니다. 예를 들어서 racecar, noon은 팰린드롬 단어입니다.

소문자 알파벳, 공백(" "), 그리고 마침표(".")로 이루어진 문장이 팰린드롬 문장인지 점검하려 합니다. 문장 내에서 알파벳만 추출하였을 때에 팰린드롬 단어이면 팰린드롬 문장입니다. 예를 들어, "never odd or even."과 같은 문장은 팰린드롬입니다.

소문자 알파벳, 공백(" "), 그리고 마침표(".")로 이루어진 문장 sentence가 주어질 때 팰린드롬인지 아닌지를 return 하도록 solution 함수를 작성했습니다. 그러나 코드 일부분이 잘못되어있기 때문에, 몇몇 입력에 대해서는 올바르게 동작하지 않습니다. 주어진 코드에서 한 줄만 변경해서 모든 입력에 대해 올바르게 동작하도록 수정해주세요.

Palindrome은 까다로운 문제 중 하나이다. 그 자체가 어렵다기보다 코드로 작성하였을 때 이 코드를 이해하기 위해 요구되는 지식이 만만치 않다. 우선 용어를 다시 정리해보자. "단어", "문장"은 코딩에서 문자열을 말한다. C언어에서 문자열은 char 형 변수 여러 개의 연속으로 보기 때문에 배열을 사용한다. 문자열 "race"는 문자(char) 'r', 'a', 'c', 'e'가 연속해서 나열된 것으로 본다는 것이다. 문자열의 길이는 이렇게 연속되어 있는 문자들의 개수를 말한다. 팰린드롬 문자열은 쉽게 생각하면 문자열의 가운데를 기준 삼아 왼쪽과 오른쪽의 문자들이 같은 것을 말한다. 문자열의 길이가 7인 "racecar"를 예로 들면

[0]	[1]	[2]	[3]	[4]	[5]	[6]	[7]
r	a	c	e	c	a	r	₩0

마지막 요소인 [7]번 요소는 문자열의 끝을 의미하는 널(NUL) 문자로 문자열 길이에는 포함되지 않는다. 가운데는 반으로 나눈다는 것과 같아서 문자열의 길이 7을 2로 나눈 7/2는 3이다. – 정수(int)로 다루므로 3.5가 아니다. – 그래서 위 배열의 [3]번 요소가 가운데 값이 되고 왼쪽의 [0], [1], [2]번 요소들의 문자와 오른쪽의 [6], [5], [4]번 요소들의 문자가 순서에 맞추어 같으면 펠린드롬이라고 한다. 즉 앞뒤로 읽어도 같은 문자열이 되려면 [0]번 문자와 [6]번 문자, [1]번 문자와 [5]번 문자, [2]번 문자와 [4]번 문자가 같은 문자이면 [0]번부터 읽든 거꾸로 [6]번부터 읽든 같은 문자열이 되는 것이다. 문자열의 길이가 홀수일 때는 문자열 길이/2가 가운데 요소의 번호가 되지만 문자열의 길이가 짝수일 때는 다르다. "noon"인 경우에 문자열의 길이는 4이고 4/2는 2가 된다.

[0]	[1]	[2]	[3]	[4]
n	o	o	n	₩0

널문자인 [4]번을 빼고 [2]번 요소는 문자열의 가운데라기 보다는 마지막 요소쪽에 더 가깝다. 이 경우에는 [0]번과 [3]번 문자가 같고 [1]번과 [2]번 문자가 같아야 펠린드롬이 성립한다. 홀수인 경우에는 가운데 문자는 비교하지 않아도 되지만 짝수인 경우에는 모든 문자를 비교하여 같은지 확인해야 한다. 다시 요약하면 문자 2개씩 짝을 지어 같은 문자인지 비교하는 것이므로 홀수일 때는 문자 하나가 남아 짝이 없으므로 비교할 필요가 없고 짝수는 모든 문자들이 짝을 이룰 수 있으므로 모두 비교할 수 있다는 것이다.

다음으로 제시되는 것이 공백( )과 마침표(.)를 제거(추출)하라는 것이다. 전달되는 배열의 문자들을 확인하여 공백과 마침표를 제외한 영문 소문자만으로 펠린드롬을 확인하고자 하는 것이다. 보통 글을 쓸 때 마침표를 첫 글자로 쓰는 사람은 없을 것이다. 하나의 단어나 문장에서 마침표는 끝에 하나만 사용하므로 마침표까지 고려하면 펠린드롬이 나올 수 없다. 펠린드롬이 되려면 첫 글자와 마지막 글자가 모두 마침표이거나 공백이어야 한다. 전달받는 문자열을 별도의 배열을 생성하여 한 글자씩 복사하되 공백과 마침표는 옮겨 저장하지 않으면 된다. 문제 해결의 절차를 요약하면

❶ 전달되는 문자열에서 공백과 마침표를 제외한 문자들을 따로 배열에 복사하여 저장한다.

❷ 복사한 배열의 문자들을 비교하여 펠린드롬이면 true, 그렇지 않으면 false를 반환한다.

이 내용을 작성하여 solution 함수를 제시하였으나 현재 잘못된 부분이 있으니 한 줄을 찾아 수정하여 완성하는 문제이다.

2. 필요한 기능(문법)적 요소들 추리기

solution 함수는 bool 형을 반환하도록 하고 있다. 이 자료형을 사용하기 위해서는 반드시 〈stdbool. h〉가 include 되어 있어야 하고 논리적인 참을 의미하는 true와 거짓을 의미하는 false 매크로 상수를 사용할 수 있다. 본래 C언어는 논리적 상태를 의미하는 논리 자료형은 없다. 단순히 어떤 식의 결과가 0이면 거짓으로, 0이 아니면 참이라고 판단하고 실행하는데 stdbool.h에는 전처리 명령인 #define을 사용하여 #define true 1과 #define false 0으로 정의하여 논리적 상태를 표현할 수 있도록 매크로 상수를 설정해 두었다.

solution 함수의 return이 true인 경우는 "전달받은 문자열이 팰린드롬이다."를 의미하고 false인 경우에는 "팰린드롬이 아니다."라는 의미로 반환하도록 한 것이다.

전달되는 문자열을 복사하여 저장하기 위해 char 형 배열을 생성해야 하는데 주의할 것은 전달되는 문자열의 길이보다 큰 배열을 생성해야 한다. solution 함수로는 전달되는 문자열의 길이를 따로 전달해주지 않기 때문에 함수 내부에서 문자열의 길이를 알아내거나 임의로 큰 배열을 생성할 수 있도록 해야 문자열을 에러없이 저장할 수 있다.

```
// 전달되는 문자열 sentence를 복사(저장)하기 위한 배열의 생성
char str[512] = {0}; // sentence의 길이가 최대 511을 넘지 않는다고 생각한 정적배열
char *pstr = (char*)malloc(sizeof(char) * 128);
                    // sentence의 길이가 최대 127을 넘지 않는다고 생각한 동적 배열
```

위 코드는 결국 sentence의 길이에 관계없이 임의 길이의 배열을 생성한 것은 같다. 단지 정적이냐 동적이냐의 차이만 있을 뿐이다. 또 다른 방법으로 전달되는 문자열의 길이에 맞추어 배열을 생성하는 방법은 동적할당만 가능한데 정적 배열은 선언 시 대괄호[ ]에 변수를 사용할 수 없기 때문이다. 즉 전달되는 문자열의 길이를 구하려면 변수가 필요한데 정적배열은 상수만 사용하여 배열을 생성하기 때문에 에러가 된다.

```
// 전달되는 문자열 sentence의 길이에 따라 배열을 생성
int length = strlen(sentence);
int *pstr = (char*)malloc(sizeof(char) * (length + 3));
int str[length]={0}; // error : 배열 선언 시 길이를 변수로 줄 수 없다.
```

C언어 표준 함수 중 문자열의 길이를 반환하는 strlen 함수를 사용하면 간편하게 문자열의 길이를 알아낼 수 있다. strlen 함수는 문자열의 시작주소(첫 글자의 주소)를 전달해주면 한 글자씩 세어 문자

열의 끝을 의미하는 널문자에서 종료하며 그 전까지 센 문자 개수를 반환하는 함수이다. 동적할당 malloc 함수에 문자열의 길이인 length에 3을 더한 이유는 문자열의 길이는 문자열의 끝을 의미하는 널문자(₩0)를 제외한 개수여서 문자열을 배열에 저장하기 위해서는 널문자도 반드시 마지막에 저장해야 하므로 저장할 공간을 추가로 더 확보한 것이다.

이렇게 생성한 배열에 전달받은 문자열을 복사하면 되는데 문자열을 복사하는 strcpy 함수는 이 문제에서는 사용할 수 없다. 애초에 배열을 새로 만들어 문자열을 저장하려는 이유가 전달받은 문자열을 그대로 저장하려는 것이 아니라 공백과 마침표를 제외하기 위한 것이니 문자열 전체를 그대로 복사하는 strcpy 함수는 의미가 없다.

```
// 전달받은 문자열 sentence를 배열 str에 복사하기
char *str = (char*)malloc(sizeof(char) * 103);     // char str[103] 배열 생성
int len = 0;                                       // str 배열의 요소번호로 사용되는 변수
for(int i=0; i < strlen(sentence); ++i){           // sentence의 문자 개수만큼 반복
    if(sentence[i] != ' ' && sentence[i] != '.'){// 공백 '과 마침표'.' 가 아니면
        str[len] = sentence[i];                    // str 배열의 len번 요소로 복사 저장
        ++len;                                     // str 배열의 요소번호 증가
    }
}
```

str 배열을 동적으로 생성하며 길이를 103으로 준 것은 문제에서 제시되는 조건으로 전달되는 문자열의 길이는 최대 100이라고 제시된 경우 널문자까지 계산하여 103개의 길이를 넘지 않을 것이기 때문이다. 최대 길이가 제시되지 않은 경우 strlen 함수를 이용하여 길이를 계산해서 사용해야 할 것이다. for 문에서는 sentence 문자열의 문자 개수(길이)만큼 반복하여 한 글자씩 str 배열로 복사하게되는데 if 조건에 따라 공백이나 마침표는 저장하지 않고 건너뛴다고 생각하면 된다. 조건식에 사용된 &&(AND)는 논리연산자로 조건이 여러 개 있을 때 사용된다. 조건 A와 B가 있을 때 두 조건을 AND 연산으로 묶은 A && B 인 경우 왼쪽 조건인 A가 거짓이면 오른쪽인 B 조건은 실행되지 않는다. 이는 && 연산은 두 조건 중 어느 하나라도 거짓이면 결과가 거짓이므로 먼저 판단하는 왼쪽 A조건이 거짓이면 오른쪽 B조건이 무엇이든 관계없이 && 연산의 결과가 거짓으로 결정되기 때문이다. ||(OR) 연산도 마찬가지인데 A || B인 경우 왼쪽 A조건이 참이면 오른쪽 B조건을 확인하지 않아도 || 연산의 결과는 참으로 결정되기 때문에 B조건식이 실행되지 않고 건너뛰게 된다. 이 성질을 기억하고 조건식을 보면 빠르게 판단할 수 있을 것이다. 다시 if 조건식만 보면

```
if(sentence[i] != ' ' && sentence[i] != '.'){}
왼쪽 조건식    sentence[i] != ' '
        sentence[i] 문자가 공백' '이 아니면 참
        sentence[i] 문자가 공백' '이면 거짓
오른쪽 조건식 sentence[i] != '.'
        sentence[i] 문자가 마침표'.'가 아니면 참
        sentence[i] 문자가 마침표'.'이면 거짓
&& (AND) 연산
        왼쪽 조건식이 거짓이면 오른쪽 조건식 실행 없이 거짓 판정
        왼쪽 조건식이 참이면 오른쪽 조건식에 따라 결과 판정
            오른쪽 조건이 참이면 결과 참, 오른쪽 조건이 거짓이면 결과 거짓
```

위 내용이 문법적으로는 중요한 포인트가 되는 부분일 것이다. 논리적 판단 능력을 묻는 시험에서 단골로 나오는 개념이다. sentenc 배열의 [i]번 문자가 공백이라면 왼쪽 조건인 sentenc[i] != ' '이 거짓이 되어 && 연산은 그대로 if 조건을 거짓으로 판단하고 실행을 건너뛴다. 공백 문자는 str 배열에 저장하지 않을 것이다. sentence[i] 번 문자가 마침표라면 공백이 아니므로 왼쪽 조건인 sentence[i] !=' '는 참이다. 그럼 이제 && 연산의 결과는 오른쪽 sentence[i] !='.'에 따라 결정된다. sentence[i]는 마침표이므로 오른쪽 조건은 거짓이 되고 if 조건은 거짓으로 판정되어 실행을 건너뛴다. 마침표도 str 배열에 저장하지 않을 것이다. 논리 연산자 &&(and)와 ||(or)은 코딩 테스트에서 단골도 제시되는 문제이고 특히 잘못된 코드의 주원인이 되니 확실히 정리해 두는 것이 좋다.

이제 남은 부분은 문자들을 양쪽에서 두 개씩 짝을 지어 같은지를 비교하는 처리가 필요하다. 배열에서 짝이 되는 두 요소의 관계를 먼저 살펴보자.

[0]	[1]	[2]	[3]	[4]	[5]	[6]	[7]
r	a	c	e	c	a	r	₩0

```
[0] - [6]
[1] - [5]
[2] - [4]
[3] - [3]
```

위와 같은 배열에서 널문자인 [7]번을 제외하면 [0]번부터 [6]번까지의 요소가 있고 이를 양쪽 요소들로 짝을 지어볼 수 있다. [4] - [2]는 [2] - [4]와 같은 것이다. 따라서 가운데 지점이 되는 [3]번 이후로 더 표현할 필요는 없다. 이 관계를 변수를 이용하여 표현하면 i와 6-i로 표현할 수 있다. 6은 오른쪽 끝이 되는 마지막 요소 번호이다. 이 식에 따라 i가 0부터 2까지 증가하면 6-i가 되는 요소와 짝을

이룰 수 있다.

```
for(int i=0; i<3; ++i){    // i 변수를 0부터 2까지 반복한다.
    str[i] == str[6-i]
}
실행 시 요소의 관계
i = 0일 때 [0] - [6]
i = 1일 때 [1] - [5]
i = 2일 때 [2] - [4]
i = 3일 때 for 반복 종료
```

이 방법은 배열의 요소들을 좌우로 바꿀 때도 사용될 수 있다. 이 문제에서는 팰린드롬을 확인하기 위해 모든 짝이 되는 문자가 같으면 팰린드롬이 성립되는 것이고 하나라도 같지 않으면 팰린드롬이 성립하지 않으므로 바로 false를 반환하여 함수를 종료할 수 있다.

```
int len = strlen(str); // 문자열 str의 길이 구하기
for(int i=0; i < len/2 ; ++i){    // 문자열 길이의 반이 되는 요소까지 반복
    if(str[i] != str[(len-1) - i]){
        return false;    // 한 번이라도 문자가 다른 쌍이 있으면 팰린드롬이 아니다.
    }
}
return ture;
```

str[(len-1) - i]를 잘 이해해야 한다. len 변수에는 문자열의 길이를 저장한다. str은 문자들을 저장한 배열이며 strlen이 반환하는 것은 배열에 저장된 문자들의 개수이다. 이것을 문자열의 길이라고 하는 것이다. len 변수의 값이 7이면 str 배열에 문자가 7개가 있다는 것이고 이를 요소번호로 나타내면 [0]번부터 [6]번까지 7개의 문자들이 저장되었음을 나타낸다. 따라서 저장된 문자들 중 마지막 문자의 요소번호는 len 이 아니라 len-1이다. 우리는 [i]번 요소와 반대편이 되는 요소를 [마지막요소번호 - i]로 지정하여 양쪽의 문자를 확인하려는 것이어서 마지막요소번호를 len-1로 계산하여 [len - 1 - i]로 작성하여야 한다.

예시로 제시된 "racecar"로 코드 실행을 정리해 보자

[0]	[1]	[2]	[3]	[4]	[5]	[6]	[7]
r	a	c	e	c	a	r	₩0

```
char str[ ] = "racecar";
int len = strlen(str); // len = 7
for(int i=0; i < len/2 ; ++i){   // len/2 = 7/2 = 3
   if(str[i] != str[(len-1) - i]){
       return false;
   }
}
return ture;
실행 단계
i = 0일 때 [0]'r' == [6]'r'
i = 1일 때 [1]'a' == [5]'a'
i = 2일 때 [2]'c' == [4]'c'
i = 3일 때 for 반복 종료 [3]'e' == [3]'e'
return true; // str의 "racecar"는 팰린드롬이다.
```

팰린드롬이 아닌 경우의 예시

[0]	[1]	[2]	[3]	[4]	[5]	[6]	[7]
b	a	l	l	o	o	n	₩0

```
char str[ ] = "balloon";
int len = strlen(str); // len = 7
for(int i=0; i < len/2 ; ++i){   // len/2 = 7/2 = 3
   if(str[i] != str[(len-1) - i]){
       return false;
   }
}
return ture;
실행 단계
i = 0일 때 [0]'b' != [6]'n'    <- 같지 않다.
return false; // str의 "balloon"은 팰린드롬이 아니다.
```

3. 코드 작성하기

2급 시험에서 한 줄 수정하기 유형의 문제들은 주로 조건식이 잘못 작성된 경우가 많다. 제시되는 함수 내에 if, while, for 등 제어문의 조건식이 잘 작성되어 있는지를 먼저 살피면 금방 찾을 수 있을 것이다. 제시된 다음의 코드에서 잘못된 부분을 찾아본다.

```
bool solution(char* sentence) {
    char *str = (char *)malloc(sizeof(char) * 103);
    int len = 0;
    for(int i = 0; i < strlen(sentence); i++){
        char ch = sentence[i];
        if(ch != ' ' || ch != '.') str[len++] = ch; <-- OR 연산은 참인 경우가 많다.
    }
    for(int i = 0; i < len / 2; i++){
        if(str[i] != str[len - 1 - i]) return false;
    }
    return true;
}
```

앞서 살펴본 코드에서 큰 차이는 없다. 의심이 드는 부분은 if 조건식에 ||(OR) 연산이 사용된 부분이다. 분석을 하면서 우리는 &&(AND) 연산을 생각을 했었는데 여기서는 || 연산이 사용되었다. OR 연산도 마찬가지로 왼쪽 조건식에 따라 결정되는 성질을 가지는데 A || B의 경우 왼쪽 A 조건식이 참이면 오른쪽 B 조건을 판별하지 않는다. 따라서 위 코드에서 ch에 저장된 값이 공백' '이 아니면 참이 되어 str 배열에 문자를 저장하게 된다. 우리는 마침표도 제외해야 하는데 오른쪽 조건인 ch != '.'은 ch에 저장된 문자가 마침표'.'이더라도 왼쪽 조건인 ch != ' '이 참이 되어(마침표는 공백문자가 아니므로) 실행하지 않기에 마침표를 str 배열에 저장하는 오류가 발생하게 되는 것이다. "공백이 아니거나 마침표가 아니면 참"이라고 쓴 것인데 요구하는 것은 "공백과 마침표 모두 아니어야 참"이 돼야 하므로 || 연산을 &&로 수정해야 한다.

```
bool solution(char* sentence) {
    char *str = (char *)malloc(sizeof(char) * 103);
    int len = 0;
    for(int i = 0; i < strlen(sentence); i++){
        char ch = sentence[i];
// ch에 저장된 문자가 공백이 아니면서(and) 마침표도 아니면
        if(ch != ' ' && ch != '.') str[len++] = ch;
    }
    for(int i = 0; i < len / 2; i++){
        if(str[i] != str[len - 1 - i]) return false;
    }
    return true;
}
```

문제 ⑨ 중복되는 문자를 제거하는 함수 수정하기

1. 문제 분석

> 알파벳 문자열이 주어질 때, 연속하는 중복 문자를 삭제하려고 합니다. 예를 들어, "senteeeen-cccccceeee"라는 문자열이 주어진다면, "sentence"라는 결과물이 나옵니다.
> 영어 소문자 알파벳으로 이루어진 임의의 문자열 characters가 매개변수로 주어질 때, 연속하는 중복 문자들을 삭제한 결과를 return 하도록 solution 함수를 작성하였습니다. 그러나 코드 일부분이 잘못되어있기 때문에, 코드가 올바르게 동작하지 않습니다. 주어진 코드에서 한 줄만 변경해서 모든 입력에 대해 올바르게 동작하도록 수정하세요.

연속하는 중복 문자는 같은 문자가 여러 번 이어지는 것을 말한다. "eeee"나 "bb"처럼 같은 문자가 계속 나오는 것이며 "ebey"처럼 e가 여러 번 나오더라도 다른 문자로 이어지지 않을 때는 연속으로 보지 않는다. 연속하여 중복되는 문자를 삭제하더라도 모두 삭제하는 것이 아니라 처음 하나는 남긴 상태로 만든다. 문제에서 요구되는 결과는 "senteeeenccccceeee"라는 문자열이 주어진다면 중복되는 문자를 모두 삭제한 것이라면 "sentn"이 되겠지만, "sentence"는 첫 한 글자는 남긴 결과이다. 아는 얘기겠지만, "직전"과 "현재"라는 개념을 정리하면 "직전"은 바로 전을 말하는 것이고 "현재"는 지금을 얘기한다. 프로그램의 실행으로 얘기하면 "직전"은 이미 실행한 상태이고 "현재"는 지금 얼마인가와 이제 막 실행을 하려고 하는 것을 의미한다. 바로 전에 저장한 값이 3이면 현재값은 3이며 이제 3을 가지고 어떤 처리를 하려함으로 이해할 수 있어야 한다. 이 개념을 활용하여 문제를 해결해야 할 것이다. 지금 문자 'e'를 저장하려고 하는데 바로 직전에 저장한 문자가 무엇인가를 판단하는 조건이 필요하다. 그리고 반복문에서라면 지금 저장하는 'e'는 다음 차례에서는 직전에 저장한 문자가 된다. 배열에 [0]번부터 시작하여 [3]번까지 저장한 상태라면 [1]번 요소의 직전은 [0]번 요소의 값이며, [2]번 요소의 직전은 [1]번 요소이다. 현재 저장하려는 요소의 번호가 [i]번이면 직전 요소의 번호는 [i-1]이 된다. 그리고 배열의 요소번호는 음수는 사용될 수 없으므로 i가 0이면 i - 1은 [-1]이 되어 에러가 된다. 이를 기초로 코드를 분석한다.

2. 작성된 함수의 실행을 분석하기

문제를 파악한 후 함수의 동작이 정상인지를 판단해 보아야 한다. 제시되는 함수를 기초로 문법이나 논리적으로 잘못된 표현이 있는지 찾는다.

```
char* solution(char* characters) {
        char* result = malloc(sizeof(char)*strlen(characters));
        int result_len = 0;
        result[0] = characters[0];
        result_len++;
        for (int i = 0; i < strlen(characters); i++) {
                if (characters[i - 1] != characters[i]) {
                        result[result_len] = characters[i];
                        result_len++;
                }
        }
        result[result_len] = NULL;
        return result;
}
```

❶ char* solution(char* characters) {

solution 함수는 문자열을 반환해야 함으로 반환형은 char *으로 선언되어야 한다. 매개변수는 문자열을 전달받기 위해 char * 포인터변수로 선언되었다. 이 함수는 전달받은 문자열을 그대로 반환하는 것이 아니라 문자를 변경하여야 하기 때문에 추가로 배열을 생성하여 전달되는 characters 문자열을 복사하여야 한다.

❷   char* result = malloc(sizeof(char)*strlen(characters));
        int result_len = 0;

문자열을 복사하여 저장할 배열을 동적으로 생성하여 char * 포인터변수 result에 시작주소를 저장한다. 이때 저장할 문자열의 길이를 계산하여 적당한 크기로 할당할 수 있도록 하였다. strlen 함수는 메모리 공간의 크기(bytes)가 아닌 char 형 문자들의 개수임을 기억해야 한다. 문자열을 메모리에 저장하려면 반드시 널문자를 마지막에 저장해야 함을 알고 있을 것이다. 전달되는 문자열 characters 의 길이가 10이라면 널문자를 포함하여 저장할 배열은 크기가 11bytes 이상이어야 한다. strlen 함수는 문자들의 개수인 길이를 반환하는 함수이므로 sizeof(char) * strlen(characters)는 10이며 이를 malloc 함수로 전달하면 10bytes 크기의 메모리 공간을 할당하라는 의미다. 따라서 result 배열은 char result[10]인 배열을 생성한 것과 같다. 그리고 result_len 변수는 result 배열의 요소번호로 사용하기 위한 변수를 선언한 것이다. 사용되는 함수를 다시 한 번 정리하면 다음과 같다.

```
void *malloc(생성할 크기 bytes);
- 전달된 크기만큼의 공간을 메모리에 할당하고 그 주소를 반환한다.
int strlen(문자열의 시작주소);
- 전달되는 주소에서부터 문자를 확인하여 널문자 전까지의 개수를 반환한다.
```

일반적인 코드로 작성한다면 (char*)malloc(sizeof(char) * (strlen(characters) + 1)로 문자열의 길이보다 1 이상 큰 크기가 되도록 하는 것이 좋다. 하지만 이 문제에서는 characters의 모든 문자들을 result 배열에 저장하려는 것이 아니므로 연속하여 중복된 문자가 포함된 characters보다 적은 개수의 문자들을 result 배열에 저장하게 될 것이므로 실행 시 문제가 되진 않을 것이다. 출제자는 잠재적 문제점보다는 확실한 문제점을 찾는 문제를 낸 것이니 보다 확실하게 에러가 되는 지점을 찾도록 한다.

❸   result[0] = characters[0];
                result_len++;

result 배열의 [0]번 요소에 전달받은 문자열의 첫 번째 문자인 characters[0]번 요소의 값을 저장하고 result_len 변수도 1 증가하였다. 여기까지 실행된 경우 result_len 변수는 0으로 초기화되었으므로 현재 result_len은 1이고 바로 전에 저장한 값은 result_len − 1인 [0]번에 저장한 것이다. 이제 나머지 문자들을 저장하면서 "직전" 문자들을 검사하면서 저장하게 된다.

❹   for (int i = 0; i < strlen(characters); i++) {

전달된 문자열의 문자들을 하나씩 검사하기 위해 for 반복문을 사용한다. i 변수는 0에서 시작되어 문자열의 길이만큼 1씩 증가하면서 반복된다. i 변수는 characters 배열의 요소번호로 사용될 것이다. result 배열의 요소번호는 이미 result_len 변수를 사용하고 있다.

❺   if (characters[i - 1] != characters[i]) {

이 코드는 에러가 발생될 수 있다. 배열의 요소번호가 음수인 −1이 될 수 있는데 characters[i − 1]에서 i 변수는 0으로 시작되어 i−1은 0−1로 음수가 되기 때문이다. 그러나 코드 자체가 잘못된 것은 아니다. 현재 문자인 characters[i]번 문자를 저장하기 전에 직전 문자인 characters[i − 1]와 같은지를 비교하기 위한 조건식이어서 코드 자체는 문제가 없다. 이를 해결하려면 i − 1은 음수가 되지 않으면서 "직전"값이라는 의미는 유지하도록 해야 한다. 배열의 요소번호는 가장 작은 번호가 0번이다. 따라서 i−1이 0이 되도록 하려면 i는 1부터 시작되면 되고 [1]번요소의 직전 요소는 [0]번이 되므로 의미에도 문제가 없다. 그리고 for 문을 시작하기 전 이미 3)에서 [0]번에 첫 문자를 저장해 둔 상태이므로 4) 부분에서 for 문에 i 변수의 초기값을 1로 하는 것이 올바른 코드가 된다. 해답을 찾았으나 나머지 코드를 모두 보고 확인하도록 한다.

```
❻              result[result_len] = characters[i];
               result_len++;
           } // end of if
       } // end of for
```

characters 배열의 문자들을 result 배열로 복사하여 저장한다. 이때 5)의 if 조건식에 의해 중복되는 문자는 저장하지 않고 건너뛰므로 result 배열에는 중복을 제거한 하나씩의 문자들만 저장하게 된다.

```
❼      result[result_len] = NULL;
       return result;
} // end of solution
```

나머지 부분은 for 반복을 종료한 후 중복을 제거한 문자열 result를 반환하는 것이므로 문제의 여지는 없다. 기억할 부분은 result_len번 요소에 NULL을 마지막에 저장하는데 이는 문자열의 끝을 의미하는 널문자를 저장하는 것이고 당연히 필요한 코드이다. 단 C언어에서 NULL과 NUL 문자는 엄밀히는 다른 것인데 값은 모두 0으로 같다. NULL은 정확히는 널포인터라고 하며 (void*)0이다. NUL문자가 단순히 0인데 비해 포인터로써 주소형이라는 의미로 값은 널문자('₩0')와 같은 0이기 때문에 에러가 되는 것은 아니지만 의미는 다르게 보는 것이 좋다.

3. 코드 작성하기

수정하여 완성된 코드이다.

```
char* solution(char* characters) {
        char* result = malloc(sizeof(char)*strlen(characters));
        int result_len = 0;
        result[0] = characters[0];
        result_len++;
        for (int i = 1; i < strlen(characters); i++) {<- 1부터 시작한다.
            if (characters[i - 1] != characters[i]) {
```

```
                    result[result_len] = characters[i];
                    result_len++;
            }
        }
        result[result_len] = NULL;
        return result;
    }
```

시험에서 제시된 위 코드는 잠재적으로는 경고성 코드가 있다. 아마도 출제자의 의도된 구성일수 있다. 배열을 생성하는 길이와 크기를 구분하지 않는 점과 자료형이 다른 NULL을 사용하는 점은 엄밀하게는 위험성이 있다. 하지만 보다 확실한 에러를 선택하여 수정하는 것이므로 배열의 범위를 초과하는 요소번호 i를 수정하도록 하였다.

문제 ⑩ 특정값보다 작은 값을 찾는 함수 수정하기

1. 문제 분석

평균은 자료의 합을 자료의 개수로 나눈값을 의미합니다. 자연수가 들어있는 배열의 평균을 구하고, 평균 이하인 숫자는 몇 개 있는지 구하려 합니다.
예를 들어 주어진 배열이 [1, 2, 3, 4, 5, 6, 7, 8, 9, 10]이라면, 평균은 5.5이므로 배열에서 평균 이하인 값은 5개입니다.
자연수가 들어있는 배열 data와 data의 길이 data_len이 매개변수로 주어질 때, 배열에 평균 이하인 값은 몇 개인지 return 하도록 solution 함수를 작성했습니다. 그러나 코드 일부분이 잘못되어있기 때문에, 몇몇 입력에 대해서는 올바르게 동작하지 않습니다. 주어진 코드에서 한 줄만 변경해서 모든 입력에 대해 올바르게 동작하도록 수정하세요.

평균은 총합을 개수로 나눈 것이므로 먼저 총합을 구하여야 한다. 전달되는 배열 data에 data_len개의 값이 저장되어 있으므로 총합을 data_len으로 나누어 평균을 구할 수 있다. 총합은 data 배열의 요소들을 모두 더하여 구하고 끝으로 구한 평균값보다 작거나 같은 값이 data 배열에 몇 개가 있는지를 세면되므로 비교적 간단한 문제이다. "~이하"는 <= 연산으로 표현되며 "작거나 같은", "같거나 작은"으로 해석된다. 평균값을 avg 변수에 저장하였다면 data 배열의 요소들을 하나씩 평균값과 비교하여 data[i] <= avg가 참이 되는 경우가 몇 번이 되는지를 1씩 증가시켜 구할 수 있다.

2. 필요한 기능(문법)적 요소들 추리기

총합은 모든 값들을 더한 것이고 보통 총합을 저장할 변수는 0으로 초기화하는 경우가 대부분이다. 총합을 저장할 변수가 total이라면 total = 10 + 3 + 5;와 같이 모두 더한 값을 저장하도록 할 수 있다. 또는 하나씩 더해가는 코드를 사용할 수도 있다.

```
int a = 10;
int b = 20;
int c = 30;
// a, b, c 세 변수의 총합 구하기
int total = 0;
total = a + b + c;
// 하나씩 누적하는 방법(누적은 계속 더해가는 것을 말한다.)
total = 0;
total += a;
total += b;
total += c;
```

더할 데이터가 몇 개 없다면 + 연산을 이어서 코드를 작성할 수 있으나 꽤 많은 데이터들의 총합을 구해야하거나 외부(키보드, 파일 등)에서의 입력값을 더하는 처리에서는 += 연산을 사용하여 누적시키는 방법이 편하다. 완성할 함수는 배열을 전달받아 총합을 구하는 것이므로 특히나 +=를 사용한 총합 구하기를 사용하게 될 것이다.

```
int returnTotalSum(int data[ ], int data_len) {
    int total = 0;     // 총합을 저장할 변수
    for(int i = 0; i < data_len; i++){
        total += data[i];
    }
    return total;
}
```

배열은 요소 개수가 많더라고 요소번호를 1씩 증가시키면서 반복하여 처리하기가 편리하여 다수의 데이터들을 저장하고 지금처럼 총합을 구하거나 평균을 구하는 수학 문제 처리식에 많이 이용된다. 위와 같이 총합을 구한 후에는 평균을 구하기 위해 나누기 연산을 한다.

```
int avg = total / data_len;
double average = total / data_len;
```

평균을 구하기 위해서는 총합/개수로 작성되어야 한다. 위 코드에서 total과 data_len이 int 형인 경우 double 형으로 선언된 average 변수에 소수점 이하 부분이 0이다. 즉 저장되지 않는다. 산술 연산의 결과는 정수와 정수일 때는 정수이며, 실수와 정수가 섞인 경우일 때 실수가 된다. 평균값을 실수형(double)으로 저장하고자 하는 경우에는 total을 실수형으로 선언하거나 나누기 연산 시 (double)을 붙여 형변환하여 계산하여야 한다.

3. 코드 분석 및 수정하기

문제 자체는 간단 수학 문제이며 총합을 구하고 총합을 개수로 나누어 평균을 구한다. 그 후 평균값을 배열의 요소들과 비교하여 평균 이하인 값의 개수를 세어 반환하도록 구현한다.

```
int solution(int data[ ], int data_len) {
    double total = 0;                        // 총합을 저장할 변수는 0으로 초기화
    for(int i = 0; i < data_len; i++)        // 요소 개수만큼 반복하여 총합 계산
        total += data[i];
    int cnt = 0;                             // 평균 이하의 개수를 저장할 변수
    double average = data_len / total;       // 평균값 계산 <- 평균 = 총합/개수이다.
    for(int i = 0; i < data_len; i++)
        if(data[i] <= average)               // data 배열의 요소 중 평균 이하 검사
            cnt += 1;
    return cnt;
}
```

제시되는 함수를 읽어보며 문법이나 논리적으로 잘못된 부분을 찾아보니 평균을 구하는 식에 문제가 있음을 확인했다. 평균을 계산하려면 총합을 개수로 나누어야 하는데

double average = data_len / total;은 개수를 총합으로 나누어 거꾸로 계산하고 있다.

double average = total / data_len;은 수정되어야 한다. 나머지 코드를 더 살펴보면 각 제어문에 중괄호를 사용하고 있지 않는 부분이 많다. 현재 COS PRO 시험의 코드를 보면 대부분의 제어문이 짧고 간단한 문장들로 이루어져 있어 중괄호를 사용하지 않은 것이 많다. 이는 자칫 코드의 범위를 놓치게 되는 위험이 있으니 잘 살펴야 할 것이다. Python의 경우 중괄호를 사용하면 오히려 에러가 되는데 C언어는 중괄호를 사용해도 되고 원한다면 사용하지 않아도 된다. 다만 그 범위를 정확히 알고 있어야 한다. 제어문에서 중괄호를 생략하는 경우 이후로 첫 번째로 만나는 세미콜론;까지를 구간으로 인식하여 아래 두 코드는 같다.

```
for(int i = 0; i < data_len; i++)        for(int i = 0; i < data_len; i++) {
    total += data[i];                        total += data[i];
int cnt = 0;                             }
                                         int cnt = 0;
```

위 왼쪽 for 문은 for( ) 다음에 처음으로 나오는 total += data[i];까지가 반복구간이 된다. 그 아래의
int cnt = 0;은 for 반복이 종료된 후에 실행된다. 오른쪽은 동일한 코드이다.

아래의 왼쪽 코드도 마찬가지인데 if 조건문에도 중괄호를 사용하지 않고 있다. for의 반복구간 내에
if 조건문이 포함되어 있는 것으로 아래 오른쪽 코드와 동일하다.

```
                                         for(int i = 0; i < data_len; i++) {
    for(int i = 0; i < data_len; i++)        if(data[i] <= average) {
        if(data[i] <= average)                   cnt += 1;
            cnt += 1;                        }
                                         }
```

제어문은 실행할 문장이 단문(하나의 문장)인 경우 중괄호를 생략하는 표현이 많아 주의한다.

이제 잘못된 코드를 수정하여 완성한 코드이다.

```
int solution(int data[ ], int data_len) {
    double total = 0;
    for(int i = 0; i < data_len; ++i)
        total += data[i];
    int cnt = 0;
    double average = total / data_len;
    for(int i = 0; i < data_len; ++i)
        if(data[i] <= average)
            cnt += 1;
    return cnt;
}
```

문제 ⑪ n부터 m까지 자연수의 합을 구하는 함수의 빈칸 채우기

1. 문제 분석

> 두 자연수 n부터 m까지의 합을 구하려고 합니다. 이를 위해 다음과 같이 3단계로 간단히 프로그램 구조를 작성했습니다.
>
> 1. 1부터 m까지의 합을 구합니다.
> 2. 1부터 n−1까지의 합을 구합니다.
> 3. 1단계에서 구한 값에서 2단계에서 구한 값을 뺍니다.
>
> 두 자연수 n과 m이 매개변수로 주어질 때, n부터 m까지의 합을 return 하도록 solution 함수를 작성했습니다. 이때, 위 구조를 참고하여 중복되는 부분은 func_a라는 함수로 작성했습니다. 코드가 올바르게 동작할 수 있도록 빈칸을 알맞게 채워주세요.

자연수는 0보다 큰 정수, 즉 1 이상인 양의 정수들이다. 어떤 수에 0을 더한 값은 그대로이기 때문에 보통 연속하는 자연수들의 총합을 구할 때는 최소값을 1로 하여 최대값까지의 정수들을 모두 더한다. "자연수 10까지의 합"이라는 표현은 1부터 10까지 정수들을 모두 더한 총합을 의미한다.

> 1부터 5까지의 합
> = 1 + 2 + 3 + 4 + 5
> 1부터 10까지의 합
> = 1 + 2 + 3 + 4 + 5 + 6 + 7 + 8 + 9 + 10

지문에서 요구하는 것은 임의 값인 n부터 m까지의 연속되는 자연수들의 총합을 구하고자 한다. 예로 n이 5이고 m이 10이면

> n부터 m까지의 합
> = 5 + 6 + 7 + 8 + 9 + 10

위와 같이 5부터 10까지의 자연수들을 모두 더한 값을 구하려고 한다. 계산하는 방법은 큰 값인 m까지의 총합에서 작은 값인 n보다 1 작은 n−1까지의 총합을 빼어 구한다. 1부터 10까지의 총합을 구한 후 1부터 4까지의 총합을 빼야 5부터 10까지의 총합이 되는 것이다. 이를 위해 전달되는 값까지의 총합을 구하는 함수를 작성하였고 그 안에 빈칸을 채워 완성하는 문제이다.

```
5에서부터 10까지의 총합 계산
1부터 5-1인 4까지의 합
= 1 + 2 + 3 + 4 = 10
1부터 10까지의 합
= 1 + 2 + 3 + 4 + 5 + 6 + 7 + 8 + 9 + 10 = 55

1부터 4까지의 합이 10이므로
=> (1 + 2 + 3 + 4) + 5 + 6 + 7 + 8 + 9 + 10
=> (10) + 5 + 6 + 7 + 8 + 9 + 10과 같다.

따라서 10을 빼면
=> 5 + 6 + 7 + 8 + 9 + 10과 같다.
```

사실 두 자연수 사이의 총합을 구하는 것은 수학 공식이 있다. 이를 활용하면 반복 없이 빠르게 총합을 구할 수 있는데 제시되는 코드에서는 반복문을 사용하여 총합을 구하는 방법을 사용하고 있다. 시작값(최소값)에서 일정하게 증가 또는 감소하는 수의 나열을 수학에서 등차수열이라 한다. 문제에서는 1씩 증가하는 등차수열이다. 임의 자연수 min과 max 사이 수들의 합은 최소값(min)과 최대값(max)를 더한 후 min과 max 사이 수의 개수를 곱한 값을 2로 나누면 된다.

```
최소값 min = 1
최대값 max = 5
min + max = 6
min과 max 사이 수의 개수 = max - min + 1 = 5 - 1 + 1 = 5
min부터 max까지 등차수열의 총합
= ((max+min) * (max-min+1)) / 2
= (6 * 5) / 2
= 15
```

위 공식에 따라 n과 m (n<=m) 사이 정수들의 합을 구하려면

```
n부터 m까지 1씩 증가하여 연속하는 수들(등차수열)의 총합
n = 5, m = 10일 때
= ((m+n) * (m-n+1)) / 2
= (15 * 6) / 2
= 90 / 2 = 45
```

프로그래밍에 있어 수학은 여러 면에서 도움이 된다. 복잡한 방정식을 알 필요는 없겠지만, 중학 수준 정도에서의 수학 개념은 꽤 많이 활용이 되므로 시간이 된다면 종종 살펴보는 것이 좋다. 만약 이 문

제의 빈칸이 다음과 같았다면 꽤 어려운 문제가 될 수 있었을 것이다.

```
int func_a(int k){
    int sum = _____ ; <-- 빈칸을 채우시오.
    return sum;
}
```

2. 필요한 기능(문법)적 요소들 추리기

연속하는 정수들의 총합을 구하는 문제이므로 기술이나 문법적으로 그리 어려운 것은 없다. 빈칸이 있는 함수의 역할과 문제의 의도만 정확히 파악하면 쉬운 문제이다. solution 함수는 두 자연수 n과 m을 전달받아 n이 m보다 작다는 조건에서 코드를 작성하였다. 실제로는 검사를 하는 것이 좋으나 제시되는 코드에는 검사하는 코드는 작성되어 있지 않다. 지문에서는 큰 값까지의 총합에서 작은 값 전까지의 총합을 빼어 계산한다고 하였으니 어느 것이 보다 작은 값이냐에 따라 함수 호출의 전달이 달라지게 된다. 만약 무작위로 전달되는 것이라면 제시되는 코드는 총합이 음수가 나올 수 있어 자연수 (>0)라는 조건에 위배된다.

```
int solution(int n, int m) {
    int sum_to_m;
    int sum_to_n;
    if (n < m) {    // n의 값이 작은 값이면
        sum_to_m = func_a(m);
        sum_to_n = func_a(n-1);
    }else{          // m의 값이 작은 값이면
        sum_to_m = func_a(n);
        sum_to_n = func_a(m-1);
    }
    int answer = sum_to_m - sum_to_n;
    return answer;
}
```

일정하게 증가하는 수의 나열은 for 문을 사용하는 것이 일반적이고 수들의 총합을 구하는 코드는 거의 정해진 듯 사용된다.

```
int sum = 0;    // 총합을 저장할 변수
for(int i = 0; i <= 10; ++i){    // <= 연산은 10까지 포함한다.
    sum += i ;    // 0부터 1씩 증가하여 10까지의 정수들을 모두 더한다.
}

for(int i = 1; i < 10; ++i){    // < 연산은 10은 제외하여 하나 작은 9까지이다.
    sum += i ;    // 1부터 1씩 증가하여 9까지의 정수들을 모두 더한다.
}
int min = 10;
int max = 20;
for(int i = min; i <= max; ++i){
    sum += i ;    // min부터 1씩 증가하여 max까지 정수들을 모두 더한다.
}
```

다만 시험에서는 for 문의 식들을 잘 살펴야 한다. 초기식(i = 0)에서 시작하여 조건식(i < 10)이 참인 동안 증감식(i++)만큼 변하면서 반복한다. 모든 식을 종합해서 판단해야 하고 특히 시험에서는 조건식의 연산자가 < 인지 <= 인지에 따라 차이가 생기므로 필히 반복할 값의 범위를 고려해야 한다.

3. 코드 작성하기

이제 총합을 구하는 함수의 빈칸을 채워 코드를 완성한다.

```
int func_a(int k){
    int sum = 0;
    for(int i = 0; i _____ ; ++i) --- ①
        sum += _____ ;        --- ②
    return sum;
}
```

func_a 함수는 전달되는 값 k까지의 연속하는 정수들의 합을 반환한다. 이때 시작값은 ①에서 0에서 부터 더하기를 진행함을 볼 수 있다. 0은 어차피 더해도 영향이 없으므로 1부터 시작되나 0부터 시작되나 총합을 구하는 데는 상관이 없다. 비어있는 조건식에는 k 변수의 값까지를 더해야 하므로 ①은 i <= k로 작성되어야 한다. 그리고 반복하는 동안 1씩 증가해가는 정수가 되는 i의 값들을 모두 더해야 총합을 구하는 것이니 ②는 sum += i로 작성되어야 한다.

```
int func_a(int k){
    int sum = 0;
    for(int i = 0; i <= k ; ++i)
        sum += i ;
    return sum;
}
int solution(int n, int m) {
    int sum_to_m = func_a(m);
    int sum_to_n = func_a(n-1);
    int answer = sum_to_m - sum_to_n;
    return answer;
}
```

문제 ⑫ 점수의 총합에서 최고 점수와 최저 점수를 뺄셈하는 함수의 빈칸 채우기

1. 문제 분석

한 학생의과목별 점수가 들어있는 배열이 주어졌을 때, 이 학생의 최고 점수와 최저 점수를 제외한 나머지 점수들의 합계를 구하려 합니다. 이를 위해 다음과 같이 4단계로 프로그램 구조를 작성했습니다.

❶ 모든 과목 점수의 합을 구합니다.

❷ 최고 점수를 구합니다.

❸ 최저 점수를 구합니다.

❹ (모든과목 점수의 합) – (최고 점수) – (최저 점수)의 값을 return 합니다.

학생의과목별 점수가 들어있는 배열 scores와 scores의 길이 scores_len이 매개변수로 주어질 때, 학생의과목별 점수에서 최고 점수와 최저 점수를 제외한 나머지 점수의 합을 return 하도록 solution 함수를 작성하려 합니다. 위 구조를 참고하여 코드가 올바르게 동작할 수 있도록 빈칸에 주어진 func_a, func_b, func_c 함수를 알맞게 채워주세요.

"과목별 점수"는 점수들이다. 보통 "~별"이라는 표현 자체가 여러 개가 있음을 말한다. "차종별"은 차의 종류가 여러 가지가 있다. "지점별"은 지점이 여러 개가 있다라는 의미임을 알고 있다. 따라서 "과목별"은 여러 개의 과목들이 있고 그 각각의 점수들을 처리하려고 한다는 말이다. "점수"라는 데이터는 시험에서는 주로 정수(int)로 다루는 경우가 많다. "과목별 점수들"을 저장하기 위한 배열이 사용될 것이며 그 길이는 과목의 개수를 뜻하게 된다. scores 배열의 길이 scores_len이 4 라면 4개 과목의 점수들을 저장했다는 것이고 [0]번 과목부터 [3]번 과목까지로 요소번호는 각 과목의 번호로 이해하도록 한다.

[0]	[1]	[2]	[4]
50	90	65	100

위와 같이 4개 과목의 점수들이 배열에 저장되어 있을 때 최고 점수와 최저 점수를 제외한 나머지 점수들의 총합을 구하는 게 문제의 목적이다. 위 배열을 예로 최고 점수 100, 최저 점수 50을 제외한 나머지 점수는 90과 65이다. 따라서 결과는 90 + 65를 더한 155를 반환하도록 하는 것이다. 문제를 해결하는 과정은 다음의 절차로 진행된다.

1. 모든 과목 점수의 합을 구합니다.
   - 배열 요소들을 모두 더하여 반환
2. 최고 점수를 구합니다.
   - 배열 요소들 중 최대값을 찾아 반환
3. 최저 점수를 구합니다.
   - 배열 요소들 중 최소값을 찾아 반환
4. (모든 과목 점수의 합) – (최고 점수) – (최저 점수)의 값을 return 합니다.
   - 반환되는 값을 계산하여 최종적인 결과를 반환

위 과정에 필요한 코드를 개별적인 함수로 func_a, func_b, func_c 3개의 함수를 작성해 두었으니 각 단계에 맞는 함수를 호출하도록 빈칸을 채우라는 문제이다. 이런 문제를 푸는 방법은 다양하다. 대부분의 프로그래밍이 그렇지만 빈칸을 채우는 것이 아니라 함수를 작성하는 문제였다면 하나의 정답이 있다고 보기 어려운 유형의 문제이다. 시험은 결국 채점을 해야 한다. COS PRO 시험은 CBT 방식으로 지정된 함수에 매개전달을 하여 반환이 옳게 나오는지가 채점방식이다. 수험자의 답안을 사람이 직접 확인하여 채점하는 것이 아니기 때문에 자신만의 문제 해결법을 고집하기 보다는 일반적으로 사용되는 방법으로 작성하는 것을 권장한다. 너무 독창적인 방법을 찾으려다가는 정해진 시간 내에 해결이 어려울 수 있다.

2. 필요한 기능(문법)적 요소들 추리기

지문에서 제시하는 해결 절차는 4단계이다. 각 단계에 맞는 코드를 구상해보도록 한다. 그리고 제시되는 코드에서 각 단계에 해당하는 함수가 어느 것인지를 찾아야 한다.

1) 모든 과목 점수의 합 구하기

점수들이 저장되어 있는 배열을 전달받아 모든 요소들을 더하는 처리이다.

```
int total = 0;    // 총합을 저장할 변수
for(int i = 0; i < 배열길이 ; i++) {
    total += 배열명[i];
}
```

위 코드가 int형 배열 요소들이 총합을 구하는 전형적인 코드이다. "배열길이"에 전달받은 배열의 길이를 써주고 "배열명"에 전달받은 배열명을 써서 완성할 수 있다. 이와 같은 처리를 하고 있는 함수를 찾아보면 func_b 함수이다.

```
int func_b(int s[ ], int arr_size){
    int ret = 0;
    for(int i = 0; i < arr_size; ++i)   <- for 문 반복구간의 시작
        ret += s[i];                <- 반복구간은 여기까지이다.
    return ret;
}
```

배열 s와 그 길이 arr_size를 전달받아서 ret 변수에 요소들의 합을 구하는 코드가 작성되어 있다. 역시나 for 문의 중괄호가 생략되어 있으니 유의하도록 한다.

2) 최고 점수 구하기

최고 점수는 과목별 점수들 중 가장 큰 값이다. 배열의 요소 중 가장 큰 값이 저장되어 있도록 코드를 작성한다.

```
int max = 0;
for(int i = 0; i < 배열길이 ; i++) {
    if(배열명[i] > max){
        max = 배열명[i];
    }
}
```

최대값을 저장할 변수 max를 0으로 초기화한 것은 "과목별 점수"라는 데이터는 통상 0 이상의 값을 사용할 것이며 최대값을 찾는 것이므로 요소들 중 0보다 큰 값은 반드시 있을 것이기 때문이다. 물론 모든 점수가 0점이라면 최고 점수는 0점이다. 만약 "과목별 점수"의 범위가 음수이든 양수이든 제한

없이 사용된다면 요소들 중에서 하나를 기준으로 보다 큰 값을 찾도록 할 수 있다.

```
int max = scores[0];      // 요소 중 하나로 초기화
for(int i = 1; i < scores_len ; i++) {// 나머지 요소들 중 큰 값을 확인
    if(scores[i] > max){
        max = scores[i];
    }
}
```

위 코드에서 max 변수에 배열의 첫 번째인 [0]번 요소의 값을 저장해 둔다. 그리고 나머지인 [1]번 요소부터 마지막 요소까지 비교하여 현재 max보다 큰 값이 있으면 그 값을 max 변수에 저장하여 가장 큰 값을 유지하도록 작성할 수 있다. 이때 for 문의 i = 0으로 해도 무방하지만 max 변수의 초기값이 [0]번이므로 [0]번과 [0]번을 비교할 필요가 없으니 i = 1로 하여 [0]번(처음 max)과 [1]번부터 비교하도록 한다. 이와 같은 처리를 하고 있는 함수가 있는지를 찾아보면 func_a 함수이다.

```
int func_a(int s[ ], int arr_size){
    int ret = 0;                    // 최대값을 저장할 변수
    for(int i = 0; i < arr_size; ++i)
        if(s[i] > ret)              // 요소의 값이 ret보다 크다.
            ret = s[i];             // 요소의 값을 최대값으로 저장
    return ret;
}
```

for 문 부분부터 return 전(위)까지가 반복구간이다. 반복하는 동안 요소들의 값이 ret보다 큰 값인지를 if 조건으로 판단하여 최대값인 경우 ret 변수에 덮어쓴다.

3) 최저 점수 구하기

최저 점수는 과목별 점수들 중 가장 작은 값이다. 배열의 요소 중 가장 작은 값이 저장되어 있도록 코드를 작성한다.

```
int min = 100;     //과목별 점수의 만점은 100점이다.
for(int i = 0; i < 배열길이 ; i++) {
    if(배열명[i] < min){
        min = 배열명[i];
    }
}
```

최소값을 저장할 변수 min을 100으로 초기화한 것은 "과목별 점수"라는 데이터는 통상 100 이하의 값을 사용할 것이며 최소값을 찾는 것이므로 요소들 중 100보다 작은 값은 반드시 있을 것이기 때문이다. 모든 과목이 만점인 100이라면 최저 점수는 100이다. 만약 "과목별 점수"의 범위가 음수이든 양수이든 제한 없이 사용된다면 요소들 중에서 하나를 기준으로 보다 작은 값을 찾도록 할 수 있다.

```
int min = scores[0];    // 요소 중 하나로 초기화
for(int i = 1; i < scores_len ; i++) { // 나머지 요소들 중 큰 값을 확인
    if(scores[i] < min){
        min = scores[i];
    }
}
```

위 코드에서 min 변수에 배열의 첫 번째인 [0]번 요소의 값을 저장해 둔다. 그리고 나머지인 [1]번 요소부터 마지막 요소까지 비교하여 현재 min보다 작은 값이 있으면 그 값을 min 변수에 저장하여 가장 큰 값을 유지하도록 작성할 수 있다. 이와 같은 처리를 하고 있는 함수가 있는지를 찾아보면 func_c 함수이다.

```
int func_c(int s[ ], int arr_size){
    int ret = 101;              // 최소값을 저장할 변수인데 101로 초기화하였다.
    for(int i = 0; i < arr_size; ++i) <-- for 반복구간 시작
        if(s[i] < ret)          // 요소의 값이 ret보다 작으면 ret에 저장한다.
            ret = s[i];             <-- for 반복구간 끝
    return ret;
}
```

제시되는 코드의 함수에서는 초기값을 101로 주었다. 이 코드는 전달되는 배열에는 101 이상의 값은 없다는 전제에서 작성된 것으로 과목별 점수의 범위가 0점 이상 100점 이하로 정해진 경우 문제없이 동작한다.

3. 코드 작성하기

모든 함수들의 역할을 파악하였으니 지문에서 제시하는 절차에 따라 알맞은 함수들이 호출되도록
코드를 완성한다.

```
int func_a(int s[ ], int arr_size){    // 최대값 구하는 함수
    int ret = 0;
    for(int i = 0; i < arr_size; ++i)
        if(s[i] > ret)
            ret = s[i];
    return ret;
}
int func_b(int s[ ], int arr_size){    // 총합 구하는 함수
    int ret = 0;
    for(int i = 0; i < arr_size; ++i)
        ret += s[i];
    return ret;
}
int func_c(int s[ ], int arr_size){    // 최소값 구하는 함수
    int ret = 101;
    for(int i = 0; i < arr_size; ++i)
        if(s[i] < ret)
            ret = s[i];
    return ret;
}
int solution(int scores[ ], int scores_len) {
    int sum = func_b(scores, scores_len);        // 1. 모든과목 점수의 합 구하기
    int max_score = func_c(scores, scores_len); // 2. 최고 점수 구하기
    int min_score = func_a(scores, scores_len); // 3. 최저 점수 구하기
    return sum - max_score - min_score;          // 4. 나머지과목 점수의 합 반환
}
```

문제 ⑬ 방문객 수의 차이를 구하는 함수의 빈칸 채우기

1. 문제 분석

XX 공항에서 n일 동안 매일 공항 방문객 수를 조사했습니다. 이때, 가장 많은 방문객 수와 두 번째
로 많은 방문객 수의 차이를 구하려고 합니다. 단, 방문객의 수가 같은 날은 없다고 가정합니다. 이
를 위해 다음과 같이 4단계로 간단히 프로그램 구조를 작성했습니다.

공항의 방문객 수를 며칠 동안 조사하여 배열에 저장한다. 날짜는 고려하지 않고 하루하루의 방문객 수를 요소에 저장해 두었다고 한다. "가장 많은 방문객 수"는 배열 요소의 값 중에서 가장 큰 최대값을 의미하고 "두 번째로 많은 방문객 수"는 가장 큰 값을 제외한 나머지 중에서 최대값을 의미한다. 첫 번째로 큰 값, 두 번째로 큰 값이라는 표현은 결국 값들을 크기 순으로 나열해 놓는 정렬을 생각할 수 있다. 배열에 [10, 20, 30, 40, 50]의 순서로 저장되어 있다면

[0]	[1]	[2]	[3]	[4]
10	20	30	40	50

[0]번에 가장 작은 10이 저장되고 [4]번에 가장 큰 값 50을 저장하여 값의 크기 순서대로 저장해놓은 것이 정렬되었다고 한다. 이럴 경우 가장 큰 값은 [4]번 요소의 50이고 두 번째로 큰 값은 [3]번 요소의 40이다. 물론 반대로 [0]번에 가장 큰 값 50을 저장하고 [4]번에 가장 작은 값 10을 저장한 것도 마찬가지이며 이를 오름차순, 내림차순으로 구분한다.

[0]	[1]	[2]	[3]	[4]
50	40	30	20	10

위와 같이 [0]번부터 [4]번까지 내림차순(큰 값에서 작은 값 순)으로 저장되어 있는 경우 첫 번째인 [0]번 요소의 50이 가장 큰 최대값이 되며 두 번째는 [1]번 요소의 40이 된다. 배열 요소들의 값을 정렬하는 방법은 매우 많은 알고리즘(방법)이 존재하는데 2급 시험에서는 알고리즘을 다루는 문제는 없다고 봐도 무방하다. 지문에서도 정렬을 하여 구하는 것이 아니라 첫 번째 큰 값을 제외한 배열에서 찾는 방법을 사용한다고 한다. 처음 배열이 아래와 같다.

[0]	[1]	[2]	[3]	[4]
20	30	10	50	40

이 중에서 최대값은 [3]번 요소의 50이다. 이 값을 찾은 후에 두 번째로 큰 값을 찾기 위해 배열을 복사하는데 이때 50을 뺀 나머지만 복사하면 아래와 같이 된다.

[0]	[1]	[2]	[3]
20	30	10	40

요소 하나가 줄어들고 [3]번 요소에는 원래 배열의 50 대신 [4]번 요소에 있었던 40을 저장한다. 이러면 복사된 두 번째 배열에서의 최대값은 [3]번 요소의 값 40이다. 이렇게 배열의 요소 중 가장 큰 값을 하나씩 제거하면서 남은 요소 중의 최대값을 찾는 방법을 사용한다고 한다. 배열 요소 중 최대값만 찾으면 되는 것이므로 굳이 모든 요소들을 크기순으로 정렬할 필요가 없어서 다소 복잡해지는 정렬을 사용하기 보다는 간단히 문제를 해결할 수 있는 방법이 된다. 이에 맞추어 함수들을 작성해 두었으니 각 함수들의 역할을 파악하고 solution 함수에서 각 단계에 맞는 함수들이 호출될 수 있도록 빈칸을 채운다.

2. 필요한 기능(문법)적 요소들 추리기

문제 해결을 위한 절차가 제시되어 있으니 그 절차에 따라 코드를 구상해 보고 작성되어 있는 함수들 중 알맞은 함수를 찾아보도록 한다.

1) 입력으로 주어진 배열에서 가장 많은 방문객수 구하기

방문객의 수를 세어 저장한 것이므로 최소값은 0(명)이다. 최대값을 찾는 것이므로 반복문으로 요소들의 값을 확인하여 보다 큰 값을 저장하도록 하여 구할 수 있다. 최대값을 저장할 변수는 데이터의 범위 중 가장 작은 값이거나 그보다 1 정도 작은 값으로 초기화한다. 그래야 배열 내의 요소들 값 중 가장 큰 값을 찾을 수 있다. 만약 최대값 이상으로 초기화를 하면 배열에는 그보다 작은 값들만 있으므로 배열 요소 중에서의 최대값을 찾을 수 없게 된다.

[0]	[1]	[2]	[3]	[4]
20	30	10	50	40

위와 같은 배열에서 최대값을 max 변수에 저장하여 찾으려는데 max 변수의 초기값을 100으로 한 경우 요소들이 모두 100보다 작은 값이므로 결과는 100이 되지만 배열 속에는 100이 저장되어 있지 않으므로 이는 최대값을 찾은 것이 아니다. max 변수를 −1로 초기화한 경우라면 방문객 수는 인원수를 음수로 표현하지는 않을 테니 최소한 0 이상으로 저장된다. 모든 요소의 값이 −1보다는 큰 값이어서 최소한 1번은 max 변수에 요소의 값을 저장하게 되어 배열 속에서의 최대값을 찾을 수 있다. 사실 가

장 좋은 방법은 요소 중 하나로 초기화하여 나머지 요소들과 비교하는 것이다. 배열에 저장되어 있는 값 중에서 최소, 최대를 찾는 것임을 잊지 않아야 한다.

```
int max = array[0]; // 최대값을 찾을 배열의 첫 번째 [0]번 요소로 초기화
for(in i =1 ; i < array_len ; ++i) { // 나머지 요소들의 개수만큼 반복
    if(max < array[i]){
        max = array[i];     // 현재 max보다 큰 값이 있으면 max에 덮어쓴다.
    }
}
```

최대값을 저장할 변수 max에 배열의 [0]번 요소값을 저장하고 나머지 요소들과 비교를 하면서 max 변수에 계속보다 큰 값을 저장해야 배열 요소들 중 최대값을 찾는 바른 표현이 된다. COS PRO 시험 에서는 주로 데이터의 범위를 알려주고 그 범위 밖 또는 최소값으로 초기화하는 경우가 많아서 아래 와 같은 방법도 기억해둔다.

```
int max = -1; // 배열에 저장되는 값은 1 이상 200,000 이하
for(in i =0 ; i < array_len ; ++i) { // 나머지 요소들의 개수만큼 반복
    if(max < array[i]){
        max = array[i];  // 요소들의 값은 1 이상이므로 반드시 요소값이 대입된다.
    }
}
```

제시되는 코드의 함수 중에서 배열의 최대값을 구하여 반환하는 함수는 func_c이다.

```
int func_c(int arr[ ], int arr_size){
    int ret = -1;
    for(int i = 0; i < arr_size; ++i)
        if(ret<arr[i])
            ret = arr[i];
    return ret;
}
```

ret 변수에 요소들 중 가장 큰 값을 찾기 위해 if 조건문에 (ret 〈 arr[i])로 arr 배열의 [i]번 요소의 값 이 ret보다 크면 그 값을 ret 변수에 덮어씀으로 최대값을 구한다. ret 변수의 초기값으로 −1을 저장 하였는데 전달되는 배열 arr에는 방문객의 수를 저장한 것으로 모든 요소들이 0 이상의 값이 저장된 것으로 간주한 코드이다. 이런 데이터의 범위는 문제 화면에서 추가 설명으로 제시된다.

2) 1번 단계에서 찾은 값을 제외하고, 나머지 값들로 이루어진 새로운 배열 생성

1번 단계에서 찾은 값은 func_c 함수의 반환 값으로 방문객 수의 최대값이다. 즉 가장 처음으로 구한 것이므로 첫 번째로 가장 많은 방문객 수이다. 2번 단계에서는 두 번째 가장 많은 방문객 수를 구하기 위해서 첫 번째로 구한 최대값을 배열에서 제외하는 작업을 하려고 한다. 여러 가지 방법으로 해결할 수 있으나 지문에서 제시하는 방법은 새로 배열을 생성하여 첫 번째 최대값을 제외하고 복사하는 방법을 사용하려고 한다. 그러면 1번 단계에서 사용한 func_c 함수를 다시 호출하여 새 배열에서의 최대값을 찾을 수 있기 때문이다. 만들어 둔 함수를 다시 활용하는 것이다. 우선 배열을 복사하려면 반복문을 사용하게 된다.

```
int a[10] = {1,2,3,4,5,6,7,8,9,10};
int b[10];
for(int i = 0; i < 10; ++i){
    b[i] = a[i];     // a 배열의 요소들을 b 배열에 같은 순서로 복사한다.
}
```

a 배열의 요소들을 모두 b 배열로 복사하는 코드이다. 전형적인 배열 복사 방법이다. for 문 내에서 i 변수 하나로 두 변수의 요소번호로 공통적으로 사용하여 같은 순서로 요소들을 복사한다. 만약 a 배열 순서의 반대로 b 배열에 복사하고자 한다면 요소번호가 다르게 된다.

```
int a[10] = {1,2,3,4,5,6,7,8,9,10};
int b[10];
for(int i = 0; i < 10; ++i){
    b[9- i] = a[i];     // a 배열의 요소들을 b 배열에 반대 순서로 복사한다.
}
```

모든 요소를 복사하는 것은 같지만, 요소번호가 달라 순서는 다르게 복사하게 된다. a 배열의 모든 요소들을 복사하지 않고 일부만 복사하는 경우는 두 배열의 요소번호가 독립적으로 따로 사용한다. a 배열의 요소 중 5보다 큰 값만 b 배열에 차례로 복사한다면 a 배열의 요소번호와 b 배열의 요소번호는 각자 다르게 된다. 즉 b 배열의 [0]번 요소가 a 배열의 [1]번 요소라고 단정할 수 없다. a 배열에 5보다 큰 값이 어디에 있는지 찾아서 저장해야 한다.

```
int a[10] = {1,5,3,9,7,6,2,8,4,10};
int b[10];
int bi = 0; // b 배열의 요소번호로 사용할 변수
for(int i = 0; i < 10; ++i){
```

```
    if (a[i] > 5) {    // a[i]번 요소의 값이 5보다 크면
      b[bi] = a[i];    // a 배열의 i 번 요소를 b 배열의 bi 번 요소에 저장한다.
      bi++;
  }
}
```

위의 경우 반복이 종료된 후 i 변수와 bi 변수의 값이 항상 같다고 할 수는 없다. 전부가 아니라 일부만을 복사하는 것이므로 두 배열의 저장한 요소번호에는 차이가 난다. 이런 경우에는 반드시 각 배열의 요소번호로 사용될 변수를 분리하여 다룬다. 그럼 전달받은 배열에서 특정값을 제외한 배열을 생성하는 함수가 있는지 찾아본다.

```
int* func_a(int arr[ ], int arr_size, int num){
    int* ret = (int*)malloc(sizeof(int)*(arr_size - 1));
    int idx = 0;                    // 복사할 배열 ret의 요소번호 사용된다.
    for(int i = 0; i < arr_size; ++i)
        if(arr[i] != num)           // arr 배열에서 num과 같은 값은 복사하지 않음
            ret[idx++] = arr[i];    // arr 배열의 요소들을 ret 배열에 복사한다.
    return ret;
}
```

동적할당 함수 malloc만 보더라도 쉽게 함수를 찾을 수 있다. func_a 함수는 내부에 (int*) malloc(sizeof(int) *(arr_size−1));로 배열을 생성하고 있다. 이때 (arr_size − 1)을 쓴 것은 이 함수는 전달받은 배열 arr에서 마지막 인자인 num 변수의 값을 제외하고 저장할 것이다. 지문에서 "방문객 수는 중복되지 않는다."고 하여서 하나를 제외하게 될 것이므로 새 배열의 길이는 전달받은 배열의 길이인 arr_size보다 하나 작은 길이로 생성하려는 것이다. 그리고 새로 생성된 배열을 반환하므로 호출한 함수 solution은 이를 받아야 한다.

3) 2번 단계에서 만든 새로운 배열에서 가장 큰 방문객의 수 구하기

3단계에서의 처리는 1단계에서의 처리와 같다. 다만 최대값을 구할 배열이 바뀌었다. 2단계에서 반환받은 배열(ret)은 앞서 1단계에서 구했던 가장 많은 방문객 수를 제외한 배열이며 그 길이가 줄어들었다. func_c 함수를 이용하여 배열 내에 최대값을 반환받을 것이지만 전달할 배열과 그 길이가 변경된 것을 작성하여야 한다.

```
int solution(int visitor[ ], int n){// 처음 전달받는 방문객 수 배열(visitor)과 길이(n)
    int answer;
    // 1단계로 전달받은 visitor에서의 최대값을 구한다.
    int max_first = func_c(visitor, n);  // 전달받은 배열의 최대값을 반환하는 함수
    // 2단계로 visitor 배열에서 최대값을 제외한 배열을 생성한다.
    int *visitor_removed = func_a(visitor, n, max_first);
    // 3단계로 최대값이 제외된 새 배열 visitor_removed의 최대값을 구한다.
    int max_second = func_c(visitor_removed, n); <-- 전달되는 배열이 다르다.
    return answer;
}
```

위처럼 1단계와 3단계에서 호출되는 함수는 func_c 같은 함수이지만 전달되는 배열이 다르다. 지문에서 제시한 처리 절차를 잘 생각해두어야 올바른 답을 작성할 수 있다. 여기까지 코드가 거의 완성이 되었고 마지막 단계를 보자.

4) 1번 단계와 3번 단계에서 구한 값의 차이를 구하기

마지막 단계로 "가장 많은 방문객 수"와 "두 번째로 많은 방문객 수"의 차이 값을 구해 반환한다. "차이"는 뺄셈의 결과를 말한다. 가장 많은 방문객 수를 저장한 max_first와 두 번째로 많은 방문객 수를 저장한 max_second를 max_first − max_second 연산으로 반환하면 된다. max_first가 가장 큰 값이므로 뺄셈의 결과는 양수로 반환될 것이다. 문제에서는 이 뺄셈을 하는 함수를 별도로 작성하여 사용하고 있으며 func_b 함수는 두 수를 전달받아 빼기 연산의 결과를 반환한다.

```
int func_b(int a, int b){
    if(a >= b)
        return a - b;
    else
        return b - a;
}
```

func_b 함수는 두 수를 a와 b 변수로 전달받아 − 연산을 하는데 if 조건식으로 어느 것이 더 큰 값인지를 판별하고 있다. 뺄셈 연산은 왼쪽 값이 − 오른쪽 값보다 작으면 결과가 음수이다. "차이"라는 개념은 음수, 양수의 부호를 굳이 표시할 필요가 없다. 3과 5의 차이가 얼마냐 라고 묻는다면 보통 2라고 대답하지 −2 라고 하지는 않을 것이어서 절대값(양수)으로 반환하고자 하는 것이다. 물론 부호가 중요한 목적이 되는 것이라면 − 연산의 결과를 그대로 반환하여야 한다.

3. 코드 작성하기

각 단계에서 사용될 함수들을 찾아 분석하였으며 완성된 코드를 보고 다른 방법으로 풀어보는 연습을 하길 권한다.

```
int* func_a(int arr[ ], int arr_size, int num){// arr 배열에서 num을 제외하고 복사
    int* ret = (int*)malloc(sizeof(int)*(arr_size - 1));
    int idx = 0;
    for(int i = 0; i < arr_size; ++i)
        if(arr[i] != num)
            ret[idx++] = arr[i];
    return ret;
}
int func_b(int a, int b){    // 두 값의 차이(뺄셈의 결과)를 반환하는 함수
    if(a >= b)
        return a - b;
    else
        return b - a;
}
int func_c(int arr[ ], int arr_size){    // arr 배열 요소 중 최대값을 반환하는 함수
    int ret = -1;
    for(int i = 0; i < arr_size; ++i)
        if(ret<arr[i])
            ret = arr[i];
    return ret;
}
int solution(int visitor[ ], int n) {
    int max_first = func_c(visitor, n);                       // 1. 가장 많은 방문객 수
    int* visitor_removed = func_a(visitor, n, max_first);     // 2. 1항이 제거된 배열
    int max_second = func_c(visitor_removed, n-1);            // 3. 가장 많은 방문객 수
    int answer = func_b(max_first, max_second);               // 4. 구한 값의 차이 구하기
    return answer;
}
```

문제 ⑭ 학점별 인원수를 구하는 함수의 빈칸 채우기

1. 문제 분석

XX 학교에서는 다음과 같이 학생들의 점수에 따라 학점을 부여합니다.

85점~100점 : A 학점

70점~84점 : B 학점

55점~69점 : C 학점

40점~54점 : D 학점

0점~39점 : F 학점

학생들의 점수가 들어있는 배열 scores와 scores의 길이 scores_len이 매개변수로 주어질 때, A 학점, B 학점, C 학점, D 학점, F 학점을 받은 학생들의 수를 배열에 순서대로 담아 return 하도록 solution 함수를 작성하려 합니다. 빈칸을 채워 전체 코드를 완성해주세요.

정수 형식의 점수를 일정한 구간으로 나누어 문자로 표현하는 방법이다. 학생들의 점수를 배열로 전달해주면 각 점수 구간별로 'A', 'B', 'C', 'D', 'F'로 등급을 매겨 등급별로 몇 명의 학생들이 있는지를 파악하려고 한다.

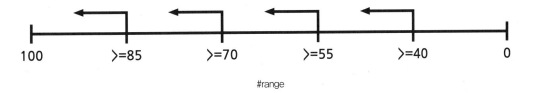

#range

"학생들의 수를 배열에 순서대로 담아"라는 말에서 순서는 배열 처리의 기본적인 순서인 [0]번부터 1씩 증가되는 번호 순을 말한다.

요소번호	점수 구간	학점
[0]	85 이상 100 이하 / 101 미만	A
[1]	70 이상 84 이하 / 85 미만	B
[2]	55 이상 69 이하 / 70 미만	C
[3]	40 이상 54 이하 / 55 미만	D
[4]	0 이상 39 이하 / 40 미만	F

배열 요소와 점수 구간의 관계를 표현하였다. 점수 구간에서 100이하는 101 미만과 같다. 관계연산자를 사용하기 위해서는 이하($\leq$)와 미만($<$)의 차이를 잘 구분해야 한다. 하나의 차이지만 1의 차이는

에러냐 아니냐를 결정할 수도 있다. 84 이하는 84를 포함하며, 84 미만은 84는 제외한 83 이하와 같다. 점수는 0점에서 100점까지만 부여된다.

예로 전달되는 배열에 [10, 100, 80, 84, 70, 55, 86, 84]으로 저장되어 있다면

A 학점에 해당하는 85 이상 101 미만의 점수는 [100, 86]로 2명

B 학점에 해당하는 70 이상 85 미만의 점수는 [80, 84, 70, 84]로 4명

C 학점에 해당하는 55 이상 70 미만의 점수는 [55]로 1명

D 학점에 해당하는 40 이상 55 미만의 점수는 0명

F 학점에 해당하는 0 이상 40 미만의 점수는 [10]으로 1명

학생 수를 모두 더하면 8명이다. 이렇게 각 점수 구간별 학생 수를 세어 저장하는 함수이다.

이 문제는 배열이 추가로 필요하다. 전달되는 배열에는 학생들의 점수가 저장되어 있고 점수 구간에 따라 학생 인원수를 세어 저장할 배열이 필요하다. "순서대로"에 대해 정확한 기준이 제시되어 있지 않으면 배열에서는 [0]번부터 처리하는 것이 기본이다. 따라서 A 학점 인원수는 [0]번 요소에 B 학점 인원수는 [1]번 요소에 저장하는 순서로 진행하면 된다.

2. 필요한 기능(문법)적 요소들 추리기

연속하는 정수들을 몇 개의 구간으로 나누어 다루는 코드는 2가지 방법이 가능하다. switch와 if else 중첩 구조이다. 어느 것을 사용할지 선택이 어렵다면 if 문을 사용하면 된다. switch와 if는 분명한 차이가 있으니 그 점만 유의하면 된다.

```
// 상수식 : 값에 따른 분기
int score = 80;    // score 변수의 값은 0~100 사이 정수이다.
char grade;
switch (score / 10) { // <- 상수식의 값과 case 값이 같은 곳에서부터 실행
    case 10:              // 10이면 여기부터 시작
    case 9:
    case 8:    grade = 'A'; break; // break로 중단, 10, 9, 8인 경우 여기까지 실행
    case 7:    grade = 'B'; break; // 7인 경우 이 부분만 실행(break)
    case 6:    grade = 'C'; break;
    case 5:    grade = 'D'; break;
    default:    grade = 'F'; break; // 해당하는 값이 없을 경우 default 부분 실행
}
```

우선 switch 내에서 case 옆에는 정수 상수 1개만 쓸 수 있다. 변수, 식, 실수, 문자열, " " 등은 사용

하면 에러이다. switch의 소괄호( ) 안에 상수식을 쓴다고 하는 이유다. 그래서 switch는 "~이상~ 이하/미만"과 같은 임의의 범위를 적용할 수가 없다. 논리적 참, 거짓이 아니라 값이 같은 것이 있는 지 찾는 방식이다. 예를 들어 score에 저장된 값이 20 이상 29 이하일 때를 작성하려면 case 20:부터 case 29:까지 사이 정수를 모조리 다 써놓아야 한다.

```
switch(score){
    case 20:  <-- case 뒤에는 단 하나의 값만 쓸 수 있다.
    case 21:
    case 22:
    case 23:
    case 24:
    case 25:
    case 26:
    case 27:
    case 28:
    case 29:
        printf("score is 20~29 \n"); break;
    case 30:
        printf("score is 30 \n"); break;
}
```

아무도 이처럼 무리한 방법을 사용하길 원하지 않는다. 그나마 값의 구간이 십의 자리로 떨어지는 경우 상수식에 십의 자리로 값을 판별하는 것은 가능하다. score / 10 = 8이라면 score 변수의 값은 80~89 사이의 값이다. 지문에서 제시되는 점수 구간은 자릿수로 떨어지는 범위가 아니므로 이런 방법은 사용할 수 없다. if 문은 논리적인 참 거짓에 따라 선택을 하므로 가장 많이 사용되는 제어문이며 훨씬 자유로운 표현이 가능하다.

```
int score = 80;
if (score == 80){// score의 값이 80일 때
}
if (score >= 80){// score의 값이 80 이상 일 때
// score에 저장될 값이 최대 100까지라면 이 조건은 100 이하 80 이상과 같다.
}
if (70 <= score && score < 90) { // score의 값이 70 이상 90 미만(89 이하)일 때
}
```

위처럼 if 조건문은 변수, 상수, 식, 함수호출 등 다양한 상황, 상태, 범위를 표현할 수 있어서 대부분의 조건 판단 시 사용된다. else를 추가로 사용하여 좀 더 구체적으로 구간을 설정할 수 있다.

```
int score = 80;
if (score == 80){ // score의 값이 80일 때
}else{
    // score의 값이 80이 아닐 때 또는 제외한 나머지
}


if (score >= 80){ // score의 값이 80 이상 일 때
// score에 저장될 값이 최대 100까지라면 이 조건은 100 이하 80 이상과 같다.
}else if(75 <= score && score < 80) {
    // score의 값이 75 이상 80 미만(79 이하)일 때
}else {
    // score의 값이 75 미만 일 때 또는 위 두 조건을 제외한 나머지
}
```

if else는 참과 거짓으로 나누어 실행하는 방법이며 연속하는 정수들을 일정 조건으로 구간을 나누고 자 할 때 잘 사용되는 문장이다. else는 바로 위 if 조건이 거짓인 경우를 의미하므로 if 조건 범위를 제외한 나머지라고 해석하는 경우가 많다. 이 문제에서도 점수를 구간별로 나누어 학생 수를 구하려는 것이니 if~else 구조를 사용하여 표현해 보자

```
int score; <- 0 이상 100이하의 값이 저장된다.
if(score >= 85) {
    85점~100점 : A 학점 : [0]번 요소에 개수 증가
}else if(score >= 70) {
    위 조건(score >= 85)이 거짓이므로 score에는 84 이하의 값이 있다는 의미다.
    70점~84점 : B 학점 : [1]번 요소에 개수 증가
}else if(score >= 55){
    위 조건(score >= 70)이 거짓이므로 score에는 69 이하의 값이 있다는 의미다.
    55점~69점 : C 학점
}else if(score >= 40){
    위 조건(score >= 55)이 거짓이므로 score에는 54 이하의 값이 있다는 의미다.
    40점~54점 : D 학점
}else {
    위 조건(score >= 40)이 거짓이므로 score에는 39 이하의 값이 있다는 의미다.
    score 변수에 저장되는 값은 최소 0 이상이다.
    0점~39점 : F 학점
}
```

if else는 조건들을 연속하여 판단하므로 일정 범위로 나눌 때 식을 간단하게 표현할 수 있는 것이 장점이다. 이제 제시되는 코드의 빈칸을 살펴보면서 못다한 코드를 완성해 볼 수 있겠다.

3. 코드 작성하기

```c
int* solution(int scores[ ], int scores_len) {
// 각 구간별 학생 수를 저장하기 위한 배열을 생성한다.
// A, B, C, D, F로 5가지 등급으로 나누므로 길이가 5인 배열을 생성한다.
    int* grade_counter = (int*)malloc(sizeof(int)*5);
// 요소들을 0으로 초기화한다.
    for(int i = 0; i < 5; ++i)
        grade_counter[i] = 0;
// 전달받은 scores 배열에 저장된 점수를 하나씩 확인하여 구간별 인원수를 센다.
    for(int i = 0; i < scores_len; ++i)
    {
// 반복문 내에 각 if 조건식이 비어 있다. 빈 곳에는 점수 구간 조건식이 필요하다.
// if~else 구조이므로 >= 연산으로 구간별 최소값을 지정하여 지속한다.
        if(_____) <- 85 이상
            grade_counter[0] += 1; // [0]번 요소는 A 학점이다.
        else if(_____) <- 70 이상
            grade_counter[1] += 1; // [1]번 요소는 B 학점이다.
        else if(_____) <- 55 이상
            grade_counter[2] += 1; // [2]번 요소는 C 학점이다.
        else if(_____) <- 40 이상
            grade_counter[3] += 1; // [3]번 요소는 D 학점이다.
        else
            grade_counter[4] += 1; // [4]번 요소는 F 학점이다.
    }
    return grade_counter;  // 등급별 인원수를 저장한 배열 반환
}
```

빈칸에는 지문에서 제시되는 점수 구간을 의미하는 조건식을 채운다. 위에서부터 점차 작은 값으로 범위를 줄인다. 각 조건이 참이면 grade_counter의 요소값을 1씩 증가시키는 것이 각 구간(학점)별 인원수를 증가시켜 세는 것이며 [0]번에는 A 학점, [1]번에는 B 학점, [2]번에는 C 학점, [3]번에는 D 학점마지막 [4]번에는 F 학점의 인원수를 증가시키기 위한 조건에 맞추어 작성한다.

```c
int* solution(int scores[ ], int scores_len) {
    int* grade_counter = (int*)malloc(sizeof(int)*5);
    for(int i = 0; i < 5; ++i)
        grade_counter[i] = 0;

    for(int i = 0; i < scores_len; ++i)
    {
```

```
        if(scores[i] >= 85)
            grade_counter[0] += 1;
        else if(scores[i] >= 70)
            grade_counter[1] += 1;
        else if(scores[i] >= 55)
            grade_counter[2] += 1;
        else if(scores[i] >= 40)
            grade_counter[3] += 1;
        else
            grade_counter[4] += 1;
    }
    return grade_counter;
}
```

문제 ⑮ 개구리가 점프한 횟수를 구하는 함수의 빈칸 채우기

1. 문제 분석

개구리가 일정한 간격으로 일렬로 놓여있는 징검다리를 건너려고 합니다.

#frag

징검다리에는 자연수가 적혀있으며, 개구리는 자신이 밟고 있는 징검다리에 적혀있는 숫자만큼 앞쪽으로 점프해야 합니다. 개구리는 현재 첫 번째 징검다리 위에 앉아있습니다.

징검다리에 적혀있는 숫자가 첫 번째부터 순서대로 들어있는 배열 stones와 stones의 길이 stones_len이 매개변수로 주어질 때, 개구리가 징검다리를 모두 건너기 위해 필요한 점프 횟수를 return 하도록 solution 함수를 작성하려 합니다. 빈칸을 채워 전체 코드를 완성해주세요.

징검다리의 돌들을 건너가는 상황을 표현하였다. "점프"는 이동하는 것을 말한다. 바로 앞에 있는 돌을 하나씩 밟아가면서 건너면 점프는 돌의 개수만큼이 된다. 위 그림과 같이 돌이 6개가 놓여 있고 첫 번째 돌 위에서 개구리가 출발하여 바로 앞의 돌을 하나씩 점프(이동)하면 5번 점프하면 마지막 돌 위가 되고 6번 점프하면 징검다리를 모두 건너간 상태가 된다.

징검다리를 배열로 표현하면 놓인 돌들을 각 요소라고 생각하면 된다.

[0]	[1]	[2]	[3]	[4]	[5]
개구리					

개구리의 현재 위치를 시작점으로 하여 한 칸씩 이동하면 가장 처음 위치가 되는 [0]번에서 개구리가 출발하여 3번 점프하면 [3]번 요소의 위치에 있게 된다.

[0]	[1]	[2]	[3]	[4]	[5]
시작위치	1번점프	2번점프	개구리		

다시 현재 위치에서 2번을 점프하면 [5]번 요소의 위치에 있게 된다.

[0]	[1]	[2]	[3]	[4]	[5]
			시작위치	1번점프	개구리

그리고 1번을 더 점프하면 [6]번이 되는데 더 이상의 요소(돌)는 없으므로 징검다리를 건넌 상태가 된다. 징검다리를 배열로 표현하고 "모두 건너기"의 조건은 배열 마지막 요소를 지났는지로 판단한다. 개구리의 현재 위치값(요소번호)이 마지막 요소번호(5)보다 크면 "모두 건넜다."가 된다. 지문에서 배열 stones에는 정수(숫자)를 저장해두고 "숫자만큼 앞쪽으로 점프해야 합니다."라고 되어 있다. "앞쪽"은 + 방향 즉 요소번호가 증가하는 방향을 말한다. 예를 들어 출발하는 첫 위치인 [0]번 요소에 2가 있으면 2만큼 앞쪽(+)으로 점프해야 한다. 이런 문장이 수험자의 오답을 유도하거나 헷갈리게 만드는 원인이 된다. 만약 수험자가 이 표현에 의문점이 들지 않는다면 코드를 이해하지 못할 확률이 높다. 아래 중 어떤 것일까?

❶ 돌을 하나씩 2번 점프하는 것인가?(한 번에 1칸씩 2번 가라는 의미인가?)

❷ 돌 2개만큼 1번 점프하는 것인가?(한 번에 2칸 가라는 의미인가?)

같은 말로 들린다면 지문에서 요구하는 것이 무엇인지 끝부분을 보면 "점프 횟수를 return 하도록" 함수를 완성하라는 것이다. 1)과 2)는 점프 횟수가 다르기 때문에 중요하다. 사실 어느 것인지는 뻔히 알 수 있다. 1) 한 번에 1칸(돌)씩 2번 가는 것은 아니다. 이유는 점프 1번에 1칸씩 이동하면 결국 개구리는 돌의 개수인 배열의 길이만큼 점프해야 징검다리를 모두 건너기 때문이다. 즉 solution 함수는 배열 길이 stones_len을 반환하는 것으로 종료된다. 배열 길이가 6일 때 마지막 요소번호는 5번이다. [0]번 요소에서 출발하여 5번을 점프하면

[5]번 요소에 도착하고 다시 1번 더 점프하면 되기 때문에 필요한 점프 횟수는 6번으로 배열 길이와 같다. 따라서 1)은 시험의 문제로 낼 확률은 극히 드물다. 이 문제는 개구리가 한 번 점프해서 여러 칸(돌)을 이동할 수 있다로 풀어야 한다. 문제 화면에는 이에 대한 예시나 조건이 써있을 것이며 만약

없다면 위와 같이 정리해보아야 한다. 그림에 따른 stones 배열이다.

[0]	[1]	[2]	[3]	[4]	[5]
2	5	1	3	2	1

그림의 화살표로도 표현되어 있듯이 개구리는 현재 위치에 적힌(요소의)값만큼 건너뛰어야 한다. 풀이 기준은 현재 위치에서 요소에 적힌 값만큼 이동하는 것을 1번의 점프로 본다.

출발 위치인 [0]번 요소에 2가 있으니 앞으로 2번 이동한 요소는 [2]번이다. 개구리는 1번 점프하여 [2]번 요소로 이동한다. 개구리가 위치한 요소번호를 current라고 하고 그 요소의 값을 distance라고 하면 이때 식은 [current + distance]번 요소라는 공식을 세울 수 있다. current = 2일 때 distance = 1이다. [2]번 요소의 값은 1이다. 개구리는 다시 1번 점프하여 [current + distance]인 [3]번 요소로 이동한다. 이제 current = 3이 되고 [3]번 요소의 값은 3이니 distance = 3이 된다. 개구리는 다시 1번 점프하여 [current + distance]인 [6]번 요소로 이동한다. 이때 stones 배열의 길이는 6이므로 모든 돌(요소)을 건너뛴 것으로 종료된다. 핵심 동작은 현재 위치의 요소번호와 요소에 저장된 값을 더하여 다음 요소번호를 구하며 점프하는 것을 반복하는 것이다. 이를 절차적으로 표현하자

❶ 현재 요소번호와 그 요소의 값을 더하여 다음 요소번호를 구한다.
❷ 다음 요소번호로 이동한다 (요소번호를 대입한다).
❸ 현재 요소번호가 배열의 길이보다 작으면 1부터 반복, 아니면 종료

위와 같은 절차를 생각하여 제시되는 코드를 살펴본다.

2. 필요한 기능(문법)적 요소들 추리기

작성할 코드에 필요한 개념은 개구리의 위치 개념과 개구리의 점프 횟수를 구하는 방법이다. 하나씩 나누어 보자.

1) 개구리의 위치

개구리가 건너가야 하는 징검다리는 배열로 표현되며 solution 함수의 매개변수 stones와 stones_len을 배열과 그 배열의 길이로 하고 있다. stones_len은 징검다리에 놓인 돌의 개수와 같다. 징검다리를 배열로 표현하므로 그 위를 건너가는 개구리의 위치는 stones 배열의 요소번호로 표현한다. 개구리는 징검다리의 첫 돌에서 출발하므로 배열에서 일반적인 첫 위치는 [0]번 요소이다. 배열 요소번호는 음수를 사용하지 않으므로 – 연산(뺄셈)을 하면 음수가 되어 에러가 된다. 따라서 "앞쪽"은 요소번호가

증가되는 + 연산을 의미한다. 배열 길이가 6일 때 마지막 요소번호는 [5]번이므로 개구리의 위치-요소번호-가 6이라면 배열 경계를 넘은 것이 된다. 개구리의 징검다리 위에서의 유효한 위치값의 범위는 0에서 5 사이여야 한다. 전달되는 stones 배열의 길이는 stones_len이므로 [0]~[stones_len-1] 사이가 된다.

2) 개구리의 점프 횟수를 구하는 방법

징검다리는 결국 배열이다. 배열은 기본적으로 반복문을 사용하여 다루게 된다. 반복문은 1번 할 때 어떤 내용을 실행하고 총 몇 번이 실행되는가를 생각하는 것이 기본이다. 개구리가 징검다리를 점프해가는 과정은 배열의 요소들을 반복하여 다루는 것과 같으므로 반복을 몇 번하였는지가 개구리가 점프한 횟수가 된다.

```
int arr[10];
for(int i = 0; i < 10 ; i++){
    arr[i]의 처리 --- ①
}
for(int i = 0; i < 10 ; i+=2){
    arr[i]의 처리 --- ②
    arr[i+1]의 처리
}
```

위 코드에서 ①의 for 문 반복횟수는 10번이다. 배열 arr의 길이는 10이며 1번 실행할 때 요소 1개씩을 처리하므로 모든 요소를 처리하기 위해 10번의 반복을 실행한다. ②의 for 문 반복횟수는 5번이다. i 변수가 i+=2로 2씩 증가하기 때문이다. 1번 실행할 때 요소를 2개씩 처리하므로 반복 5번만으로 모든 요소를 처리할 수 있다. 이는 반복횟수가 배열 길이와 일치하지는 않는 것을 의미한다. 앞서 살펴본 것처럼 우리의 개구리는 1번 점프에 돌을 1개씩 이동하지 않는다. 1번 점프할 때 여러 개의 돌을 건너뛸 수 있으므로 징검다리의 돌 개수와 개구리의 점프 횟수가 항상 일치하지는 않는다. 이번 문제에 필요한 것은 ②와 유사한 방법으로 다루어야 한다.

```
int cnt = 0;                          int cnt = 0;
int current = 0;                      int current = 0;
while(cnt < 10) {                     while(current < 10) {
    current += 3;                         current += 3;
    cnt++;                                cnt++;
}                                     }
```

위 왼쪽 코드와 오른쪽 코드를 먼저 읽어보라. 그리고 그 차이를 생각해보자.

왼쪽 코드는 while의 조건이 cnt가 10보다 작으면 반복을 계속한다. 반복하는 동안 current 변수는 3씩 증가되며 cnt 변수는 1씩 증가된다. 기본적으로 반복이 언제 종료되는지는 조건식에 사용된 변수에 달려있다. 반복하는 동안 cnt 변수는 1씩 증가되어 10이 되면 while 반복은 종료된다. 그 동안 current는 계속 3씩 더해지는 처리를 반복하게 된다. 반복이 종료되면 cnt는 10이고 current는 3을 10번 더한 것이므로 3 × 10과 같은 30이 된다. 그럼 이 중 반복이 몇 번 실행된 것인지를 의미하는 변수는 어느 것일까? cnt이다. 반복하는 동안 1씩 증가한 변수이고 흔히 개수, 횟수를 셀 때는 1씩 더하면서 세는 것이 일반적이다. 따라서 반복을 10번 한 것과 같다.

오른쪽 코드는 while의 조건이 current이다. current의 값이 10 이상이 되면 반복은 종료된다. 반복하는 동안 current는 3씩 더해지므로 0 〉 3 〉 6 〉 9 〉 12로 증가되다가 12가 되었을 때 〈 10 조건이 거짓이 되어 while 반복은 종료한다. 그럼 반복을 current 변수의 값인 12번 실행한 것일까? 개수나 횟수를 3씩 더하면서 세지는 않는다. 반복 횟수는 마찬가지로 1씩 증가하도록 한 cnt이다. 개구리 문제에서 개구리가 몇 번 점프하였는가는 cnt와 같다. current는 얼마만큼 이동하였는가를 표현한다. 오른쪽 코드를 예로 설명을 붙이면 개구리는 cnt번 점프(반복)하였고 매 점프마다 +3씩 이동하여 위치가 10보다 큰 지점에서 멈추었다고 하는 것이다.

3. 코드 작성하기

빈칸의 코드를 확인하고 완성해 보자

```
int solution(int stones[ ], int stones_len) {
    int cnt = 0;
    int current = 0;
    while(_____) {          <-- 징검다리를 건너지 않았으면 계속 반복
        current += _____ ;   <-- 다음 위치(요소번호)의 계산
        cnt++;                <-- 점프 횟수의 증가
    }
    return cnt;               <-- 점프 횟수 반환
}
```

while 반복은 개구리가 점프하면서 이동하는 것을 의미한다. 이때 current는 개구리의 현재 위치(이동한 위치)를 의미하고 징검다리는 배열인 stones이므로 결국 current는 stones 배열의 요소번호이다. 배열 요소번호는 배열의 길이보다 작아야 하므로 while 조건식은 current 〈 stones_len으로 작성할 수 있다. 그리고 개구리가 점프하여 이동할 위치의 계산은 현재 위치의 요소번호와 그 요소에 저장된 값을 더하여 구한다.

current + stones[current]가 이동할 다음 요소번호가 된다. 개구리가 다음 요소로 점프를 하게 되면 다음 반복에서 그 곳이 현재 위치가 되므로 현재 위치를 의미하는 변수 current에 저장하여야 한다. current = current + stones[current]는 current 자신의 값에 더한 값을 다시 자신에게 덮어쓰는 것과 같으므로 이를 줄여서 쓴 복합대입을 사용할 수 있다.

current += stones[current];와 같이 줄여서 사용하는 것이 일반적이며 문제 코드에도 그렇게 작성되어 있다. cnt 변수가 반복하는 동안 1씩 증가되므로 반복 횟수 즉 개구리가 점프한 횟수가 되는 변수이다. 다행히 빈칸이 몇 개 없어서 쉽게 완성이 되었다.

```
int solution(int stones[ ], int stones_len) {
    int cnt = 0;
    int current = 0;
    while(current < stones_len) {
        current += stones[current];
        cnt++;
    }
    return cnt;
}
```

문제 ⑯ 키가 큰 사람의 수를 구하는 함수 수정하기

1. 문제 분석

학생들의 키가 들어있는 목록에서 키가 k보다 큰 사람은 몇 명인지 구하려 합니다.
예를 들어 다음과 같은 목록에서 키가 175보다 큰 사람은 2명입니다.

학생 키(cm)
165
170
175
180
184

학생들의 키가 들어있는 배열 height와 height의 길이 height_len, 그리고 k값이 매개변수로 주어졌을 때, k보다 키가 큰 학생의 수를 세서 return 하도록 solution 함수를 작성했습니다. 그러나 코드 일부분이 잘못되어있기 때문에, 몇몇 입력에 대해서는 올바르게 동작하지 않습니다. 주어진 코드에서 한 줄만 변경해서 모든 입력에 대해 올바르게 동작하도록 수정하세요.

배열에 저장되어 있는 값 중 특정값보다 큰 값을 찾는 문제이다. 학생 여러 명의 키는 조사하여 저장해둔 배열을 받아 그중 175보다 큰 값이 몇 개(명)인지 구하는 함수를 완성한다. 매우 간단한 문제로 제시되는 코드의 양도 별로 없다. 주의할 것은 "k보다 큰"이라는 표현이다. 지문을 예로 들면 배열에 5명의 키값이 저장되어 있으며 k = 175로 "175보다 큰 사람"은 2명이라고 하였다. [180, 184]이다. 165와 170은 175보다 작다. 주의하라는 이유는 "~보다 크다."라는 표현은 "~초과"와 같고 "~이상"과는 다르기 때문이다. "175보다 크거나 같은"이 "~이상"이라는 표현이다. 이 말을 이해하느냐에 따라 연산자가 달라지기 때문에 "함수 수정하기" 문제에서 가장 출제 빈도가 높은 유형이다.

k보다 큰	〉k 또는 k 〈	k 초과
k보다 크거나 같은	〉= k 또는 k 〈=	k 이상

위와 같이 관계연산은 =가 있고 없고 차이를 분명히 판단해야 한다. 왼쪽과 오른쪽을 뒤집어 표현할 수도 있음을 알고 있어야 한다. 지문의 배열로 예를 들면

질문	관계식	결과
175보다 큰	height[i] 〉 175 또는 175 〈 height[i]	180, 184 2명
175보다 크거나 같은	height[i] 〉= 175 또는 175 〈= height[i]	175, 180, 184 3명

보통 관계연산은 왼쪽 항을 기준으로 말하는 경우가 많다. a 〈 b는 "a가 b보다 작으면"이고 b 〈 a는 "b가 a보다 작으면"이다. 한 번 더 생각해보면 "a가 b보다 작으면 참"이란 것은 "b가 a보다 크거나 같으면 참"인 b 〉= a와 같다. 이렇게 반대로 표현할 때는 = 연산을 사용해야 한다. a 〈 b가 참이라면 a 〉 b는 거짓이어야 한다. 그럼 a == b는 무엇이 되어야 할까? 논리는 참과 거짓 두 개뿐이므로 참이 아니라면 나머지는 모두 거짓이다. 반대로 거짓이라면 나머지는 모두 참이다. 따라서 a 〈 b가 참이라면 a 〉 b, a == b는 모두 거짓이므로 a 〈 b의 반대는 a 〉= b로 표현되어야 하는 것이다. 논리적 결과가 같은 것과 반대가 되는 것을 정리해보면 다음과 같다.

조건식 A	A와 반대인 조건식	A와 같은 조건식
a 〈 b	a 〉= b	b 〉 a
10 〈 20	10 〉= 20	20 〉 10
10이 20보다 작다.	10이 20보다 크거나 같다.	20이 10보다 크다.
참	거짓	참

관계연산자를 빈칸에 채우거나 잘못된 코드를 수정하는 문제는 위의 문장을 잘 판별할 수 있으면 쉽게 해결할 수 있는 문제들이다.

2. 코드의 실행 분석

이미 작성되어 있는 코드를 수정해야 하므로 동작을 예상해보고 잘못된 곳을 찾는다.

```
int solution(int height[ ], int height_len, int k) {
    int answer = 0;
    for(int i = 0; i < height_len; ++i)
        if(height[i] >= k)
            answer++;
    return answer;
}
```

❶ int solution(int height[ ], int height_len, int k) {
    int answer = 0;

학생들의 키값이 저장되어 있는 배열 height와 배열의 길이(학생 수) height_len을 전달받는다. 그리고 k를 전달받아 배열에서 k보다 큰 (> k)값이 몇 개 있는지 세어 answer 변수에 저장한다. answer 변수는 0으로 초기화되어 처음에 0개(명)인 상태가 된다.

❷   for(int i = 0; i < height_len; ++i)
      if(height[i] >= k)
        answer++;

for 반복구간으로 중괄호가 사용되지 않았다. i 변수를 배열 요소번호로 사용하여 1씩 증가시키면서 배열 길이만큼 반복한다. height 배열의 요소를 하나씩 꺼내어 k와 비교하는 처리를 반복하여 실행한다. if 문에서는 각 요소의 값이 k보다 큰 값인지 확인하는 코드이다. 여기에서 문제점을 확인할 수 있다. height[i] >= k는 "크거나 같으면 참"을 의미한다. 문제에서 원하는 것은 "k보다 큰"이므로 관계연산자는 "~이상"을 의미하는 >= 아니라 "~초과"를 의미하는 >가 되어야 한다. 따라서 잘못된 코드인 이 부분이 height[i] > k로 수정되어야 한다. 끝으로 계산된 answer를 반환하며 함수는 종료된다. 이런 문제처럼 연산자의 사용이 올바른가하는 문제들이 꽤 많이 출제된다. 연산자 중 잘못 사용될 여지가 높은 것은 부등호(>, <)가 있는 관계연산자와 전위, 후위로 나뉘는 증감연산자 그리고 참조연산자 *가 있으나 다행히 포인터는 2급에서는 주요 문제로 나오지 않으므로 관계연산과 증감연산을 주의해서 보도록 한다.

3. 코드 작성하기

수정하여 완성된 코드이다.

```
int solution(int height[ ], int height_len, int k) {
    int answer = 0;
    for(int i = 0; i < height_len; ++i)
        if(height[i] > k)      <-- "이하"가 아닌 "초과"
            answer++;
    return answer;
}
```

문제 ⑰ 문자열 내 특정 문자를 바꾸는 함수 수정하기

1. 문제 분석

> 문자열이 주어졌을 때, 문자열에서 'a'는 'z'로, 'z'는 'a'로 바꾸려고 합니다. 예를 들어 주어진 문자열이 abz라면 zba라는 문자열을 만들면 됩니다.
> 문자열 s가 매개변수로 주어졌을 때, 문자열에서 'a'는 'z'로, 'z'는 'a'로 바꾸어 return 하도록 solution 함수를 작성했습니다. 그러나 코드 일부분이 잘못되어있기 때문에, 몇몇 입력에 대해서는 올바르게 동작하지 않습니다. 주어진 코드에서 한 줄만 변경해서 모든 입력에 대해 올바르게 동작하도록 수정하세요.

하나의 문자열은 연속하는 여러 개의 문자들을 말한다. C언어는 문자와 문자열을 구분하는데 단 하나의 문자를 작은따옴표 ' '로 표현하고 하나 이상의 문자들을 큰따옴표 " "로 표현한다. 문자열은 문자 배열로도 불리는데 문자인 char 형 요소들을 가지는 배열로 다루기 때문이다. 문자 하나를 저장하기 위해서는 char 형 변수로 1byte가 필요하지만 문자열은 다르다. 최소한 2bytes가 되어야 하는데 char 형 변수 2개와 같으므로 char str[2]와 같은 배열이 필수이다. 이유는 프로그래밍에서 모든 문자열 끝에 반드시 NUL문자 '₩0'을 둠을 원칙으로 하고 있다. 그리고 널문자는 정수값으로는 0과 같다. 배열은 단지 문자열을 저장하기 위한 공간적의미일 뿐 실제 문자열은 연속하여 나열되는 문자들을 의미한다. "A"와 'A'의 차이를 비교해보면

```
char array[2] = "A";              char ch = 'A';
```

'A'	'₩0'

'A'

문자열 "A"는 배열 [0]번에 문자 'A'를 저장하고 이어서 [1]번 요소에 널문자 '₩0'을 저장하여 문자열
이 끝났음을 표시한다. 문자 'A'는 char 변수 하나에 그 값만이 저장된다. 당연히 array 배열의 첫 글
자가 되는 [0]번이 널문자라면 이는 문자열이 없음, 비어있음을 의미하게 된다. 배열의 길이와 그 배
열에 저장된 문자열의 길이는 다르다. 위의 경우 array 배열의 길이는 요소가 2개이므로 2이다. 하지
만 배열의 안에 저장된 문자열의 길이는 1이다. 문자열의 길이를 셀 때는 널문자 전까지의 문자 개수
를 세기 때문이다. 모든 문자열의 끝은 널문자이다. 이런 규칙에 따라 문자열은 다음과 같은 처리 방
법을 갖는다.

```
char name[10] = {"James"};
for(int i = 0; name[i] != '₩0' ; i++) <- 널문자가 아니면 계속 실행
    name[i];                          <- 문자들의 처리
```

name 배열에 문자열 "James"를 저장하였으나 name 배열의 길이만큼 반복할 필요가 없다. [0]번부
터 한 문자씩 처리하다가 널문자가 나오면 처리를 종료하는 것이 문자열의 기본 방법이다. name 배
열은 다음과 같이 저장되어 있다.

[0]	[1]	[2]	[3]	[4]	[5]	[6]	[7]	[8]	[9]
'j'	'a'	'm'	'e'	's'	'₩0'	0	0	0	0

배열 name의 길이는 10이지만 저장한 문자의 개수는 6개로 [0]번부터 [5]번까지이며 나머지 요소는
초기화과정에서 자동으로 0으로 채워진 것이다. 이를 문자열의 길이로 볼 때는 널문자가 저장된 [5]번
요소는 제외한 [4]번 요소까지의 개수이므로 5이다.

❶ name 배열의 길이는 얼마인가? [10]으로 선언하였으니 10이다.
❷ name 배열의 크기는 얼마인가? char 변수 10개 만큼의 공간으로 10bytes이다.
❸ name 배열에 저장한 문자 개수는? 널문자까지 포함하여 6개이다.
❹ name 배열에 저장된 문자열의 길이는? james이므로 5개이다.(널문자 제외)

이것이 문자열을 처리하는 문제를 풀기 위해서 반드시 알아야 하는 개념이다. 다시 강조하면 널문
자'₩0'은 정수 0과 같다. 그럼 길이가 11인 문자열을 저장하기 위해서 필요한 배열의 길이는 얼마일

까? 문자열의 길이가 11이라면 널문자를 포함하여 12개의 문자들을 저장하여야 하므로 배열의 길이 12인 char str[12]로 선언되어야 한다.

```
char *ret = (char*)malloc(sizeof(char) * (strlen("cospro") + 1));
```

strlen 함수는 문자열의 길이를 반환하는 함수이다. 전달되는 주소의 문자에서부터 문자 개수를 세어 널문자 전까지의 문자 개수를 반환한다. malloc 함수는 문자열을 저장하기 위한 배열을 생성하려는 것인데 sizeof(char)은 char 형의 크기가 1byte이니 1이다. 그 뒤에 배열의 길이를 곱하기 위해 (strlen("cospro") + 1)을 사용한 이유를 알겠는지 생각해보자.

strlen 함수는 전달되는 문자열의 길이를 반환하므로 cospro는 6글자이니 6이 반환된다. 이어서 +1을 한 7을 곱하게 된 것이다. 널문자를 저장하기 위해서는 문자열의 길이보다 큰 공간을 생성해야하기 때문이다. 따라서 문자열을 저장하기 위한 필요한 배열의 최소 길이는

(문자열의 길이 + 1)이라는 공식으로 기억하면 편하다.

지문에서 요구하는 것은 전달되는 문자열에서 'a'를 'z'로 바꾸고, 'z'는 'a'로 바꾸는 것이다. 바꾼다는 것은 변수에 새 값을 저장하는 것으로 덮어쓴다와 같다.

```
char alpha = 'a';    // alpha 변수에 'a'를 대입한다. alpha는 'a'다.
alpha;               // alpha 변수에 'a'가 저장되어 있다. alpha는 현재 'a'다.
alpha = 'z';         // alpha 변수에 'z'를 대입한다. alpha는 'z'로 바뀌었다.
```

변수에 어떤 값을 저장하기 위해 조건이 있으니 if 조건식을 추가하여 'a'를 저장하는 조건과 'z'를 저장하는 조건을 표현하면 다음과 같다.

```
char ret = <- 변수에 임의의 문자를 저장했을 때
if(ret == 'a') ret = 'z';    // 'a' 이면 'z'를 저장한다.
else if(ret == 'z') ret = 'a';    // 'z' 이면 'a'를 저장한다.
```

2. 코드의 실행 분석

작성된 함수의 동작을 예상하면서 잘못된 부분을 수정해 보도록 하자.

```
char* solution(char* s) {
    char* s_ret = (char*)malloc(sizeof(char)*(strlen(s) + 1));
    strcpy(s_ret, s);

    for(int i = 0; s_ret[i] != 0; ++i) {
        if(s_ret[i] == 'a')
            s_ret[i] = 'z';
        if(s_ret[i] == 'z')
            s_ret[i] = 'a';
    }
    return s_ret;
}
```

```
❶ char* solution(char* s) {
    char* s_ret = (char*)malloc(sizeof(char)*(strlen(s) + 1));
    strcpy(s_ret, s);
```

solution 함수는 문자열을 전달받아 'a'와 'z'를 바꾸어 저장한 배열 s_ret를 반환한다. 반환할 배열은 정적 배열[ ]로 선언할 수 없으니 동적할당을 받도록 한 것은 정상적인 코드이다. 생성할 배열은 전달받은 문자열을 복사하여 저장하기 위해 strlen 함수로 얻은 문자열의 길이보다 큰(+1) 공간을 할당하였으니 문제없이 동작한다. 문자열을 복사하는 방법은 배열이므로 반복문을 사용하거나 문자열을 복사하는 함수를 사용하는 방법이 있다.

strcpy 함수는 (문자열을 저장할 배열, 저장할 문자열)의 순으로 전달하여 호출함으로 정상적으로 s_ret 배열에 전달받은 문자열 s를 복사하여 저장한다. 반복문을 직접 사용하는 경우는 아래와 같다.

```
int i = 0;
while(s[i] != 0) {      // 전달받은 문자열의 널문자까지 반복한다.
    s_ret[i] = s[i];   // s 배열의 문자들을 s_ret 배열에 복사한다.
    i++;
}
s_ret[i] = 0;      // 마지막 s_ret 요소에 널문자를 추가한다.
```

반복문은 for, while 어떤 것도 관계없다. 단지 문자열을 복사하여 저장한 s_ret에도 마지막 문자로 널문자가 저장되어 있는 상태이면 된다.

```
❷   for(int i = 0; s_ret[i] != 0; ++i){
        if(s_ret[i] == 'a')
            s_ret[i] = 'z';
        if(s_ret[i] == 'z')
            s_ret[i] = 'a';
    }
```

문자열을 복사하여 저장한 s_ret 배열의 문자들을 for 문으로 하나씩 반복하여 확인하려고 한다. for 조건식 s_ret != 0은 널문자 '₩0' 대신 사용한 것으로 널문자이면 종료하므로 정상 코드이다. for 문 내에서 사용되는 if 조건식이 두 개인데 언뜻 문제없어 보이지만 이 부분이 잘못 사용되었다. 예를 들어 s_ret[i]번 요소의 문자가 'a'라고 하면

```
❶ if(s_ret[i] == 'a')    // s_ret[i] 가 'a'이므로 참
    s_ret[i] = 'z';  // s_ret[i]의 값이 'z'로 바뀐다.
❷ if(s_ret[i] == 'z')    <-- 바로 위에서 'z'를 저장하였으므로 참이 된다.
    s_ret[i] = 'a';  <-- 다시 'a'를 대입하므로 결국 s_ret[i]는 바뀌지 않은 것이다.
```

문제는 if 조건식 두 개를 연속하여 사용한 점이다. 각 if는 별개로 실행된다. ① if 조건문과 ② if 조건문은 서로 상관없이 자신의 조건에 따라 실행된다. ① 조건이 참이라면 s_ret[i]는 'a'이므로 'z'를 저장하고 그 아래의 ② 조건은 ① 조건이 참이든 거짓이든 관계없이 실행되어 방금 'z'라고 저장한 값을 다시 'a'로 돌려놓은 것과 같다. 이를 수정하려면 ① 조건이 참일 때 아래 ② 조건은 실행되지 않고, 거짓일 때만 실행되도록 해야 한다. 'a'가 아니라면 'z'인지 확인한다는 문맥을 만든다. 어떤 조건이 참일 때와 거짓일 때로 구간을 나눈 방법이 else를 사용하는 것이다.

```
if (조건) {
    조건이 참일 때 실행
}else {
    조건이 거짓일 때 실행
}
```

```
if (ch == 'a') {
    ch가 'a'일 때 실행
}else {
    ch가 'a'가 아닐 때 실행
}
```

위와 같이 if~else 형식을 사용하여 구분해야 여러 개의 조건식이 서로 어떤 관계나 영향이 있다고 얘기할 수 있다. 여러 개의 if 조건문을 else 없이 나열하는 경우 각각의 조건을 개별적으로 판단하게 된다.

문제 코드의 if 조건문은 아래와 왼쪽과 같이 수정되어야 한다.

```
if(s_ret[i] == 'a')                    if(s_ret[i] == 'a'){
    s_ret[i] = 'z';                        s_ret[i] = 'z';
else if(s_ret[i] == 'z')               }else {
    s_ret[i] = 'a';                        if(s_ret[i] == 'z')
                                               s_ret[i] = 'a';
                                       }
```

오른쪽 코드는 동일한 의미의 코드이나 중괄호와 else 옆의 if 조건문을 { } 안쪽으로 넣어 이해를 돕기 위한 코드이다. 하나의 변수에 조건식을 여러 개 사용하여 판단하고자 하는 경우 논리연산자 AND, OR 연산으로 조건식들을 연결하거나 조건식들을 if else의 중첩 형식으로 표현하여 하나씩 판별해가는 과정으로 표현해야 한다.

끝으로 s_ret의 변경된 문자열을 반환하는 것으로 별다른 특이사항 없이 정상 동작한다.

시험에서 함수의 일부(한 줄)를 수정하라는 유형의 문제는 빈칸 채우기와 비슷하지만 정확히 잘못된 부분을 찾아 단 한 줄만을 수정해야 하며 실행을 예측하는 훈련이 필요하다.

3. 코드 작성하기

수정된 완성코드이다. 이 문제를 통해 if의 중첩 구조를 확실히 다지게 되었으면 한다.

```
char* solution(char* s) {
    char* s_ret = (char*)malloc(sizeof(char)*(strlen(s) + 1));
    strcpy(s_ret, s);

    for(int i = 0; s_ret[i] != 0; ++i){
        if(s_ret[i] == 'a')
            s_ret[i] = 'z';
        else if(s_ret[i] == 'z')  <- else를 추가해야 한다.
            s_ret[i] = 'a';
    }
    return s_ret;
}
```

이름에 특정 문자가 포함된 사람의 수를 구하는 함수 수정하기

1. 문제 분석

학생들의 이름이 들어있는 명단에서 이름에 j 또는 k가 들어가는 학생의 수를 구하려고 합니다. 예를 들어 james에는 j가 들어가 있으며, jack에는 j와 k가 모두 들어있습니다.

학생들의 이름이 들어있는 배열 name_list와 name_list의 길이 name_list_len이 매개변수로 주어졌을 때, 이름에 j 또는 k가 들어가는 학생의 수를 세서 return 하도록 solution 함수를 작성했습니다.

그러나 코드 일부분이 잘못되어있기 때문에, 몇몇 입력에 대해서는 올바르게 동작하지 않습니다.

주어진 코드에서 한 줄만 변경해서 모든 입력에 대해 올바르게 동작하도록 수정하세요.

"이름"이라는 정보는 문자열이다. 문자열 내에서 'j'와 'k'를 찾아 처리하는 함수를 완성하는 것이 문제이다. 중요한 것은 지문의 "이름에 j 또는 k가 들어가는 학생의 수"에서 "들어가는"이라는 표현은 "포함된"과 같은 말이다. 'j'와 'k'가 몇 개 있느냐가 아니라 포함되어 있는 학생이 몇 명이냐를 구하려는 것이다. 따라서 하나의 문자열(이름)을 검사할 때 'j'든 'k'든 하나라도 있으면 문자열의 나머지 문자들을 확인할 필요는 없다. "james"를 예로 들면

[0]	[1]	[2]	[3]	[4]	[5]
'j'	'a'	'm'	'e'	's'	'₩0'

문자열을 검색하기 위해 [0]번 문자부터 하나씩 반복하면서 비교를 하면 [0]번 문자가 'j'이므로 이 문자열에는 'j'가 포함된다. 나머지 요소를 비교할 필요가 없다. 'j'가 몇 개 있느냐를 물어볼 때는 나머지 요소들도 모두 반복하면서 개수를 세지만 이 문제는 그럴 필요가 없다. 하나라도 있으면 "포함되어 있다."를 만족하는 것이다. 물론 'k'도 마찬가지다.

"학생들의 이름"이란 문자열이 여러 개 있음을 의미하고 이를 함수로 전달하기 위해서는 하나의 배열에 여러 개의 문자열이 들어있어야 한다. 문자열이 여러 개인 구조를 표현하는 방법은 2가지가 있다. 2차 배열을 구성하는 방법과 포인터 배열에 각 문자열의 주소를 저장해 놓는 방법이다. 각 방법을 먼저 이해해 보자.

1) 2차 배열을 구성하는 방법

익히 알듯이 문자열은 그 자체로 1차 배열의 구조이며 문자열 상수는 " "로 표현되는 읽기만 가능한 것으로 메모리의 특정 영역에 저장된다. 문자인 char 변수들을 연속해 놓은 구조이므로 문자열이 여러

개 있다는 것은 char형 1차 배열이 여러 개인 것이 된다. 1차 배열을 연속하여 여러 개 저장하는 구조를 다차 배열이라고 하는 지금과 같은 경우 2차 배열 구조가 필요하다. 2차 배열은 대괄호[ ] 2개를 붙여서 선언하고 [행][열]이라는 표현을 자주 사용한다.

```
char name[5][20];
for(int i = 0; i < 5 ; i++){
    printf(" %s \n", name[i]); // i번 문자열의 시작주소, 문자열 출력
}
for(int j = 0; j < 20 ; j++){
    printf(" %c ", name[0][j]); // 0번 문자열의 [j]번 문자 출력
}
```

배열명[행번호][열번호]라고 많이 표현하며 위 코드에서 행 1개의 길이는 20으로 행의 개수는 5개로 선언한 2차 배열이다. "5행 20열의 2차 배열"이라는 표현을 자주 보게 된다. 자료형이 char 형인 경우에는 표현을 조금 다르게 하는데 행은 문자열, 열은 그 문자열 내의 문자로 본다. 즉 name[0]은 [0]번 문자열, name[0][1]은 [0]번 문자열의 [1]번 문자이다.

이 문제는 문자열 여러 개를 다루는 문제이므로 문자열 기준에서 말을 푸는 것이 좋다. 2차 배열은 기본적인 처리 방법으로 for 문을 2개 겹쳐서(중첩해서) 사용한다.

```
char name[5][20];
for(int i = 0; i < 5 ; i++){
    printf(" %s \n", name[i]); // [i]번 문자열의 시작주소, 문자열 출력
    for(int j = 0; j < 20 ; j++){
        printf(" %c ", name[i][j]); // [i]번 문자열의 [j]번 문자 출력
    }
}
```

주로 행 단위의 반복을 바깥쪽 for 문, 열 단위의 반복을 안쪽 for 문으로 작성한다.

name	2차 배열명
name[0]~[4]	name 배열의 요소명 : 1차 배열명
name[0][0]~[0][19]	name 배열 요소 1차 배열 name[0]의 요소명

2) 포인터 배열에 각 문자열의 주소를 저장해 놓는 방법

포인터 배열은 포인터변수를 요소로 하는 배열이다. 각각의 요소들이 모두 포인터변수로 여러 개의

주소를 가지게 된다. 포인터 배열은 특히 문자열 상수 " "가 여러 개일 때 많이 사용되는데 문자열 상수는 변경(쓰기)할 수 없음을 반드시 기억해야 한다.

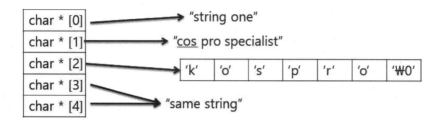

#pointer_array01

포인터 배열의 각 포인터 변수들을 사용하는 코드는 다음과 같다.

```
char string[80] = {"abcdef 2018 cos pro"};
char *plist[5];    // 5개의 포인터변수를 저장하는 배열 선언 : plist는 포인터 배열
plist[0] = "문자열상수1";  // 문자열의 첫 주소를 저장 : 가리킨다고 한다.
plist[1] = "문자열상수2";
plist[2] = "문자열상수3";
plist[3] = "문자열상수4";
plist[4] = string;    // string 배열명은 string 배열의 [0]번 요소의 주소이다.

plist[0];  // [0]번 포인터에 저장된 주소
*plist[0]; // [0]번 포인터에 저장된 주소의 값 : 가리키는 곳의 값
```

포인터배열 plist를 선언하고 [0]번부터 [4]번까지 각 포인터변수에 주소를 저장한다. [4]번 포인터변수에는 문자열이 저장된 string 배열명을 대입하는데 배열명은 배열의 시작주소를 의미하는 주소 상수이다. 따라서 배열명을 대입받는 변수는 포인터변수여야 하고 배열명이 의미하는 주소는 [0]번 요소인 char 형 변수의 주소이므로 char *로 선언되어야 한다. 이는 포인터와 배열을 이해하는데 중요한 개념이므로 혹시 잊었다면 C 필수 문법 부분을 확인하도록 한다. [0]번부터 [3]번까지의 포인터 변수들은 문자열 상수의 시작주소를 가리키므로 *plist[0] = 'A';와 같은 대입 연산을 실행할 수 없다. plsit[4] 포인터변수는 가리키는 주소가 string 배열로 이곳은 읽기와 쓰기가 가능한 공간으로 *plist[4] = 'A';와 같은 대입 연산의 실행이 가능하다. 문자열이 여러 개 있을 때 각 문자열의 시작주소([0]번요소의 주소)를 포인터 배열에 저장하면 한 곳에 모아놓은 효과가 된다. 여러 곳에 나누어져 있는 문자열들을 plist 라는 이름의 배열에 모아서 처리하는 방법으로 이해하면 된다.

이제 이해의 난이도가 있는 개념을 추가하여야 한다. 포인터 변수를 배열명처럼 사용하는 것인데 이 문제의 코드를 이해하는 것만 아니라 C 프로그래밍에서 중요하게 사용되는 개념이므로 꼭 정리해두

길 바란다. 포인터 변수와 배열명은 공통점이 있는데 모두 주소를 표현한다는 것이다. 다만 배열명은 변수가 아닌 상수로 취급되며 선언하는 방법이 다르다.

```
char str[80];
char *ptr;
```

str은 배열명이며 선언됨과 동시에 시작주소인 [0]번 요소의 주소로 고정(상수화)된다. ptr은 포인터 변수이며 선언 후 값을 저장해야 사용할 수 있으며 char 형의 주소를 저장해야 한다. 즉 배열명은 선언 시 주소가 고정적으로 들어간 것이고 포인터변수는 이후에 주소를 저장하거나 변경할 수 있는 변수이다. 공통점은 둘 다 char 형의 주소를 의미한다. 자료형과 주소가 같으면 서로 바꾸어 써도 무방하다. int a = 10과 int b = 10이 선언되어 있을 때 두 변수의 자료형과 값은 같으므로 a를 쓰든 b를 쓰든 결과는 같다는 것이다. 이 원리를 활용한 것이 "배열명 대신 포인터변수명을 사용하여 요소들을 처리할 수 있다."는 개념이다. 단 모든 요소들을 처리하기 위해서는 배열명과 포인터변수는 자료형과 주소가 같아야 한다. 만약 자료형이 다르다면 위 개념은 사용할 수 없고 자료형은 같으나 주소가 다른 경우 배열의 요소 일부만 처리하거나 엉뚱한 곳을 접근하여 에러가 된다. 다음 코드로 이해해보자

```
int str[10] = {1, 2, 3, 4, 5, 6, 7, 8, 9, 10};
int *ptr;
ptr = str;  // == &str[0]   선언된 배열명을 포인터변수에 대입한다.
for(int i = 0; i < 10; ++i){
    printf("%d ", ptr[i]);    // 배열명 대신 포인터변수명 ptr을 사용할 수 있다.
}
[실행결과]
1 2 3 4 5 6 7 8 9 10
```

str 배열의 요소는 int형 변수들이므로 [0]번 요소의 주소는 int형 주소이다. 배열명은 [0]번 요소의 주소를 의미하는 주소 상수이다. 따라서 배열명을 int형 포인터변수인 ptr에 대입할 수 있고 ptr은 str 배열의 [0]번 요소의 주소 즉 배열의 시작주소를 가리킨다. 이러면 str과 ptr은 자료형과 주소가 같은 상태로 배열명 str 대신 포인터변수명 ptr을 사용하는 것이 가능하며 이는 C언어의 정상적인 문법이다. 절대 요령을 부리는 것이 아님을 이해하길 바란다. 이 개념을 이해했다면 다음의 코드를 다시 확인한다. 포인터 배열에서의 사용이다.

```
int str[2][5] = {{1, 2, 3, 4, 5}, {6, 7, 8, 9, 10}};
int *ptr[2];      <-- 포인터 배열 선언
ptr[0] = str[0];  // = &str[0][0]  선언된 배열 [0]번 배열명을 포인터변수에 대입
ptr[1] = str[1];  // = &str[1][0]  선언된 배열 [1]번 배열명을 포인터변수에 대입
for(int i = 0; i < 5; ++i){
    printf("%d ", ptr[0][i]);    // 배열명 대신 포인터변수명 ptr[0]을 사용할 수 있다.
}
[실행결과]
1 2 3 4 5
```

str 배열은 1차 배열 2개를 저장하는 2차 배열이다. 각 1차 배열을 "행"이라 표현하고 번호를 붙여 [0]번 배열과 [1]번 배열 2개가 선언된 것이다. 각 1차 배열은 모두 길이 [5]이다. ptr은 포인터변수를 2개를 저장하는 배열로 요소가 포인터변수인 포인터배열이다. 물론 대괄호[ ] 1개인 1차 배열이다. 여기까지 설명에서 1차, 2차라는 표현에 혼란이 온다면 C 문법편의 배열을 확인하도록 한다. 다음 표로 다시 정리해 보자.

ptr[0]	int형 [0]번 포인터변수명	int 형의 주소
ptr[1]	int형 [1]번 포인터변수명	int 형의 주소
str[0]	str 배열의 [0]번 배열명	int 형인 str[0][0] 요소의 주소
str[1]	str 배열의 [1]번 배열명	int 형인 str[1][0] 요소의 주소

위 ptr[0], ptr[1], str[0], str[1]은 모두 자료형이 int 이며 주소이다. ptr[0]과 ptr[1]은 포인터변수로 주소를 대입해주어야 하고, str[0], str[1]은 2차 배열의 요소인 1차 배열의 이름으로 str 배열 선언 시 주소가 고정된 주소 상수이다. str[0][0]은 2차 배열의 [0]행 [0]열로 많이 표현되는데 이는 [0]번 배열의 [0]번 요소가 옳은 표현이다. 소괄호로 표현하면 (str[0])[0] 소괄호 안의 str[0]은 길이 [5]인 1차 배열명으로 이해해야 한다. 코드에서 ptr[0] = str[0];은 [0]번 배열의 [0]번 요소인 &str[0][0] 변수의 주소이며 ptr[1] = str[1];은 [1]번 배열의 [0]번 요소인 &str[1][0] 변수의 주소로 결국 str[0] 대신 ptr[0]을 str[1] 대신 ptr[1]로 바꾸어 사용할 수 있다는 얘기다. 따라서 실행 결과는 str 배열의 [0]행의 값들인 [1, 2, 3, 4, 5]가 출력된다.

2. 코드의 실행 분석

```
int solution(char* name_list[ ], int name_list_len) {
    int answer = 0;
```

```
    for(int i = 0; i < name_list_len; ++i)
        for(int j = 0; name_list[i][j] != 0; ++j)
            if(name_list[i][j] == 'j' || name_list[i][j] == 'k'){
                answer++;
                continue;
            }
    return answer;
}
```

```
❶ int solution(char* name_list[ ], int name_list_len) {
    int answer = 0;
```

solution 함수는 학생 수를 세어 answer 변수에 저장하고 반환하므로 int형 반환으로 선언된다. answer 변수에는 'j'나 'k'가 포함된 이름의 개수이다. 전달받는 배열 name_list는 포인터배열이며 요소인 각 포인터변수들은 문자열의 시작주소를 가리키고 있다. name_list_len은 배열의 길이로 학생 수와 같다. name_list[0]를 포인터 변수명으로 볼 수 있도록 한다. name_list[0][0]은 name_list[0] 번 배열의 [0]번 요소인 char 변수명을 의미한다.

```
❷    for(int i = 0; i < name_list_len; ++i)
        for(int j = 0; name_list[i][j] != 0; ++j)
```

for 내에 for 반복문을 중첩하여 사용하고 있다. 중괄호가 없으나

```
for(int i = 0; i < name_list_len; ++i) {          --- ❶
    for(int j = 0; name_list[i][j] != 0; ++j) {   --- ❷
    }
}
```

위와 같은 구조로 생각한다. i 변수를 사용한 ① for문은 학생들의 이름이 저장된 배열 name_list의 반복으로 문자열 단위로 반복한다. name_list[i]는 [i]번 문자열의 시작주소이다. 각각의 문자열 내의 문자들을 하나씩 처리하는 것이 ② for 문이다. j는 문자열 내의 각 문자들의 번호로 생각하면 된다. name_list[i][j]는 name_list[i]번 문자열 안에 [j]번 문자를 의미하게 된다. name_list[i][j] ! = 0은 문자열의 마지막 문자인 널문자이면 종료하기 위한 것이니 정상적인 코드이다. 정수 0은 널문자 '₩0' 의 값이다. 즉 0 대신 '₩0'으로 작성해도 문제없이 동작한다.

```
❸          if(name_list[i][j] == 'j' || name_list[i][j] == 'k'){
                answer++;
                continue;
            }
```

반복문 내에서 문자들을 하나씩 'j', 'k'와 비교하고 있다. 가운데 || (OR) 연산을 하고 있으니 왼쪽의
조건 name_list[i][j] == 'j'가 참이면 오른쪽 조건의 실행 없이 그대로 if는 참이 되는 것인 OR 연산
의 논리이다. 'j' 거나 'k' 둘 중 하나라도 있으면 포함된 것이므로 OR 연산을 사용하는 것이 맞다. if
문은 정상적으로 작성된 코드이다.

만약 && (AND) 연산을 사용한 경우라면 이는 잘못된 코드가 된다. AND 연산은 왼쪽과 오른쪽 조건
식이 모두 참이어야 참으로 판단하는데 하나의 문자가 'j' 이면서 'k'인 경우는 없다. 그래서 AND 연
산을 사용했다면 항상 거짓인 조건을 쓴 것이다. 다시 말하면 하나의 변수에는 하나의 값만 저장된다.
ch 변수에 'j'와 'k' 두 개를 모두 저장할 수는 없으므로 ch == 'j'가 참이라면 'j'는 'k'가 아니므로 ch
== 'k'는 거짓이 되어야 하므로 && 연산의 결과는 거짓이 된다. "또는 / 거나"라는 표현은 OR 연산으
로 "그리고 / 이면서"라는 표현은 AND 연산으로 사용한다고 생각하면 된다.

answer++는 if 조건식이 참일 때 실행되므로 'j'나 'k'가 포함된 문자열 개수를 세기 위한 것이며 이
는 올바른 코드이다. 모든 반복이 종료되고 이 answer 변수에 저장된 값이 학생 수로 반환된다.
continue는 반복구간의 아래 코드는 실행하지 않고 증감식이나 조건식으로 돌아가는 명령이다.

```
int i = 0;
while (i < 10) {
    printf("%d ", i);
    continue;
    i++;
}

for (i = 0; i < 10; i++) {
    printf("%d ", i);
    continue;
    printf("not here ");
}
```

위의 while 반복은 종료되지 않는다. i 변수를 증가시켜 조건식 i < 10이 거짓이 되는 상태가 되어야
하는데 continue는 바로 while 조건식으로 되돌아가기 때문에 i++가 실행되지 않는다. for 반복은 종

료된다. continue가 실행되어 되돌아가는 지점이 증감식 i++이기 때문이다. i 변수는 정상적으로 1씩 증가되어서 i 〈 10이 거짓이 되어 반복은 종료된다. while은 조건식이 하나뿐이므로 continue의 오해가 없는데 for 반복은 조건식과 증감식이 반복되는 것으로 continue 실행 시 어디로 가는지를 놓치는 경우가 많다. 문제 코드에서 continue가 실행되면 j를 사용한 for 반복문의 증감식인 ++j로 간다. 이는 불필요한 코드이다.

```c
for (i = 0; i < 10; i++) {
    if(조건){
        printf("%d ", i);
        continue; <--- 조건이 참이면 실행되어 i++로 간다.
    }
                <-- 조건이 거짓이면 바로 i++로 간다.
}
```

continue 이후로 실행할 코드가 없는 for 반복은 원래 i++ 증감식으로 되돌아간다. 굳이 continue를 하지 않아도 된다. 시험에서 굳이 필요 없는 코드를 써놓은 이 부분이 수정할 부분일 것이다. 우리가 해결할 문제는 'j'나 'k'가 몇 번 나오는가를 세는 것이 아니라 포함된 문자열이 몇 개인지 알아내는 것이라 했다. 'j'나 'k' 둘 중 하나라도 있으면 나머지 문자들을 계속 반복하여 확인할 필요가 없다. 따라서 name_list[i][j] 문자가 'j' 거나 'k'일 때 answer를 증가시킨 후에는 ++j하여 다음 문자를 확인할 필요가 없으므로 반복을 종료하고 다음 문자열로 넘어가면 된다. 반복을 종료하는 명령은 break이다. 결국 break를 사용할 곳에 continue를 사용한 잘못된 코드이다.

```c
for(int i = 0; i < name_list_len; ++i) {          --- ①
    // [i]번 문자열 시작
    for(int j = 0; name_list[i][j] != 0; ++j) {     --- ②
        // [i]번 문자열 내의 [j]번 문자를 확인
        if(name_list[i][j] == 'j' || name_list[i][j] == 'k'){
            break;      --- ② for 반복을 종료한다.
        }
    }
    // ++i 증감식으로 돌아간다(다음 문자열로 넘어간다).
}
```

위와 같은 흐름이 되어야 한다. for 문의 중첩된 구조는 특히 2차 배열에서 많이 사용되는 구조이고 break가 실행될 때 다음에 실행될 코드가 무엇인지, continue 실행 시 다음 실행될 코드가 무엇인지를 판단하는 문제로 볼 수 있다. 잘못된 부분을 찾았으며 이 부분을 수정하도록 한다. 끝으로 return answer로 계산된 학생 수인 answer를 반환한다.

3. 코드 작성하기

반복문 내에서 사용되는 continue는 문자열의 개수를 세는 문제를 'j', 'k' 문자를 세는 코드로 만들어 잘못된 코드임을 파악하였다. 이를 수정한 코드이다.

```c
int solution(char* name_list[ ], int name_list_len) {
    int answer = 0;
    for(int i = 0; i < name_list_len; ++i)
        for(int j = 0; name_list[i][j] != 0; ++j)
            if(name_list[i][j] == 'j' || name_list[i][j] == 'k'){
                answer++;
                break;    <-- 반복을 멈춘다.
            }
    return answer;
}
```

문제 ⑲ 거스름돈을 계산하는 함수 작성하기

1. 문제 분석

고객이 구매한 물건들의 가격과 지불 금액이 주어졌을 때, 거스름돈을 얼마나 줘야 하는지 구하려 합니다. 예를 들어 구매한 물건들의 가격이 {2,100, 3,200, 2,100, 800}이라면 총 구매금액은 8,200 원입니다. 이때, 고객이 10,000원을 지불했다면 1,800원을 거슬러 주면 됩니다. 고객이 구매한 물품들의 가격이 들어있는 배열 price와 price의 길이 price_len, 지불한 금액 money가 매개변수로 주어질 때, 거슬러 줘야 하는 금액을 return 하도록 solution 함수를 완성해주세요.
단, 거스름돈이 〈 0일 때는 −1을 반환하도록 해주세요.

함수를 작성하는 유형의 문제는 다양한 방법으로 자유롭게 풀 수 있지만, 오히려 잘못된 코드를 작성할 가능성은 가장 높다. 빈칸 채우기나 수정하기 유형의 문제는 거의 완성되어 있는 코드를 보고 일부만을 확인하면 되지만 함수를 작성하는 문제는 자유로운 대신 가장 오답이 많을 것이다. COS PRO는 지문을 잘 살피면 이전에 해결한 문제를 활용하면 그리 어렵지 않게 해결할 수 있을 것이다. 고객이 여러 개의 물건들을 구매한다. 각 물건들은 정해진 가격이 있고 다양하다. 가격이 같은 여러 개의 물건이라면 가격 × 개수로 총액을 계산할 수 있다. 가격이 제각각인 경우에는 모든 물건의 가격을 더하여 총합을 구하여야 한다. 지문과 같이 2,100 + 3,200 + 2,100 + 800 = 8,200원으로 계산하여 고객이 지불한 금액인 10,000과 뺄셈하여 차액을 계산한다. 흔히 일상생활에서 해 왔던 것이니 상황이 어렵지는 않다. 말 그대로 돈 계산하는 함수를 완성하는 것이다. 주의할 개념을 살펴보면 뺄셈 연산이다. 두 수를 뺀 차를 구하는 뺄셈 연산은 결과를 3가지로 나누어 생각할 수 있다.

money - price =
0이면 money와 price는 같은 값이다.
>0이면 money가 price보다 큰 값이다.
<0이면 money가 price보다 작은 값이다.

여러분이 편의점에 가서 물건을 사려고 한다. 물건을 하나 고르고 계산대로 가서 돈을 지불할 것이다. 이때 여러분이 고른 물건의 가격이 price, 점원에게 준 돈을 money라고 하면 money는 price보다 크거나 같아야 한다. 그래야 경찰에 잡혀가지 않는다. 거스름돈이 있다는 것은 money가 price보다 큰 경우이다. "돈이 모자라요. 더 주세요."라고 점원이 말하는 것은 money가 price보다 작은 경우이다. 따라서 지문의 마지막 −1을 반환하는 경우는 money가 price보다 작은 경우이다.

굳이 설명하지 않아도 아는 내용이다. 그러나 코딩에서 − 연산 시 이를 고려하지 않는 입문자는 매우 많다. a − b == 0은 a == b와 같은 식인 것을 잘 모른다. a − b > 0은 a > b인데도 우리는 종종 헷갈린다. 몰라서가 아니라 수식적인 표현을 잘 보지 않아서다. 코딩은 식(expression)이다. 모든 생각을 식으로써 나타내야 한다. 컴퓨터가 여러분의 머릿속 생각을 알 수 없으니 식을 써서 알려주려는 것이다. 이 문제는 일상에서 흔히 접하는 "물건값 계산하고 거스름돈 받아오기"를 컴퓨터에 알려주는 것이다.

2. 필요한 기능(문법)적 요소들 추리기

```
int solution(int price[ ], int price_len, int money) {
    int answer = 0;
    return answer;
}
```

제시되는 코드는 단지 solution 함수의 매개변수와 answer 변수의 값을 반환하는 코드뿐이다. 나머지는 모두 수험자가 작성하여 완성하여야 한다. solution 함수 외에 추가로 직접 함수를 작성하는 것도 가능하지만, 반드시 solution 함수가 문제에서 원하는 동작을 하도록 작성해야 한다. 여러 가지 방법으로 해결이 가능한데 이를 모두 다 설명하기 어렵다.

1) 구매할 물건들의 총액을 계산한 후 뺄셈하기

구매할 물건들의 가격은 전달받는 price 배열에 저장되어 있으니 요소들의 합을 구하는 코드를 먼저 실행한다.

```
// price 배열 요소들의 총합 구하기
int total = 0;
for(int i=0; i < price_len; ++i){
    total += price[i];
}
// 전달받은 돈 money와 계산하여 거스름돈 구하기
int answer = money - total; <-- 순서에 주의한다. total - money가 아니다.
return answer;
```

문제의 지문에서는 거스름돈이 음수 즉 money가 total보다 작으면 −1을 반환해야 하므로 if 조건문을 추가한다.

```
// price 배열 요소들의 총합 구하기
int total = 0;
for(int i=0; i < price_len; ++i){
    total += price[i];
}
// 전달받은 돈 money와 계산하여 거스름돈 구하기
int answer = money - total; <-- 순서에 주의한다. total - money가 아니다.
if (answer < 0)          <-- money가 작으면 answer는 음수가 된다.
    answer = -1;
return answer;
```

간단히 구할 수 있는 문제이다.

2) 받은 돈에서 물건 가격을 하나씩 뺀다.

다른 방법은 총합을 구하지 않고 전달받은 돈 money에서 price 배열의 가격들을 하나씩 빼는 것이다. 이 방법은 추가 변수를 선언할 필요가 없다.

```
int answer = 0;
for(int i=0; i<price_len; ++i){
    money -= price[i];     <-- 받은 돈에서 물건 가격을 차례로 뺀다.
}
```

```
answer = money;          <-- 물건 가격을 뺀 나머지(거스름돈)가 된다.
if(answer < 0) answer = -1; <-- 거스름돈이 음수일 때는 -1로 변경
return answer;
```

받은 돈 money가 10,000원이고 price 배열의 가격들이 {1,000, 5,000, 500, 2,000}인 경우 for 문이
실행되는 동안의 money 변수는 다음과 같이 변한다.

money 변수값	for i 변수값	price[i]값
10,000		
9,000	0	1,000
4,000	1	5,000
3,500	2	500
1,500	3	2000

for 문이 종료되면 money는 모든 물건값을 뺀 잔액 1,500이 남게 된다. 이를 answer에 복사하여 반
환하도록 한다. 이 외에도 많은 방법이 생각들 수 있다. 간단한 총합 구하기 문제로 생각하고 너무 복
잡한 방법을 구사하려고 할 필요 없다. 화려한 코드보다는 간결한 코드가 좋다.

3. 코드 작성하기

제안하는 코드는 다음과 같다. 각자 나름의 간결한 코드를 꼭 다시 작성해보길 권한다.

```
int solution(int price[ ], int price_len, int money) {
    int answer = 0;
    for(int i=0; i<price_len; ++i){
        money -= price[i];
    }
    answer = money;
    if(answer < 0) answer = -1;
    return answer;
}
```

문제 ⑳ k 번째로 작은 수를 찾는 함수 작성하기

1. 문제 분석

자연수가 담겨있는 n × 4 크기의 2차원 배열에서 k번째로 작은 수를 찾으려 합니다. 이때, n은 배열의 세로길이, 4는 배열의 가로길이입니다. 예를 들어 다음은 자연수가 담겨있는 4 × 4 크기의 2차원 배열입니다.

5	12	4	31
24	13	11	2
43	44	19	26
33	65	20	21

위 2차원 배열에서 가장 작은 수는 2입니다. 두 번째로 작은 수는 4, 세 번째로 작은 수는 5이며, 네 번째로 작은 수는 11입니다.

2차원 배열 arr과 arr과 세로길이 n, 그리고 자연수 k가 매개변수로 주어질 때, arr에서 k번째로 작은 수를 찾아 return 하도록 solution 함수를 완성해주세요.

2차 배열을 다루어야 하는 문제이고 함수를 작성하는 문제이므로 난이도가 있다. 2차 배열은 행과 열의 구조로 나누어 처리함을 알고 있다. 지문에서 "n × 4 크기"라는 것은 행의 개수 n개에 각 행마다 최대 4개의 요소들이 있다는 말이다. 그리고 행의 개수를 "세로 길이", 열의 개수를 "가로 길이"라고 표현하고 있다. 예를 들어 가로 길이 3, 세로 길이 4인 2차 배열이라면 int arr[4][3]로 선언되는 배열이다. "배열명[세로길이][가로길이]"의 선언으로 생각하면 된다. 이어서 "k번째로 작은 수를 찾으려 합니다."는 이전에 나왔던 문제와 비슷하다. "공항의 방문객 수 중 가장 많은 수와 두 번째로 많은 수"를 찾는 문제였다. 비슷한 문제를 찾으라는 건 코드 또한 비슷하게 작성될 것이니 참고하라는 의미다. "공항 방문객 수 문제"에서 사용한 방법이 기억이 나는가?

❶ 최대값을 찾는다. 〈← 첫 번째 최대값 : 가장 큰 최대값
❷ 최대값을 제외한 배열을 얻는다.
❸ 새 배열에서의 최대값을 찾는다. 〈← 두 번째 최대값 : 두 번째로 큰 최대값

힌트가 되는가? 그렇다. 단지 배열이 2차 배열이 되고 최대값 대신 "최소값", 두 번째 대신 "k번째"로 바뀐 문제이다.

```
k번 반복한다 {
   ❶ 최소값을 찾는다.
   ❷ 최대값을 제외한 배열을 얻는다.
}
```

위와 같이 최소값을 찾는 것을 k번 반복하면 종료 후 얻어진 값이 k번째 최소값이 된다. 이미 푼 문제 라도 다음 문제에 도움이 되는 경우가 많으니 시험을 진행하면서 "저장"은 반드시 잊지 않도록 하고 활용하도록 한다.

2. 필요한 기능(문법)적 요소들 추리기

```
int solution(int arr[ ][4], int n, int k) {
   int answer = 0;
   return answer;
}
```

2차 배열 arr과 그 행의 개수(세로 길이)인 n을 전달받아 k번째의 최소값을 반환하여야 한다. 2차 배열의 기본 처리는 for 문을 중첩한 구조이다.

```
for(int i = 0; i< 세로길이; ++i) {        // i 변수는 행(세로)의 번호가 된다.
   for(int j = 0; j< 가로길이; ++j) {     // j 변수는 열(가로)의 번호가 된다.
      arr[i][j];                        // arr[세로번호][가로번호];
   }
}
```

바깥쪽 for 문을 행 단위의 반복으로 안쪽 for 문을 그 행의 요소인 열 단위 반복으로 처리하는 것이 가장 일반적인 2차 배열 처리형식이다. "공항 방문객 수"문제의 함수를 참고하면

```
int func_a(int a[ ][4], int n){       <-- 2차 배열을 전달 받는다.
   int min = 1001;                    <-- 최소값을 저장할 변수
   for(int r = 0; r < n ; ++r){       <-- r 번 행에서
      for(int c = 0; c < 4; ++c){     <-- c 번 열의 값이
         if(min > a[r][c]){           <-- 현재 최소값 min보다 작으면
            min = a[r][c];            <-- a[r][c] 가 최소값이다.
         }
      }
```

```
    }
  return min;              <-- 전달받은 배열 a의 최소값을 반환
}
```

전달받은 배열의 최소값을 찾아 반환하는 함수 func_a를 작성할 수 있다. for 문 2개를 중첩하여 행 {열 { }}의 구조로 각 요소들을 최소값인지 확인하는 코드이다. 이때 min 변수의 초기값을 1001로 한 이유는 배열에 저장되는 값은 모두 1000이하의 값을 가진다는 조건에 따라 min 변수보다 작은 값은 반드시 나오게 된다.

다음으로 필요한 기능은 k번째 작은 값을 찾기 위해서 최소값을 하나씩 제거하도록 하였었다. 1차 배열로 예를 들어 보자. 다음과 같은 1차 배열이 있을 때

최소값	[0]	[1]	[2]	[3]	[4]
10	23	10	15	90	50

현재 요소 중 최소값은 10이며 전체 5개 중 가장 작은 값이다. 이 값을 제거한 후

최소값	[0]	[1]	[2]	[3]	[4]
15	23	제거	15	90	50

남아있는 요소들 중 최소값은 15이며 전체 5개 중 두 번째로 작은 값이 된다. 문제에서의 k가 2 라면 지금 이 15가 k번째 작은 값이 되는 것이다. "제거"는 어떻게 하면 좋을까? "공항 방문객 수" 문제에서는 배열을 새로 만들어 복사하는 방법을 사용했었다. 그러나 이 문제에서 그 방법을 사용하려면 배열 포인터의 개념이 필요해진다. 이 문제에서는 2차 배열을 사용하고 있기 때문이다. 우선 배열 포인터를 보자

```
// 배열을 가리키는 포인터변수
int (*par)[4];
int n = 4;
par = (int(*)[4])malloc(sizeof(*par) * n);
par[0]; // [0]번 배열명 int [4]인 1차 배열
par[1]; // [1]번 배열명 int [4]인 1차 배열
par[2][0]; // [2]번 배열의 [0]번 요소
```

결론적으로 배열 포인터는 2차 배열을 표현하는데 반드시 소괄호( )를 써서 선언하여야 한다. sizeof (*포인터변수명)은 포인터변수가 가리키는 대상의 크기를 의미하는 코드로 여기서는 par 이 int [4] 1차

배열을 가리키는 것으로 배열의 크기인 16bytes가 되고 n은 4이므로 생성되는 공간의 크기는 16×4로 64bytes의 공간이 생성된다. 2급 문제로는 난이도가 높은 표현이다. C 2급 시험을 준비하려는 수험자 대부분은 이렇게 배열포인터를 이용한 반환 및 메모리 할당을 이해하지 못했을 확률이 높다.

이 문제를 푸는 간단하면서 적당한 난이도가 되는 방법은 "제외"할 요소의 값을 최대값보다 큰 값으로 바꾸는 것이다. 최소값을 찾는 문제이므로 제외되었다는 것은 최소값이 되지 않게 만들면 된다. 이를 위해 func_b 함수를 작성한다.

```
int func_b(int a[ ][4], int n, int del){  <-- 제외할 값 del을 전달받는다.
    for(int r = 0; r < n ; ++r){
        for(int c = 0; c < 4; ++c){
            if(del  == a[r][c]){        <-- 배열 요소 중 del 인 값을 찾아
                a[r][c] = 1001;         <-- 범위 외인 1001로 바꾸어 제외한다.
                return 1;
            }
        }
    }
    return 0;
}
```

이제 배열에서의 최소값을 찾는 함수와 배열 요소 중 특정값을 제외하는 함수로 작성하였으니 solution 함수에서 이 함수들을 호출하는 코드를 작성하여 완성 할 수 있다.

3. 코드 작성하기

```
int func_a(int a[ ][4], int n){
    int min = 1001;
    for(int r = 0; r < n ; ++r){
        for(int c = 0; c < 4; ++c){
            if(min > a[r][c]){
                min = a[r][c];
            }
        }
    }
    return min;
}
int func_b(int a[ ][4], int n, int del){
    for(int r = 0; r < n ; ++r){
```

```
        for(int c = 0; c < 4; ++c){
            if(del  == a[r][c]){
                a[r][c] = 1001;    <-- 1001은 최소값이 될 수 없다.
                return 1;
            }
        }
    }
    return 0;
}
int solution(int arr[ ][4], int n, int k) {
    int answer = 0;
    int min;
    for(int i=1; i<=k; ++i){    <-- i 변수가 1이면 첫 번째 최소값(가장 작은 값)
        min = func_a(arr,n);    <-- i 변수가 k이면 k번째 최소값이 된다.
        func_b(arr,n,min);      <-- 현재 최소값을 제외하여 다음번 최소값을 찾는다.
    }
    answer = min;
    return answer;
}
```

for 문의 i 변수값을 0부터 시작하여 k보다 작은 < k로 식을 사용해도 좋다. 1로 한 이유는 코딩이 익숙하지 않은 수험자의 경우 일상적으로 "첫 번째"라는 표현을 1부터 생각했을 것이기에 이해를 위해 1번째부터 k번째까지 작성하여 읽도록 유도한 것이다.

MEMO

Part

03

모의고사

Chapter
01 | 모의고사 1회

1.1 문제

문제 ❶ 거스름돈을 계산하는 함수 작성하기

1) 지문

> 김 대리는 업무에 필요한 물건들을 구매하기 위해 현금을 받아 문구점에 가는 길입니다. 물건들의 구매 가격과 지급한 금액이 주어졌을 때, 반납해야 할 돈이 얼마인지 구하려 합니다. 예를 들어 구매한 물건들의 가격이 {2100, 3200, 2100, 800}이라면 총 구매금액은 8,200원입니다. 이때, 받은 현금이 10,000원이라면 1,800원을 반납하면 됩니다. 김 대리가 구매한 물품들의 가격이 들어있는 배열 price와 price의 길이 price_len, 받은 금액 money가 매개변수로 주어질 때, 반납해야 하는 금액을 return 하도록 solution 함수를 완성해주세요.
>
> 단, 모자라는 경우 자신의 돈을 사용하지 않을 것이므로 −1을 반환하도록 해주세요.

2) 코드

```
int solution(int price[ ], int price_len, int money) {
    int answer = 0;
    return answer;
}
```

문제 ❷ 두 날짜 사이의 일수를 구하는 함수 빈칸 채우기

1) 문제 설명

시작 날짜와 끝 날짜가 주어질 때, 두 날짜가 며칠만큼 떨어져 있는지(D-day)를 구하려 합니다. 이를 위해 다음과 같이 3단계로 간단히 프로그램 구조를 작성했습니다.

1단계. 시작 날짜가 1월 1일로부터 며칠만큼 떨어져 있는지 구합니다.

2단계. 끝 날짜가 1월 1일로부터 며칠만큼 떨어져 있는지 구합니다.

3단계.(2단계에서 구한 날짜) - (1단계에서 구한 날짜)를 구합니다.

시작 날짜의 월, 일을 나타내는 startmonth, startday, 끝 날짜의 월, 일을 나타내는 endmonth, endday가 매개변수로 주어질 때, 시작 날짜와 끝 날짜가 며칠만큼 떨어져 있는지 return 하도록 solution 함수를 작성했습니다. 이때, 위 구조를 참고하여 중복되는 부분은 func_a라는 함수로 작성했습니다. 코드가 올바르게 동작할 수 있도록 빈칸을 알맞게 채워주세요.

제한조건
윤년은 고려하지 않습니다.

2) 코드

```
int func_a(int month, int day){
    int month_list[ ] = {31, 28, 31, 30, 31, 30, 31, 31, 30, 31, 30, 31};
    int total = 0;
    for(int i = 0; i [_____] ; i++)
        total += [_____] ;
    total += day ;
    return total - 1;
}
int solution(int start_month, int start_day, int end_month, int end_day) {
    int start_total = func_a(start_month, start_day);
    int end_total = func_[_____];
    return [_____]l;
}
```

문제 ❸ 학습 대상자 수를 구하는 함수 고치기

1) 문제 설명

A 고등학교에서는 수준별 수능 대비반을 운영하려고 합니다. 용기반은 최근 수능 모의고사에서 0점 이상 200점 이하의 성적을 취득한 학생만을 대상으로 하고 있습니다. 학생들 중에서 몇 명이 대상에 해당하는지 확인하려 합니다. 학생들의 모의고사 성적이 들어있는 배열 scores와 scores의 길이 scores_len이 매개변수로 주어질 때, 대상자들의 인원수를 return 하도록 solution 함수를 작성했습니다. 그러나 코드 일부분이 잘못되어있기 때문에, 몇몇 입력에 대해서는 올바르게 동작하지 않습니다. 주어진 코드에서 한 줄만 변경해서 모든 입력에 대해 올바르게 동작하도록 수정해주세요.

2) 코드

```
int solution(int scores[ ], int scores_len) {
        int count = 0;
        for (int i = 0; i < scores_len; i++)
            if (0 <= scores[i] && scores[i] < 200)
                count += 1;
        return count;
}
```

문제 ❹ 관세를 매긴 금액을 구하는 함수 완성하기

1) 문제 설명

율무국에서는 국가 신용 등급에 따라 수입하는 물품에 관세를 부여합니다. 국가 신용 등급에 따른 관세율은 다음과 같습니다.(S = 개발도상국, G = 신진부흥국, V = 부흥국)

등급	관세율
"S"	5%
"G"	10%
"V"	15%

물품의 가격 price와 원산지 국가의 신용 등급을 나타내는 문자열 grade가 매개변수로 주어질 때, 관세율을 적용한 물품 가격을 return 하도록 solution 함수를 완성해주세요.

2) 코드

```
int solution(int price, char* grade) {
    int answer = 0;
    return answer;
}
```

문제 ❺ 정수에 3, 6, 9가 포함되어 있는지 확인하는 함수의 빈칸 채우기

1) 문제 설명

369게임은 여러 명이 같이하는 게임입니다. 게임의 규칙은 다음과 같습니다. 1부터 시작합니다. 한 사람씩 차례대로 숫자를 1씩 더해가며 말합니다. 말해야 하는 숫자에 3, 6, 9 중 하나라도 포함되어 있다면 숫자를 말하는 대신 숫자에 포함된 3, 6, 9의 개수만큼 손뼉을 칩니다. 어떤 수 number가 매개변수로 주어질 때, 1부터 number까지 369게임을 올바르게 진행했을 경우 박수를 총 몇 번 쳤는 지를 return 하도록 solution 함수를 작성하려 합니다. 빈칸을 채워 전체 코드를 완성해주세요.

2) 코드

```
int solution(int number) {
    int count = 0;
    for (int i = 1; i <= number; i++) {
        [_____];
        while (current != 0) {
            if (current % 10 == 3 || current % 10 == 6 || current % 10 == 9){
                [_____];
            }
            [_____];
        }
    }
    return count;
}
```

문제 ⑥ 개구리가 점프한 횟수를 구하는 함수의 빈칸 채우기

1) 문제 설명

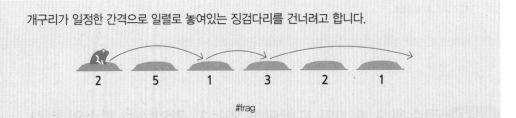

개구리가 일정한 간격으로 일렬로 놓여있는 징검다리를 건너려고 합니다.

#frag

징검다리에는 자연수가 적혀있으며, 개구리는 자신이 밟고 있는 징검다리에 적혀있는 숫자만큼 앞쪽으로 점프해야 합니다. 개구리는 현재 첫 번째 징검다리 위에 앉아있습니다.

징검다리에 적혀있는 숫자가 첫 번째부터 순서대로 들어있는 배열 stones와 stones의 길이 stones_len이 매개변수로 주어질 때, 개구리가 징검다리를 모두 건너기 위해 필요한 점프 횟수를 return 하도록 solution 함수를 작성하려 합니다. 빈칸을 채워 전체 코드를 완성해주세요.

2) 코드

```
int solution(int stones[ ], int stones_len) {
    int cnt = 0;
    [_____];
    while(current < stones_len) {
        [_____];
        cnt++;
    }
    return cnt;
}
```

문제 ⑦ 배열 요소들의 순서를 뒤집는 함수의 빈칸 채우기

1) 문제 설명

주어진 배열의 순서를 뒤집으려고 합니다. 예를 들어 주어진 배열이 [1, 4, 2, 3]이면, 순서를 뒤집은 배열은 [3, 2, 4, 1]입니다. 정수가 들어있는 배열 arr과 arr의 길이 arr_len이 매개변수로 주어졌을 때, arr을 뒤집어서 return 하도록 solution 함수를 작성하려 합니다. 빈칸을 채워 전체 코드를 완성해주세요.

2) 코드

```
int* solution(int arr[ ], int arr_len) {
    int left = 0;
    [_____];
    while(left < right){
        int tmp = arr[left];
        [_____];
        arr[right] = tmp;
        left += 1;
        [_____];
    }
    return arr;
}
```

문제 8 거꾸로 읽어도 같은 회문을 확인하는 함수 수정하기

1) 지문

앞에서부터 읽을 때와 뒤에서부터 읽을 때 똑같은 단어 또는 문장을 "회문"이라고 합니다. 예를 들어서 racecar, noon은 회문입니다.

소문자 알파벳, 공백(' '), 그리고 마침표('.')로 이루어진 문장이 회문인지 점검하려 합니다. 문장 내에서 알파벳만 추출하였을 때만을 고려하려고 합니다. 예를 들어, "never odd or even."과 같은 문장은 회문입니다.

소문자 알파벳, 공백(' '), 그리고 마침표('.')로 이루어진 문장 sentence가 주어질 때 회문인지 아닌지를 return 하도록 solution 함수를 작성했습니다. 그러나 코드 일부분이 잘못되어있기 때문에, 몇몇 입력에 대해서는 올바르게 동작하지 않습니다. 주어진 코드에서 한 줄만 변경해서 모든 입력에 대해 올바르게 동작하도록 수정해주세요.

2) 코드

```
bool solution(char* sentence) {
    char *str = (char *)malloc(sizeof(char) * 103);
    int len = 0;
    for(int i = 0; sentence[i] != '0'; i++){
```

```
        char ch = sentence[i];
        if(ch != ' ' && ch != '.') str[len++] = ch;
    }
    for(int i = 0; i < len / 2; i++){
        if(str[i] != str[len - 1 - i]) return false;
    }
    return true;
}
```

문제 9 중복되는 문자를 제거하는 함수 수정하기

1) 문제 설명

알파벳 문자열이 주어질 때, 연속하는 중복 문자를 삭제하려고 합니다. 예를 들어, "senteeeenccc-cccceeee"라는 문자열이 주어진다면, "sentence"라는 결과물이 나옵니다.

영어 소문자 알파벳으로 이루어진 임의의 문자열 characters가 매개변수로 주어질 때, 연속하는 중복 문자들을 삭제한 결과를 return 하도록 solution 함수를 작성하였습니다. 그러나 코드 일부분이 잘못되어있기 때문에, 코드가 올바르게 동작하지 않습니다. 주어진 코드에서 한 줄만 변경해서 모든 입력에 대해 올바르게 동작하도록 수정하세요.

2) 코드

```
char* solution(char* characters) {
        char* result = malloc(sizeof(char)*strlen(characters));
        int result_len = 0;
        result[0] = characters[0];
        result_len++;
        for (int i = 1; i < strlen(characters); i++) {
                if (characters[i-1] != characters[i]) {
                        result[result_len] = characters[i-1];
                        result_len++;
                }
        }
        result[result_len] = 0;
        return result;
}
```

문제 ⑩ 특정값보다 작은 값을 찾는 함수 수정하기

1) 문제 설명

평균은 자료의 합을 자료의 개수로 나눈값을 의미합니다. 0 이상의 정수가 들어있는 배열의 평균을 구하고, 평균 미만인 값은 몇 개 있는지 구하려 합니다.

예를 들어 주어진 배열이 [1, 2, 3, 4, 5, 6, 7, 8, 9, 10]이라면, 평균은 5이므로 배열에서 평균 미만인 값은 4개입니다. 자연수가 들어있는 배열 data와 data의 길이 data_len이 매개변수로 주어질 때, 배열에 평균 미만인 값은 몇 개인지 return 하도록 solution 함수를 작성했습니다. 그러나 코드 일부분이 잘못되어있기 때문에, 몇몇 입력에 대해서는 올바르게 동작하지 않습니다. 주어진 코드에서 한 줄만 변경해서 모든 입력에 대해 올바르게 동작하도록 수정하세요.

제한조건
정수만 사용하며 소수점 이하 버림으로 처리한다.

2) 코드

```
int solution(int data[ ], int data_len) {
    int total = 0;
    for(int i = 0; i < data_len; ++i)
        total += data[i];
    int cnt = 0;
    int average = total / data_len;
    for(int i = 0; i < data_len; ++i)
        if(data[i] <= average)
            cnt += 1;
    return cnt;
}
```

1.2 모의고사 1회 모범답안

모의고사 1회. 문제 ❶

```
int solution(int price[ ], int price_len, int money) {
    int answer = 0;
    for(int i=0; i<price_len; ++i){
        money -= price[i];
    }
    answer = money;
    if(answer < 0) answer = -1;
    return answer;
}
```

money는 가지고 있는 현금이고 price 배열에는 구매할 물건들의 가격이 들어 있으니 거스름돈은 구매할 물건들의 총액과 가지고 있는 금액의 차이가 된다. 이를 구하는 여러 방법이 있을 것이다. 위 코드와 같이 money에서 물건들의 값을 하나씩 빼어남은 돈이 얼마인지로 구할 수 있다. 다른 방법으로는 아래와 같은 방법도 가능할 것이다.

❶ 구매할 물건들의 값을 모두 더해 총합을 구해 total에 저장

❷ money − total의 결과를 answer에 저장

❸ answer 값이 〈 0이면 돈이 부족한 것이므로 구매 불가로 −1을 반환한다.

중요한 점은 뺄셈의 결과는 3가지 경우로 볼 수 있는데 a − b의 결과는 다음의 경우

❶ 0일 때 a와 b는 같다.

❷ 〈 0일 때 a가 b보다 작다.

❸ 〉 0일 때 a가 b보다 크다.

어느 것에 해당하고 그것이 문제에서 어떤 의미가 되는 것인지를 고민해 보도록 한다.

모의고사 1회. 문제 ❷

```
int func_a(int month, int day){
    int month_list[ ] = {31, 28, 31, 30, 31, 30, 31, 31, 30, 31, 30, 31};
```

```
    int total = 0;
    for(int i = 0; i < month-1 ; i++)
        total +=  month_list[i] ;
    total +=  day ;
    return total - 1;
}
int solution(int start_month, int start_day, int end_month, int end_day) {
    int start_total = func_a(start_month, start_day);
    int end_total = func_a(end_month, end_day);
    return end_total - start_total;
}
```

func_a 함수는 1월 1일로부터 전달되는 month월 day일인 날까지의 일수를 구하는 함수이다. 시작날짜와 마지막날짜 사이 일수는 각 날짜의 일수를 뺀 차이로 구할 수 있다.

모의고사 1회. 문제 ❸

```
int solution(int scores[ ], int scores_len) {
        int count = 0;
        for (int i = 0; i < scores_len; i++)
            if (0 <= scores[i] && scores[i] <= 200)
                count += 1;
        return count;
}
```

코딩을 할 때는 "〈 미만", "〈= 이하", "〉 초과", "〉= 이상"의 표현을 잘 판단하여야 한다. 관계연산자를 사용할 때는 정확한 범위가 얼마인지를 정리하여 적절한 연산자를 사용하지 않으면 1번 더 실행되거나 덜 실행되는데 "3이나 2나 거기서 거기지 뭐 얼마 차이 없네."라고 할 수 있지만, 이는 지극히 사람 기준의 사고이다. 컴퓨터는 단 1이라도 차이가 나지 않아야 하는 심각한 문제인 경우도 많으니 신경을 쓰는 것이 좋다.

모의고사 1회. 문제 ❹

```
int solution(int price, char* grade) {
    int answer = 0;
    if (strcmp(grade, "S") == 0) {
```

```
        answer = (int)(price * 1.05);
    }
    if (strcmp(grade, "G") == 0) {
        answer = (int)(price * 1.10);
    }
    if (strcmp(grade, "V") == 0) {
        answer = (int)(price * 1.15);
    }
    return answer;
}
```

"곱셈" 연산 시 1보다 큰 값을 곱한 결과는 보다 큰 값이 된다. 1보다 작은 값을 곱하면 보다 작은 값이 된다. "더한 값"은 더 큰 값이 되길 바랄 것이고 "뺀 값"은 더 작은 값이 되길 바랄 것이다. 거기에 "음수"까지 들어가면 큰 값인지 작은 값인지 헷갈리는 경우가 빈번하다. 코딩은 문법만 안다고 되는 것은 아니다. 이런 수학적 개념을 납득하면 쉽게 풀 수 있는 문제들이 많다. 어떤 양의 정수 R에 1.05를 곱하는 것은 (R * 1) + (R * 0.05)를 하는 것과 같다. 1.05는 1 + 0.05이기 때문이다. 즉 R + (R * 0.05)가 되어 R보다 큰 값이 된다. 반대로 1보다 작은 값을 곱한다는 것은 나눗셈을 하는 것과 같으므로 R보다 큰 값이 나올 수 없다. 시험이라는 것은 명확한 답이 있어야 하고 특히 CBT 방식은 미리 정해놓은 답과 비교하여 채점이 이루어지므로 실제적인 프로그래밍 문제를 내기 어렵다. 그래서 수학 문제와 같은 것들이 많이 출제되게 된다. 이를 참고하여 수학 문제를 가끔 풀어보도록 하자.

모의고사 1회. 문제 ❺

```
int solution(int number) {
    int count = 0;
    for (int i = 1; i <= number; i++) {
        int current = i;
        while (current != 0) {
            if (current % 10 == 3 || current % 10 == 6 || current % 10 == 9){
                count++;
            }
            current /= 10;
        }
    }
    return count;
}
```

하나의 정수에 3 또는 6 또는 9가 포함되어 있는지를 찾는 문제이므로 논리연산자는 || (OR) 연산이 사용되어야 한다. 해결 절차를 다음과 같이 생각해보자.

❶ 1~number까지의 정수들을 하나씩 확인한다.

❷ 현재 정수 current에 3, 6, 9가 있는지 확인하여 개수를 센다.

❸ 각 자리(백, 십, 일)를 모두 하나씩 확인하기 위해 일의 자리를 확인하고 자리수를 줄인다.

❹ 모든 정수를 확인할 때까지 계속 반복한다.

비슷한 문제여도 빈칸이 어디 있느냐에 따라 난이도는 다를 수 있다. 제시되는 코드를 정확히 파악하고 문제 해결과정을 머릿속에 담지 않으면 이 비어 있는 자리에 어떤 코드가 필요한지 알기는 쉽지 않다.

모의고사 1회. 문제 ❻

```c
int solution(int stones[ ], int stones_len) {
    int cnt = 0;
    int current = 0;
    while(current < stones_len) {
        current += stones[current];
        cnt++;
    }
    return cnt;
}
```

문제 설명은 복잡해보여도 코드 자체는 매우 단순한 문제이다. 배열은 요소번호를 위치로 얘기하는 경우가 많다. 현재 위치 0이란 배열에서 [0]요소라는 말이다. 현재값이란 현재 요소번호에 저장된 값을 말한다. 즉 현재 위치 current가 2일 때 현재값은 [current]번 요소의 값이다. 현재 위치의 값을 더하여 다음 위치로 간다는 말은 current와 [current]번 요소의 값을 더한 것이 다음 요소번호가 된다는 의미이다.

모의고사 1회. 문제 ❼

```c
int* solution(int arr[ ], int arr_len) {
    int left = 0;
    int right = arr_len - 1;
    while(left < right){
```

```
        int tmp = arr[left];
        arr[left] = arr[right];
        arr[right] = tmp;
        left += 1;
        right -= 1;
    }
    return arr;
}
```

보통 "뒤집는다."라고 할 때는 "중심점"이 있다. 여러분의 손에 실이나 막대기, 펜 같은 것을 하나 들고 있다고 하자 이때 누군가 "뒤집어라"로 하면 "좌우가 바뀐" 상태로 만들 것이다. 마찬가지로 배열은 직선 형태의 "선형" 구조이므로 뒤집는다는 것은 "좌우를 바꾼 것"을 말한다. 배열의 요소번호는 [0]번부터 1씩 증가되어 [arr_len-1]까지의 요소번호가 있다. arr_len은 길이이므로 마지막 요소번호는 길이-1이다. 이는 외워야 한다. 배열의 길이는 개수를 말하는 것이지 번호를 뜻하는 것이 아니다. arr_len 이 5인 경우 5개의 요소가 있는 것이므로

❶ [0] – [4] 교환

❷ [1] – [3] 교환

❸ [2] – [2] 교환

위 순서로 왼쪽에서 하나 오른쪽에서 하나씩을 바꾸어 가면 좌우가 바뀐 상태가 된다. 여기서 계속해서 [3] – [1], [4] – [0]을 교환하면 어떻게 될까? 맞다. 원래 상태가 되는 것이므로 left와 right가 교차되면 교환을 중지하여야 한다.

모의고사 1회. 문제 ❽

```
bool solution(char* sentence) {
    char *str = (char *)malloc(sizeof(char) * 103);
    int len = 0;
    for(int i = 0; sentence[i] != 0; i++){   // 또는 i < strlen(sentence)
        char ch = sentence[i];
        if(ch != ' ' && ch != '.') str[len++] = ch;
    }
    for(int i = 0; i < len / 2; i++){
        if(str[i] != str[len - 1 - i]) return false;
    }
```

```
    return true;
}
```

문제는 영문자만을 대상으로 하기 때문에 다음과 같은 절차로 진행된다.

❶ 영문자를 제외한 나머지를 없애는 작업을 진행한다.

❷ 배열 양쪽의 문자들이 서로 같은지를 확인하도록 한다.

반대로 말하면 영문자만 저장한 후 문자열을 가운데를 기준으로 왼쪽과 오른쪽으로 나누어 왼쪽의 첫 문자와 오른쪽의 마지막 문자부터 비교하여 점점 가운데로 모여서 같은 문자들이 연속하는지를 확인한다. 이때 모든 문자열의 끝은 0이다. 문자로는 '₩0'으로 표기한다. 사람이 코드를 잘못 작성하는 것 중 단순 오타인 경우가 많다. 문자열 처리 시 반복 종료 조건은 숫자 '0'이 아니라 정수 0이거나 문자'₩0'으로 판단해야 한다.

모의고사 1회. 문제 ❾

```c
char* solution(char* characters) {
        char* result = malloc(sizeof(char)*strlen(characters));
        int result_len = 0;
        result[0] = characters[0];
        result_len++;
        for (int i = 1; i < strlen(characters); i++) {
            if (characters[i-1] != characters[i]) {
                result[result_len] = characters[i];
                result_len++;
            }
        }
        result[result_len] = 0;
        return result;
}
```

변수의 의미를 잘 살피는 것이 중요하다. i 변수는 characters 배열의 요소번호이며 지금 현재 저장할 문자이며 i-1은 직전 문자를 의미하므로 result에는 [i]번 문자를 저장하여야 한다.

```
int solution(int data[ ], int data_len) {
    int total = 0;
    for(int i = 0; i < data_len; ++i)
        total += data[i];
    int cnt = 0;
    int average = total / data_len;
    for(int i = 0; i < data_len; ++i)
        if(data[i] < average)
            cnt += 1;
    return cnt;
}
```

"미만"은 관계연산에서 〈를 사용한다. "〈="와는 다른 연산임을 반드시 기억하도록 한다. 산술연산의 경우 나눗셈/은 사람들이 보통 소수점이 있는 "실수"를 생각한다. 그리고 실수형 값을 정수형(int)에 저장하는 것은 옳지 않다. 반드시 형변환을 명시적으로 표시하는 것이 좋다.

❶ int num = 10.45;   // 10.45는 double 형 상수이다. 올바른 표현이 아니다.

❷ int num = (int)10.45;   // (1)보다는 나은 코드다.

산술 연산자는 정수 / 정수는 정수로 처리한다. 실수라고 생각하지 않도록 하자. 실수로 처리하고자 하는 경우는 둘 중 하나를 실수로 표현하여 계산하여야 하며 다음의 예시를 주의하도록 한다.

❶ double fn = (double) (3 / 2);

3과 2는 정수이므로 (3/2)는 정수 1이다. 이것을 double로 바꿔봐야 1.0이다.

❷ double fn = ((double) 3)/ 2 ;

3과 2는 정수이다. 그러나 먼저 3을 double로 바꾸므로 3.0 / 2와 같다. 따라서 이 결과는 1.5가 된다. 산술 연산자 사용 시 자주 실수하는 부분이므로 연산의 결과가 정수인지 실수인지를 판단하고 코드를 이해하기 바란다.

Chapter

02 | 모의고사 2회

1.1 문제

문제 ❶ 점수의 총합에서 최고 점수와 최저 점수를 뺄셈하는 함수의 빈칸 채우기

1) 문제 설명

리듬체조 선수 영심은 지난 1년간 대회에 참가한 기록을 정리 중입니다. 각 대회에서 받은 점수가 들어있는 배열이 주어졌을 때, 이 선수의 최고 점수와 최저 점수를 제외한 나머지 점수들의 합계를 구하려 합니다. 이를 위해 다음의 단계로 프로그램 구조를 작성했습니다.

❶ 모든 점수의 합을 구합니다.

❷ 최고 점수와 최저 점수를 구합니다.

❸ (모든 점수의 합) − (최고 점수) − (최저 점수)의 값을 return 합니다.

대회별 점수가 들어있는 배열 scores와 scores의 길이 scores_len이 매개변수로 주어질 때, 영심의 대회별 점수에서 최고 점수와 최저 점수를 제외한 나머지 점수의 합을 return 하도록 solution 함수를 작성하려 합니다. 위 구조를 참고하여 코드가 올바르게 동작할 수 있도록 빈칸을 알맞게 채워주세요.

2) 코드

```c
int *func_a(int s[ ], int arr_size){
    int *ret = (int*)malloc(sizeof(int) *2);
    ret[0] = ret[1] = s[0];
    for(int i = 1; i < arr_size; ++i){
        if(s[i] > ret[0])
            ret[0] = s[i];
        if(s[i] < ret[1])
```

```
            ret[1] = s[i];
        }
    return ret;
}
int func_b(int s[ ], int arr_size){
    int ret = 0;
    for(int i = 0; i < arr_size; ++i)
        ret += s[i];
    return ret;
}
int solution(int scores[ ], int scores_len) {
    int sum = func_[_____];
    int *score = func_[_____];
    return [_____];
}
```

문제 ❷ 축구화 주문 수량 구하는 함수 완성하기

1) 문제 설명

> 알랑 중학교의 축구팀에서는 단체로 축구화를 주문하기 위해 학생별로 신발 사이즈를 조사했습니다. 선택할 수 있는 축구화 사이즈는 작은 순서대로 "7", "7.5", "8", "8.5", "9", "9.5" 총 6종류가 있습니다. 학생별로 원하는 사이즈를 조사한 결과가 들어있는 배열 shirtsize와 shirtsize의 길이 shirtsizelen이 매개변수로 주어질 때, 사이즈별로 축구화가 몇 개씩 필요한지 가장 작은 사이즈부터 순서대로 배열에 담아 return 하도록 solution 함수를 완성해주세요.

2) 코드

```
int* solution(char* shirt_size[ ], int shirt_size_len) {
    int *answer;
    return answer;
}
```

문제 ❸ 방문객 수의 차이를 구하는 함수의 빈칸 채우기

1) 문제 설명

씨에비 극장에서 n일 동안 매일 방문객 수를 조사했습니다. 이때, 가장 많은 방문객 수와 두 번째로 많은 방문객 수의 차이를 구하려고 합니다. 단, 방문객의 수가 같은 날은 없다고 가정합니다. 이를 위해 다음과 같이 4단계로 간단히 프로그램 구조를 작성했습니다.

❶ 입력으로 주어진 배열에서 가장 많은 방문객 수를 찾습니다.

❷ 1번 단계에서 찾은 값을 제외하고, 나머지 값들로 이루어진 새로운 배열을 만듭니다.

❸ 2번 단계에서 만든 새로운 배열에서 가장 큰 방문객의 수를 찾습니다.

❹ 1번 단계와 3번 단계에서 구한 값의 차이를 구합니다.

n일 동안의 방문객 수가 들어있는 배열 visitor와 visitor의 길이 n이 매개변수로 주어질 때, 가장 많은 방문객 수와 두 번째로 많은 방문객 수의 차이를 return 하도록 solution 함수를 작성하려 합니다. 코드가 올바르게 동작할 수 있도록 빈칸을 알맞게 채워주세요.

2) 코드

```c
int* func_a(int arr[ ], int arr_size, int num){
    int* ret = (int*)malloc([_____]);
    int idx = 0;
    for(int i = 0; i < arr_size; ++i)
        if([_____])
            ret[idx++] = arr[i];
    return ret;
}
int func_b(int a, int b){
    if([_____])
        return a - b;
    else
        return b - a;
}
int func_c(int arr[ ], int arr_size){
    int ret = -1;
    for(int i = 0; i < arr_size; ++i)
        if(ret<arr[i])
            ret = arr[i];
    return ret;
}
```

```
int solution(int visitor[ ], int n) {
    int max_first = func_[_____];
    int* visitor_removed = func_a(visitor, n, max_first);
    int max_second = func_[_____];
    int answer = func_b(max_first, max_second);
    return answer;
}
```

문제 ❹ 학점별 인원수를 구하는 함수의 빈칸 채우기

1) 문제 설명

열망 대학교에서는 다음과 같이 학생들의 점수에 따라 학점을 부여합니다.

- 85점~100점 : A 학점
- 70점~84점 : B 학점
- 55점~69점 : C 학점
- 40점~54점 : D 학점
- 0점~39점 : F 학점

학생들의 점수가 들어있는 배열 scores와 scores의 길이 scores_len이 매개변수로 주어질 때, A 학점, B 학점, C 학점, D 학점, F 학점을 받은 학생들의 수를 배열에 순서대로 담아 return 하도록 solution 함수를 작성하려 합니다. 빈칸을 채워 전체 코드를 완성해주세요.

2) 코드

```
int* solution(int scores[ ], int scores_len) {
    int* grade_counter = [_____];
    for(int i = 0; i [_____] ; ++i)
        [_____];
    for(int i = 0; i < scores_len; ++i)
    {
        if(scores[i] >= 85)
            grade_counter[0] += 1;
        else if(scores[i] >= 70)
            grade_counter[1] += 1;
        else if(scores[i] >= 55)
```

```
            grade_counter[2] += 1;
        else if(scores[i] >= 40)
            grade_counter[3] += 1;
        else
            grade_counter[4] += 1;
    }
    return grade_counter;
}
```

문제 ⑤ 빈도(출현 횟수)를 구하는 함수의 빈칸 채우기

1) 문제 설명

오매불망 까페 운영자는 가입된 회원들에게 일련번호를 부여해 두었습니다. 최근 하루동안 까페에 글을 작성한 회원들의 번호가 들어있는 배열이 있습니다. 이 배열에서 가장 많은 글을 작성한 회원의 글 개수는 가장 적게 작성한 회원의 글 개수의 몇 배인지 구하려 합니다. 이를 위해 다음과 같이 간단히 프로그램 구조를 작성했습니다.

1단계. 배열에 들어있는 각 회원번호의 개수를 셉니다.

2단계. 가장 많이 작성한 회원의 글 개수를 구합니다.

3단계. 가장 적게 작성한 회원의 글 개수를 구합니다.

4단계. 가장 많이 작성 개수가 가장 적게 작성한 개수보다 몇 배 더 많은지 구합니다.

단, 몇 배 더 많은지 구할 때는 소수 부분은 버리고 정수 부분만 구하면 됩니다.

회원번호는 자연수이며 들어있는 배열 arr과 arr의 길이 arrlen이 매개변수로 주어질 때, 가장 많이 작성한 회원의 글 개수가 가장 적게 작성한 회원의 글 개수보다 몇 배 더 많은지 return 하도록 solution 함수를 작성하려 합니다. 위 구조를 참고하여 코드가 올바르게 동작할 수 있도록 빈칸에 주어진 funca, funcb, funcc 함수와 매개변수를 알맞게 채워주세요.

제한조건
까페의 총 회원수는 1,000명을 넘지 않습니다.

2) 코드

```
int* func_a(int arr[ ], int arr_len){
    int* counter = (int*)malloc(sizeof(int)*1001);
    for(int i = 0; i < 1001; i++)
        counter[i] = 0;
    for(int i = 0; i < arr_len; i++)
        counter[arr[i]]++;
    return counter;
}
int func_b(int arr[ ], int arr_len) {
    int ret = 0;
    for(int i = 0; i < arr_len; i++){
        if(ret < arr[i])
            ret = arr[i];
    }
    return ret;
}
int func_c(int arr[ ], int arr_len){
    int ret = 1001;
    for(int i = 0; i < arr_len; i++){
        if([_____])
            ret = arr[i];
    }
    return ret;
}
int solution(int arr[ ], int arr_len) {
    int* counter = func_[_____];
    int max_cnt = func_[_____];
    int min_cnt = func_c(counter, 1001);
    return [_____];
}
```

문제 ❻ 몸무게가 큰 사람의 수를 구하는 함수 수정하기

1) 문제 설명

비만 문제가 이슈가 되어 안뚱 중학교에서는 비만 관리를 위해 학생들의 몸무게를 조사하였습니다. 학생들의 몸무게가 들어있는 목록에서 몸무게가 k보다 큰 사람은 몇 명인지 구하려 합니다. 예를 들어 다음과 같은 목록에서 몸무게가 75보다 큰 사람은 2명입니다.

학생 체중 (kg)
65
70
75
80
84

학생들의 몸무게가 들어있는 배열 weight와 weight의 길이 weight_len, 그리고 k값이 매개변수로 주어졌을 때, k보다 몸무게가 큰 학생의 수를 세서 return 하도록 solution 함수를 작성했습니다. 그러나 코드 일부분이 잘못되어있기 때문에, 몇몇 입력에 대해서는 올바르게 동작하지 않습니다. 주어진 코드에서 한 줄만 변경해서 모든 입력에 대해 올바르게 동작하도록 수정하세요.

2) 코드

```
int solution(int weight[ ], int weight_len, int k) {
    int answer;
    for(int i = 0; i < weight_len; ++i)
        if(weight[i] > k)
            answer++;
    return answer;
}
```

1) 문제 설명

문자열이 주어졌을 때, 문자열에서 숫자들을 보수가 되는 숫자로 바꾸려고 합니다. 숫자들의 "보수"는 더해서 'i'가 되는 관계로 정의합니다. 예를 들어 주어진 문자열이 ab1c3d라면 ab8c6d라는 문자열을 만들면 됩니다. 각 숫자들의 보수 관계는 아래와 같습니다.

'0'	'9'
'1'	'8'
'2'	'7'
'3'	'6'
'4'	'5'

문자열 s가 매개변수로 주어졌을 때, 문자열에서 숫자들을 보수인 숫자로 바꾸어 return 하도록 solution 함수를 작성했습니다. 그러나 코드 일부분이 잘못되어있기 때문에, 몇몇 입력에 대해서는 올바르게 동작하지 않습니다. 주어진 코드에서 한 줄만 변경해서 모든 입력에 대해 올바르게 동작하도록 수정하세요.

2) 코드

```c
char* solution(char* s) {
    char* s_ret = (char*)malloc(sizeof(char)*(strlen(s) + 1));
    strcpy(s_ret, s);

    for(int i = 0; s_ret[i] != 0; ++i){
        if('0' <= s_ret[i] <= '9')
            s_ret[i] = 'i' - s_ret[i];
    }
    return s_ret;
}
```

1) 문제 설명

> 건물의 1층 출입문 옆에는 입주한 회사들의 이름이 적혀 있는 안내판이 있습니다. 회사들의 명단에서 이름에 j 또는 k가 들어가는 회사의 수를 구하려고 합니다. 예를 들어 james에는 j가 들어가 있으며, jack에는 j와 k가 모두 들어있습니다.
>
> 안내판이 들어있는 배열 name_list와 name_list의 길이 name_list_len이 매개변수로 주어졌을 때, 이름에 j 또는 k가 들어가는 회사명의 수를 세서 return 하도록 solution 함수를 작성했습니다. 그러나 코드 일부분이 잘못되어있기 때문에, 몇몇 입력에 대해서는 올바르게 동작하지 않습니다. 주어진 코드에서 한 줄만 변경해서 모든 입력에 대해 올바르게 동작하도록 수정하세요.

2) 코드

```c
int solution(char* name_list[ ], int name_list_len) {
    int answer = 0;
    for(int i = 0; i < name_list_len; ++i)
        for(int j = 0; name_list[i][j] < name_list_len ; ++j)
            if(name_list[i][j] == 'j' || name_list[i][j] == 'k') {
                answer++;
                break;
            }
    return answer;
}
```

문제 **9** n부터 m까지 자연수의 합을 구하는 함수 수정하기

1) 문제 설명

> 두 자연수 n부터 m까지의 합을 구하려고 합니다. 이를 위해 다음과 같이 3단계로 간단히 프로그램 구조를 작성했습니다.
>
> ❶ 1부터 m까지의 합을 구합니다.
> ❷ 1부터 n−1까지의 합을 구합니다.

❸ 1단계에서 구한 값에서 2단계에서 구한 값을 뺍니다.

두 자연수 n과 m이 매개변수로 주어질 때, n부터 m까지의 합을 return 하도록 solution 함수를 작성했습니다. 이때, 위 구조를 참고하여 중복되는 부분은 func_a라는 함수로 작성했습니다. 그러나 코드 일부분이 잘못되어있기 때문에, 몇몇 입력에 대해서는 올바르게 동작하지 않습니다. 주어진 코드에서 한 줄만 변경해서 모든 입력에 대해 올바르게 동작하도록 수정하세요.

2) 코드

```
int func_a(int k){
    int sum = 0;
    for(int i = 0; i <= k ; ++i)
        sum += i ;
    return sum;
}
int solution(int n, int m) {
    int sum_to_m = func_a(m);
    int sum_to_n = func_a(n);
    int answer = sum_to_m - sum_to_n;
    return answer;
}
```

문제 ⑩ 평균보다 작은 수를 찾는 함수 작성하기

1) 문제 설명

자연수가 담겨있는 n × 4 크기의 2차원 배열에 저장된 값들의 평균을 구한 후 평균보다 작은 수들을 찾으려 합니다. 이때, n은 배열의 세로길이, 4는 배열의 가로길이입니다. 예를 들어 다음은 자연수가 담겨있는 4 × 4 크기의 2차원 배열입니다.

5	12	4	31
24	13	11	2
43	44	19	26
33	65	20	21

위 2차원 배열에서 평균은 23 입니다. 23보다 작은 수들은 [5, 12, 4, 13, 11, 2, 20, 21] 입니다. 2차원 배열 arr과 arr의 세로길이 n이 매개변수로 주어질 때, arr에서 평균보다 작은 수들을 찾아 return 하도록 solution 함수를 완성해주세요.

2) 코드

```
int *solution(int arr[ ][4], int n) {
    int *answer;
    return answer;
}
```

1.2 모의고사 2회 모범답안

모의고사 2회. 문제 ❶

```
int *func_a(int s[ ], int arr_size){    // 최대, 최소값 구하는 함수
    int *ret = (int*)malloc(sizeof(int) * 2);
    ret[0] = ret[1] = s[0];
    for(int i = 1; i < arr_size; ++i) {
        if(s[i] > ret[0])
            ret[0] = s[i];
        if(s[i] < ret[1])
            ret[1] = s[i];
    }
    return ret;
}
int func_b(int s[ ], int arr_size){    // 총합 구하는 함수
    int ret = 0;
    for(int i = 0; i < arr_size; ++i)
        ret += s[i];
    return ret;
}
int solution(int scores[ ], int scores_len) {
    int sum = func_b(scores, scores_len);        // 1. 모든 점수의 합 구하기
    int *score = func_a(scores, scores_len);     // 2. 최고, 최저 점수 구하기
    return sum - score[0] - score[1];            // 3. 나머지 점수의 합 반환
}
```

문제 해결의 절차는 다음과 같다.

❶ 점수들의 총합 구하기

❷ 최고 점수 찾기

❸ 최저 점수 찾기

❹ 총합에서 최고 점수와 최저 점수 빼기

❺ 결과 반환하기

func_b 함수는 전달된 배열 요소들의 값을 모두 더하는 코드이므로 총합 sum을 구하기 위해 사용된다. func_a는 배열을 반환하기 때문에 int* 포인터변수인 score로 받도록 하며 [0]번과 [1]번 요소에 무엇을 저장하였는가를 살펴야 한다. ret[0]에는 보다 큰 값을 저장하고 ret[1]에는 보다 작은 값을 저장하므로 [0]번은 최고, [1]은 최소 점수가 된다. 하지만 결국 두 값을 모두 뺄셈하는 것이므로 순서는 관계 없다. 다른 방법으로는 func_a 함수를 최고 점수와 최소 점수를 찾은 후 이를 더한 값을 반환하도록 만드는 것도 방법이 될 수 있다.

모의고사 2회. 문제 ❷

```c
int* solution(char* shirt_size[ ], int shirt_size_len) {
    int *answer;
    int i;
    answer = (int*)malloc(sizeof(int) * 6);
    for(i = 0; i<6; ++i) answer[i] = 0;
    for(i = 0; i<shirt_size_len; ++i){
        if(strcmp(shirt_size[i], "7") == 0){
            answer[0]++;
        }
        else if(strcmp(shirt_size[i], "7.5") == 0){
            answer[1]++;
        }
        else if(strcmp(shirt_size[i], "8") == 0){
            answer[2]++;
        }
        else if(strcmp(shirt_size[i], "8.5") == 0){
            answer[3]++;
        }
        else if(strcmp(shirt_size[i], "9") == 0){
            answer[4]++;
        }
        else if(strcmp(shirt_size[i], "9.5") == 0){
            answer[5]++;
```

```
            answer[5]++;
        }
    }
    return answer;
}
```

문제에서 "7.5"는 문자열을 의미한다. 실수 7.5가 아니기 때문에 문자열 비교를 하는 함수 strcmp를 사용한다. strcmp 함수는 두 문자열이 같으면 0을 반환한다.

전달되는 문자열이 여러 개이므로 for 반복문을 사용하여 각 문자열이 무엇인지를 판별하여 각 사이즈별 개수를 세어야 한다. 개수는 사이즈가 작은 순서대로 저장하므로 answer 배열의 [0]번이 가장 작은 사이즈인 "7"의 개수이며 [5]번이 가장 큰 사이즈인 "9.5"의 개수가 되도록 1씩 증가시켜 개수를 세도록 하였다.

모의고사 2회. 문제 ❸

```
int* func_a(int arr[ ], int arr_size, int num){
    int* ret = (int*)malloc(sizeof(int)*(arr_size - 1));
    int idx = 0;
    for(int i = 0; i < arr_size; ++i)
        if(arr[i] != num)          // arr 배열에서 num을 제외하고 복사
            ret[idx++] = arr[i];
    return ret;
}
int func_b(int a, int b){   // 두 값의 차이(뺄셈의 결과)를 반환하는 함수
    if(a >= b)
        return a - b;
    else
        return b - a;
}
int func_c(int arr[ ], int arr_size){   // arr 배열 요소 중 최대값을 반환하는 함수
    int ret = -1;
    for(int i = 0; i < arr_size; ++i)
        if(ret<arr[i])
            ret = arr[i];
    return ret;
}
int solution(int visitor[ ], int n) {
    int max_first = func_c(visitor, n);                  // 1. 가장 많은 방문객 수
```

```
    int* visitor_removed = func_a(visitor, n, max_first); // 2. 1항이 제거된 배열
    int max_second = func_c(visitor_removed, n-1);      // 3. 가장 많은 방문객 수
    int answer = func_b(max_first, max_second);          // 4. 구한 값의 차이 구하기
    return answer;
}
```

함수들의 역할이 무엇인지를 잘 파악해야 할 것이다. 함수들이 호출되는 곳과 반환형을 우선 맞추어 볼 수 있다. int 형을 반환하는 함수와 int * 형을 반환하는 함수가 있으니 그에 알맞은 코드를 생각하면 된다. func_a 함수에서의 동적할당은 sizeof(int) * arr_size로 해도 괜찮지만 전달된 배열에서 요소 하나가 제외(삭제)될 것이므로 불필요한 공간이 없도록 한 것이다. visitor_removed 배열은 전달 받은 visitor 배열에서 하나를 삭제한 것이므로 길이는 n-1이 됨을 놓치지 않아야 한다. 뺄셈의 결과는 음수일 때가 있는데 이 문제에서 차이가 얼마이냐를 구하는 것이므로 부호 자체는 의미가 없다. 따라서 결과는 양수가 되도록 처리해 주었다. 만약 음수, 양수에 의미가 있는 경우 func_b 함수는 필요 없는 함수가 되고 max_first − max_second로 반환하여 max_first가 크면 양수, 작으면 음수가 반환될 것이다.

모의고사 2회. 문제 ❹

```
int* solution(int scores[ ], int scores_len) {
    int* grade_counter = (int*)malloc(sizeof(int)*5);
    for(int i = 0; i < 5; ++i)
        grade_counter[i] = 0;

    for(int i = 0; i < scores_len; ++i)
    {
        if(scores[i] >= 85)
            grade_counter[0] += 1;
        else if(scores[i] >= 70)
            grade_counter[1] += 1;
        else if(scores[i] >= 55)
            grade_counter[2] += 1;
        else if(scores[i] >= 40)
            grade_counter[3] += 1;
        else
            grade_counter[4] += 1;
    }
    return grade_counter;
}
```

결과를 저장할 배열 grade_counter는 점수를 5개의 구간으로 나누어 개수를 세는 것이므로 길이 5인 배열로 생성되어야 한다. malloc 함수로 생성되는 메모리 공간은 초기화가 되어 있지 않으므로 값이 없는 상태라고 한다. grade_counter[0] += 1은 grade_counter[0] = grade_counter[0] + 1와 같아서 grade_counter[0]에 값이 없으면(초기화되지 않으면) 실행될 수 없다. 개수를 세기 위한 것이므로 동적할당 받은 메모리 공간은 모두 0으로 초기화하는 것이 맞다.

모의고사 2회. 문제 ⑤

```c
int* func_a(int arr[ ], int arr_len){
    int* counter = (int*)malloc(sizeof(int)*1001);    // int count[1001] 배열 생성
    for(int i = 0; i < 1001; i++)                        // 배열 초기화
        counter[i] = 0;
    for(int i = 0; i < arr_len; i++)
        counter[arr[i]]++;                         // 전달받은 배열 속 자연수의 개수를 저장
    return counter;
}
int func_b(int arr[ ], int arr_len) {
    int ret = 0;
    for(int i = 0; i < arr_len; i++){ // 전달받은 배열 arr의 길이만큼 반복
        if(ret < arr[i])     // arr 배열 [i]번 요소의 값이 ret 값보다 크면
            ret = arr[i];     // ret 변수에 arr 배열 [i] 번 요소의 값을 저장
    }
    return ret;
}
int func_c(int arr[ ], int arr_len){
    int ret = 1001;
    for(int i = 0; i < arr_len; i++){
        if(arr[i] != 0 && ret > arr[i])    // arr 배열 [i]번 요소의 값이 0이 아니다.
            ret = arr[i];
    }
    return ret;
}
int solution(int arr[ ], int arr_len) {
    int* counter = func_a(arr, arr_len);
    int max_cnt = func_b(counter, 1001);
    int min_cnt = func_c(counter, 1001);
    return max_cnt / min_cnt;
}
```

어떤 값이 몇 개 있느냐 하는 것을 "빈도"라고 한다. 보통 "몇 %"로 비율적인 표현을 하는 경우가 많으나 이 문제는 그보다는 단순하게 개수를 세는 문제로 보면 된다. 전달되는 배열에 같은 값이 몇 개 있

는가 하는 문제로 볼 수 있다.

❶ 1~1000 사이 값들이 몇 개씩 있는지를 센다.

❷ 가장 많은 개수가 몇 개인지 찾는다(가장 많은 개수의 값이 얼마인지가 아니다).

❸ 가장 적은 개수가 몇 개인지 찾는다.

❹ 최대 개수와 최소 개수를 나눗셈하여 결과를 반환한다.

개수를 얘기할 때 0개라는 것은 "없음"을 의미한다. "최소"를 얘기할 때는 "있는 것 중 가장 작은 값"인 경우로 보는 것이 알맞을 것이다.

모의고사 2회. 문제 ❻

```
int solution(int weight[ ], int weight_len, int k) {
    int answer = 0;    <-- 초기값이 있어야 한다.
    for(int i = 0; i < weight_len; ++i)
        if(weight[i] > k)
            answer++;
    return answer;
}
```

배열에 저장된 값들 중에서 특정값 k보다 큰">" 값이 몇 개 있는지 세는 문제이다. 개수를 세는 가장 익숙한 코드는 0으로 초기화된 변수를 조건에 따라 1씩 증가시키는 것이다. answer++는 answer = answer + 1과 같으므로 answer 변수에 값이 저장된 상태에서만 올바르게 동작한다. 물론 answer 변수에 아예 값이 없는 것은 아니지만 개수를 셀 때는 0에서부터 하나씩 세어가는 것이 올바른 표현이다.

모의고사 2회. 문제 ❼

```
char* solution(char* s) {
    char* s_ret = (char*)malloc(sizeof(char)*(strlen(s) + 1));
    strcpy(s_ret, s);

    for(int i = 0; s_ret[i] != 0; ++i){
        if('0' <= s_ret[i] && s_ret[i] <= '9')  // 조건이 여러 개면 논리연산자 사용
            s_ret[i] = 'i' - s_ret[i];
    }
    return s_ret;
}
```

대부분의 코딩에서는 수학에서처럼 a ⟨ b ⟨ c라는 표현은 사용할 수 없다. 관계연산이 여러 개 일때는 반드시 논리연산자를 사용하여 조합하여야 한다.

모의고사 2회. 문제 ❽

```
int solution(char* name_list[ ], int name_list_len) {
    int answer = 0;
    for(int i = 0; i < name_list_len; ++i)
        for(int j = 0; name_list[i][j] != 0; ++j) <-- 각 행은 문자열이다.
            if(name_list[i][j] == 'j' || name_list[i][j] == 'k'){
                answer++;
                break;
            }
    return answer;
}
```

answer 변수는 개수를 저장할 변수이므로 0으로 초기화 후 조건에 따라 1씩 증가시킨다. 전달되는 name_list 배열은 정확히는 문자열들의 주소를 저장한 포인터배열이다. name_list[i]는 포인터변수로 [i]번 문자열의 시작주소로 본다. name_list[i][j]는 [i]번 문자열 내의 [j]번에 해당하는 문자가 된다. 모든 문자열은 마지막 문자로 숫자 '0' 이 아니라 널문자인 '₩0'(정수로 0)이 있음을 규칙으로 하기 때문에 문자열 처리 시 반복 조건으로 != 0 또는 != '₩0'을 사용하도록 하고 있다. 문자열 내의 문자들을 하나씩 검사하여 'j' 나 'k' 가 있으면 answer를 증가시킨 후 다음 문자열을 검사하기 위해 다음의 절차로 실행되도록 작성한다.

❶ 문자열들을 하나씩 반복한다.

❷ 문자열 안에 문자들을 하나씩 반복한다.

❸ 모든 문자들을 확인 후 다음 문자열(1)로 넘어간다.

❹ 원하는 문자가 있는 경우 남은 문자들을 확인하지 않고 다음 문자열(1)로 넘어간다.

❺ 모든 문자열의 확인을 마친 후 종료한다.

모의고사 2회. 문제 ⑨

```
int func_a(int k){
    int sum = 0;
    for(int i = 0; i <= k ; ++i)
        sum += i ;
    return sum;
}
int solution(int n, int m) {
    int sum_to_m = func_a(m);
    int sum_to_n = func_a(n-1);     <-- n부터의 합을 구해야 하므로 n-1까지 합
    int answer = sum_to_m - sum_to_n;
    return answer;
}
```

func_a 함수는 0부터 전달되는 k까지의 연속하는 정수들의 합을 반환한다. 이를 통해 m까지의 합에서 n-1까지의 합을 뺄셈한 것을 n부터 m까지의 합으로 반환한다. n까지의 합을 뺄셈하게 되면 solution 함수의 반환 결과는 n+1부터 m까지의 합이 된다.

모의고사 2회. 문제 ⑩

```
int func_a(int a[ ][4], int n){
    int total = 0;
    for(int r = 0; r < n ; ++r){
        for(int c = 0; c < 4; ++c){
            total += a[r][c];
        }
    }
    return total / (n*4);
}
int *func_b(int a[ ][4], int n, int val){
    int *ret = (int*)malloc(sizeof(int) * (n*4));
    int k = 0;
    for(int r = 0; r < n ; ++r){
        for(int c = 0; c < 4; ++c){
            if(a[r][c] < val) ret[k++] = a[r][c];
        }
    }
    ret[k] = -1;
    return ret;
```

```
    }
int *solution(int arr[ ][4], int n) {
    int avg = func_a(arr, n);
    int *answer = func_b(arr, n, avg);
    return answer;
}
```

2차 배열의 요소 총 개수는 행(세로길이) 개수와 열(가로길이) 개수의 곱과 같다. func_a 함수는 배열 내의 모든 요소들의 값을 더한 총합을 구한 후 총 개수인 (n*4)로 나누어 평균을 구해서 반환하는 함수이다. n은 전달되는 배열의 행 개수이고 매개변수 선언 a[ ][4]를 보면 열 개수가 4인 것을 알 수 있으므로 배열 요소인 int형 변수의 총 개수는 n*4이다.

func_b 함수는 전달되는 배열 a의 값을 val과 비교하여 작은 값들을 별도의 배열 ret에 저장하여 반환한다. 이때 ret는 길이가 n*4 인 int형 1차 배열이다. ret 배열의 길이는 반드시 n*4가 되어야 하는 것은 아니다. 전달되는 배열 a의 크기와 같은 배열을 생성한 것 뿐인데 주의할 것은 평균은 반이 아니라는 것이다. [1 2 3 4 10 16]인 배열의 길이는 6이며 값들의 평균은 6이다. 배열의 길이를 반인 3인 배열을 생성하여 평균보다 작은 값들을 저장하려면 4를 저장할 수 없다. [1 2 3 4]로 4개를 저장해야 하기 때문이다. 따라서 안전한 범위로 전달되는 배열의 크기만큼을 생성한 후 끝에 −1로 표시하도록 한 이유다.

Chapter
03 | 모의고사 3회

1.1 문제

문제 ❶ 이동거리 차이를 구하는 함수 빈칸 채우기

1) 문제 설명

> 두 사람이 동시에 출발하여 일정한 속도로 걸어가려고 합니다. 출발 이후 두 사람의 거리 차이가 10km 이상이 되는 시간을 분 단위로 구하기 위해 두 사람의 시속을 각각 매개변수 a와 b로 전달할 때 이동거리 차이가 10km 이상이 될 때의 경과시간을 return 하는 solution 함수를 작성하려 합니다. 코드가 올바르게 동작하도록 빈칸을 알맞게 채워 완성해주세요.
>
> 제한조건
> 전달되는 속도는 km/hour 단위로 1~10 사이 정수이다.
> 전달되는 속도가 같은 경우는 없다.

2) 코드

```
double solution(int a, int b) {
    double answer = 0;
    int diff = [_____] ;
    answer = 10.0 / diff;
    return answer*60;
}
```

1) 문제 설명

A 회사에서는 연말에 다음 해의 예산 계획을 작성합니다. 각 부서에서 신청하는 예산을 회사 총 예산 내에서 신청한 액수만큼 배정합니다. 회사 예산의 총액은 미리 정해져 있어서 모든 예산 요청을 그대로 배정해 주기는 어려울 수도 있습니다. 그래서 정해진 총액 이하에서 가능한 한 최대의 예산을 다음과 같은 방법으로 배정하려고 합니다.

❶ 모든 신청 예산이 배정될 수 있는 경우에는 요청한 금액을 그대로 배정
❷ 모든 신청 예산을 배정할 수 없는 경우에는 같은 금액을 배정

예를 들어, 전체 예산이 500일 때 4개 부서의 신청 예산이 각각 [120, 110, 140, 150]이면. 모든 부서에 신청액만큼을 배정할 수 있습니다. [200, 110, 140, 150]으로 전체 예산을 초과하는 경우, 상한액을 125로 하여 모든 부서에 공평하게 배정합니다. 매개변수로 전체 예산 total과 여러 부서의 요청액을 저장한 배열 arr과 arr 배열의 길이 arr_len을 전달합니다. 각 부서에 배정된 예산을 저장한 배열을 return 하는 solution 함수와 func_a 함수를 작성하려 합니다. 코드가 위의 조건을 모두 만족하도록 빈칸을 채워 전체 코드를 완성해주세요.

2) 코드

```
int func_a(int arr[ ], int len) {
    int total = 0;
    for (int i = 0; i < len ++i)
        total += arr[i];
    return total;
}
int *solution(int total, int arr[ ], int arr_len) {
    int *result = (int*)malloc(sizeof(int) * arr_len);
    int req_total = [_____];
    if ([_____]) {
        for (int i = 0; i < arr_len ++i)
            result[i] = total/[_____];
    } else {
        for (int i = 0; i < arr_len ++i)
            result[i] = arr[i];
    }
    return result;
}
```

문제 ❸ 같은 값을 찾아 개수를 구하는 함수 작성하기

1) 문제 설명

A 초등학교의 B 선생님은 올해 6학년 담임을 맡게 되었으며 작년까지 모든 학년의 담임을 한 번씩 맡았습니다. 선생님은 올해 담임을 맡은 반 학생 중에서 1학년부터 5학년까지 같은 반이었던 적이 가장 많은 학생을 임시 반장으로 정하려고 합니다. 그래서 자신이 맡았던 학년별 반들을 적고 그 아래 각 학생들이 1학년부터 5학년까지 몇 반에 속했었는지를 나타내는 표를 작성했습니다. 예를 들어 학생 수가 5명일 때의 경우

	1학년	2학년	3학년	4학년	5학년
선생님	2	6	1	7	3
학생1	2	9	4	6	8
학생2	6	3	4	7	1
학생3	7	7	1	1	2
학생4	8	6	9	7	3
학생5	4	6	5	9	2

첫 행은 선생님이 담임을 맡았던 반이며 학생 2의 경우 4학년 때 B 선생님의 반이었고 학생 4의 경우 2학년, 4학년, 5학년 때 B 선생님의 반 학생이었음을 의미합니다. 이와 같이 선생님과 학생들이 거친 반을 저장한 배열 table과 배열의 길이 table_len을 매개변수로 전달할 때 선생님과 같은 반인 적이 가장 많은 학생번호를 return 하도록 solution 함수를 완성해주세요.

제한사항
학생 수는 1부터 30 사이이다.
학생번호는 전달되는 배열의 요소번호로 한다.

2) 코드

```
int solution(int table[ ][5], int table_len) {
    int answer = 0;
    return answer;
}
```

문제 ④ 페인트 칠하는데 걸리는 시간을 구하는 함수 빈칸 채우기

1) 문제 설명

> 새로 이사 갈 집을 예쁜 색으로 페인트칠을 하려고 합니다. 세 명의 친구 A, B, C가 일을 돕겠다고
> 합니다. 각 친구들이 칠을 하는 속도가 달라서 같은 크기의 벽을 A는 1시간, B는 2시간, C는 4시간
> 이 걸립니다. A, B, C 세 사람이 함께 이 집을 칠하는 몇 시간이 걸리는지 알기 위해 매개변수로 이
> 집의 벽의 개수 walls를 전달하고 모든 벽을 칠하는데 걸리는 시간을 return 하도록 solution 함수를
> 작성하려 합니다. 빈칸을 채워 전체 코드가 올바르게 실행되도록 완성해주세요.
>
>
> 제한조건
> 전달되는 벽의 개수는 1 이상 자연수이며 모든 벽의 크기는 동일하다.
> 하나의 벽을 같이 칠하는 경우는 없다.

2) 코드

```
int solution(int walls) {
    int answer = 0;
    int painted_walls = 0;
    int i;
    for (i = 1; painted_walls < walls; i++) {
        painted_walls = (i) + ([_____]) + ([_____]);
    }
    answer = [_____];
    return answer;
}
```

문제 ⑤ 카드 게임 승자 알아내는 함수 작성하기

1) 문제 설명

> 숫자가 표시된 카드로 민희와 민호가 게임을 하려고 합니다. 각각 1에서 13까지 수가 하나씩 표시된
> 13장의 카드뭉치가 주어지며 두 사람은 카드를 임의의 순서로 섞은 후 숫자가 보이지 않게 한 줄로
> 늘어놓고 게임을 시작합니다. 게임의 규칙은 아래와 같습니다.

❶ 게임 도중 카드의 순서를 바꿀 수는 없다.

❷ 첫 번째 놓인 카드부터 시작하여 순서대로 뒤집는다.

❸ 카드를 뒤집어서 표시된 수가 높은 쪽이 승리하며 같은 경우에는 무승부로 한다.

❹ 모든 카드를 뒤집은 후 이긴 횟수가 많은 쪽이 최종 승자가 된다.

카드뭉치를 각각 민호는 mho_arr에 민희는 mhe_arr 배열에 담고 배열과 배열의 길이 arr_len을 매개변수로 전달하여 민호가 이긴 경우 1, 민희가 이긴 경우 0, 무승부인 경우 −1을 return 하도록 solution 함수를 완성해주세요.

제한조건
두 배열의 길이는 arr_len으로 같다.

2) 코드

```
int solution(int mho_arr[ ], int mhe_arr[ ], int arr_len) {
    int result = -1;
    return result;
}
```

문제 ❻ 문자열 내 정수들의 총합 구하는 함수 빈칸 채우기

1) 문제 설명

문자열에서 정수를 추출하여 총합을 출력하는 프로그램을 만들려고 합니다. 예를 들어 "korean world cup 2018. olympic stadium 10, 11 pm 1."인 문자열에서 정수는 2018, 10, 11, 10이며 이들의 총합은 2040입니다. 임의의 문자열 string을 매개변수로 전달할 때 그 문자열 내의 정수들을 추출하여 총합을 return 하도록 solution 함수 작성하려 합니다. 빈칸을 알맞게 채워 올바르게 작성하도록 완성해주세요.

2) 코드

```c
int solution(char string[ ]) {
    int answer = 0;
    int number = 0;
    for (int i = 0; string[i] != 0 ; ++i) {
        if ('0' <= string[i] && string[i] <= '9') {
            number = [_____];
        } else {
            answer += number;
            [_____];
        }
    }
    return answer;
}
```

문제 ❼ 야구게임의 볼 판정 함수 수정하기

1) 문제 설명

두 개의 3자리 정수를 비교하여 "스트라이크"와 "볼"인 경우의 개수를 세려고 합니다. 각 자리를 위치로 하여 일치하는 경우 "스트라이크"는 3, "볼"은 0이 되고 값은 같지만, 자리가 모두 다른 경우 "스트라이크"는 0, "볼"은 3이 됩니다. 아래 기준에 따라 판정합니다.

1) "스트라이크"는 값과 위치가 같은 경우
2) "볼"은 값은 같으나 위치가 다른 경우

예를 들어 123과 345인 두 정수를 비교하여 백의 자리, 십의 자리, 일의 자리로 나누어 비교한 결과는 "스트라이크" 0개, "볼" 1개입니다.

백	십	일
1	2	3
3	4	5

두 정수를 각각 매개변수 a와 b로 전달할 때 "스트라이크"개수와 "볼"의 개수를 배열에 담아 return 하는 solution 함수를 작성했습니다. 그러나 코드 일부분이 잘못되어 올바르게 동작하지 않습니다. 주어진 코드에서 한 줄만 변경해서 모든 입력에 대해 올바르게 동작하도록 수정하세요.

제한조건
전달되는 두 정수는 100~999 사이 정수 중 각 자리의 중복은 없는 정수이다.
반환되는 배열의 [0]번 요소에는 "스트라이크" 개수 [1]번 요소에는 "볼" 개수를 저장한다.

2) 코드

```
int *solution(int a, int b) {
    int *result = (int*)malloc(sizeof(int) * 2);
    int temp;
    result[0] = 0;
    result[1] = 0;
    for (int i = 0; i < 3; i++) {
        temp = b;
        for (int k = 0; k < 3; k++) {
            if (a % 10 == temp % 10) {
                if(i==k) result[0]++;
                else result[1]++;
            }
            temp /= 10;
        }
        b /= 10;
    }
    return result;
}
```

문제 8 문자열 내에 지정하는 문자들이 있는지 확인하는 함수 수정하기

1) 문제 설명

A 회사에서 운영 중인 사이트에서는 회원들의 비밀번호에 지정하는 문자들이 포함되도록 하고 있습니다. 회원 가입 시 등록 하는 비밀번호에는 지정하는 문자들이 최소한 하나 이상 포함되어야 회원 가입이 가능합니다. 예를 들어 "Ga#9"로 지정한 경우 비밀번호 문자열에는 'G', 'a', '#', '9' 문자가 각각 최소 1개 이상 있어야 하며 이를 위해 사용자가 입력하는 문자열에 지정 문자들이 있는지를 비교하는 기능을 만들려고 합니다. 임의 문자열 pass와 지정 문자열 key를 매개변수로 전달할 때 pass 문자열 내에 key의 문자들이 포함되어 있는지를 검사하여 포함된 경우 1, 그렇지 않은 경우 0을 return 하도록 solution 함수를 작성했습니다. 그러나 코드 일부분이 잘못되어 올바르게 동작하지 않습니다. 주어진 코드에서 한 줄만 변경하여 모든 입력에 대해 올바르게 동작하도록 수정하세요.

2) 코드

```
int solution(char pass[ ], char key[ ]) {
    int answer = 0;
    int match_cnt;
    for (int i = 0; key[i] != 0; ++i) {
        for (int k = 0; pass[k] != 0; ++k) {
            if (key[i] == pass[k]) {
                match_cnt++;
                break;
            }
        }
    }
    if (match_cnt >= strlen(key)) answer = 1;
    return answer;
}
```

문제 9 각 팀의 총 승점을 구하는 함수 수정하기

1) 문제 설명

A, B, C, D 4개의 축구팀이 모여 축구대회를 개최하였습니다. 모든 팀이 한 번씩 경기를 하여 이긴 팀에는 승점 2, 진 팀에는 승점 0을 부여하고 무승부인 경우는 없습니다. 모든 경기가 끝나고 승점이 가장 높은 팀이 우승 팀이 됩니다. 심판은 아래와 같은 표에 경기 승패 현황을 1과 0으로 표시하였습니다.

	A	B	C	D
A	X	1	0	0
B	0	X	0	1
C	1	1	X	1
D	1	0	0	X

위와 같이 기록된 경우 가로로 전적을 확인할 수 있습니다.

❶ A 팀은 B 팀에겐 이기고 C와 D 팀에게는 졌다.

❷ B 팀은 A와 C 팀에게 지고 D 팀에게는 이겼다.

❸ C 팀은 모든 팀에게 이겼다.

❹ D 팀은 A 팀에게 이기고 B와 C 팀에게는 졌다.

우승 팀을 가리기 위해 승점을 계산하는 코드를 작성하려고 합니다. 위 표와 같은 순서로 경기 승패 현황을 기록한 배열 scores와 배열의 길이 scores_len을 매개변수로 전달할 때 각 팀의 승점을 계산하여 담은 배열을 return 하도록 solution 함수를 작성했습니다. 그러나 코드 일부분이 잘못되어 있어서 올바르게 동작하지 않습니다. 주어진 코드에서 한 줄만 변경하여 올바르게 동작하도록 수정하세요.

제한조건
반환하는 배열은 A, B, C, D 팀 순서로 승점을 저장한다.

2) 코드

```c
int *solution(int scores[ ][4], int scores_len) {
    int *result = (int*)malloc(sizeof(int) * scores_len);
    for (int i = 0; i < 4; i++) {
        result[i] = 0;
        for (int k = 0; k < 4; k++) {
            if (i != k) {
                result[i] += scores[i][k];
            }
        }
    }
    return result;
}
```

문제 ⑩ 문자열들을 처리하는 시간을 구하는 함수 수정하기

1) 문제 설명

1대의 컴퓨터가 길이 4인 문자열을 처리하는데 1분이 걸린다고 합니다. 문자열의 길이가 13인 경우 4 단위로 나누어서 4번 처리하게 되어 4분이 걸리게 됩니다. 여러 개의 문자열을 저장한 후 배열 strings와 배열의 길이 str_len을 매개변수로 전달할 때 처리에 소요되는 시간을 구하여 return 하도록 solution 함수를 작성했습니다. 그러나 코드 일부분이 잘못되어 있어서 올바르게 동작하지 않습니다. 주어진 코드에서 한 줄만 변경하여 모든 입력에 대해 올바르게 동작하도록 수정하세요

2) 코드

```
int solution(const char* strings[ ], int str_len) {
    int result = 0;
    int len;
    for (int i = 0; i < str_len; i++) {
        len = strlen(strings[i]);
        result += (len / 4);
        if (len % 4 == 0)
            result++;
    }
    return result;
}
```

1.2   모의고사 3회 모범답안

모의고사 3회. 문제 ❶

```
double solution(int a, int b) {
    double answer = 0;
    int diff = (a < b)? b-a : a-b ;
    answer = 10.0 / diff;
    return answer*60;
}
```

속도가 다른 두 사람이 같은 시간 동안 이동한 거리는 차이가 날 것이다. 예를 들어 시속 2km/h 인 경우 1시간이면 2km를 이동해 있을 것이며 속도 × 시간과 같다. 시속이 a와 b이고 시간 hour가 주어질 때 이동한 거리 차는 (a * hour) − (b * hour)로 구할 수 있으며 문제에서는 거리 차이가 10일 때로 제시하므로 (a * hour) − (b * hour) = 10으로 식을 세울 수 있다. 이때 b가 더 빠른 속도라면 음수가 되므로 (b * hour) − (a * hour) = 10로 바꾸어 = 양쪽의 부호를 맞출 수 있다. 이 식을 정리하면 (b−a) * hour = 10이고 a와 b는 매개변수로 주어지는 값이므로 hour = 10 / (b−a)로 구할 수 있을 것이다. 식을 세우고 그 식을 코드로 작성하는 문제로 수학과 코딩 지식을 동시에 묻는다.

모의고사 3회. 문제 ❷

```c
int func_a(int arr[ ], int len) {
    int total = 0;
    for (int i = 0; i < len ++i)
        total += arr[i];
    return total;
}
int *solution(int total, int arr[ ], int arr_len) {
    int *result = (int*)malloc(sizeof(int) * arr_len);
    int req_total = func_a(arr, arr_len);    // 신청액 총액을 구한다.
    if (req_total > total) {
        for (int i = 0; i < arr_len ++i)
            result[i] = total/arr_len;        // 신청액이 큰 경우 균등 분배한다.
    } else {
        for (int i = 0; i < arr_len ++i)
            result[i] = arr[i];
    }
     return result;
}
```

func_a 함수는 배열 요소들의 총합을 반환하는 함수이다. 예산 총액 total과 신청 총액 req_total을
비교하여 req_total 이 더 크면 신청한 액수만큼 배분할 수 없으니 균등 분할하도록 코드를 작성한다.

모의고사 3회. 문제 ❸

```c
int solution(int table[ ][5], int table_len) {
    int answer = 0;
    int max = 0;
    int sum;
    for (int i = 1; i < table_len ++i) {
        sum = 0;
        for (int k = 0; k < 5; ++k) {
            if (table[0][k] == table[i][k]) {
                sum++;
            }
        }
         if (max < sum) {
```

```
        max = sum;
        answer = i;
    }
  }
  return answer;
}
```

for 반복문은 두 가지 동작을 함께 수행한다. [0]번 행의 값들과 [i]번 행의 값들이 같은 것이 있는지를 확인하여 개수를 세고 각 행 단위로 센 개수 중 가장 큰 값을 찾는 것이다. 배열의 구조를 이해하는 것이 중요한 문제이며 [0]행은 선생님이 거친 반들이고 나머지 행들은 각 학생들이 거친 반을 의미한다. 가로가 되는 열은 각 학년을 의미하므로 안쪽 for 반복문에서 k는 학년을 의미하는 것과 같다. 즉 table[i][k]는 [i]번 학생이 [k]학년일 때의 반이다. 이 구조에서 선생님이 k 학년의 담임이었단 반과 i번 학생이 k학년일 때 반이 같은 반이었는지 검사하는 것이 if 조건문 if (table[0][k] == table[i][k]) 이다. sum 변수는 각 학생이 선생님과 같은 반이었던 횟수를 센 것으로 max 변수는 그중 가장 큰 값이며 answer는 학생의 번호인 i 번을 저장하도록 작성한 코드이다.

모의고사 3회. 문제 ❹

```
int solution(int walls) {
    int answer = 0;
    int painted_walls = 0;
    int i;
    for (i = 1; painted_walls < walls; i++) {
        painted_walls = (i) + (i / 2) + (i / 4);
    }
    answer = i-1;
    return answer;
}
```

i 변수를 시간으로 보면 이해가 쉽다. i 변수가 1일 때는 1시간이 지난 시점을 의미하고 4일 때는 4시간이 된 시점을 의미한다. 친구를 각각 a, b, c라고 하면 a는 매 시간마다 1개씩 벽을 칠하고 b는 2시간에 1개씩 벽을 칠한다. c는 4시간에 1개씩 벽을 칠하므로 매 시간단위로 반복하면서 칠해진 벽이 몇 개인지를 painted_wall에 저장하는 것이다.

칠해진 벽 수	시간(i)	a(i)	b(i/2)	c(i/4)
1	1	1	0	0
3	2	2	1	0
4	3	3	1	0

위와 같이 매 시간 단위로 각자 칠한 벽의 개수를 누적하여 합산하면 소요시간을 예상할 수 있다.

모의고사 3회. 문제 ❺

```
int solution(int mho_arr[ ], int mhe_arr[ ], int arr_len) {
    int result = -1;
    int minho = 0;
    int minhee = 0;
    for (int i = 0; i < arr_len ++i) {
        if (mho_arr[i] > mhe_arr[i]) {
            minho++;
        }else if (mho_arr[i] < mhe_arr[i]) {
            minhee++;
        }
    }
    if (minho > minhee) result = 1;
    else if(minho < minhee) result = 0;
    return result;
}
```

길이가 같은 두 개의 배열을 전달받아보다 큰 값이 들어 있을 경우의 개수를 각각 센 것이다. 모든 요소들을 확인 후 어느 쪽이 더 많은 개수인지를 판별하여 반환하는 코드이다.

모의고사 3회. 문제 ❻

```
int solution(char string[ ]) {
    int answer = 0;
    int number = 0;
    for (int i = 0; string[i] != 0 ; ++i) {
        if ('0' <= string[i] && string[i] <= '9') {
            number = number * 10 + (string[i] - 48);
        } else {
            answer += number;
```

```
        number = 0;
    }
  }
   return answer;
}
```

문자열 속에서 숫자들을 찾아 정수로 변환하는 문제이다. 숫자는 '0'~'9'까지 10개의 문자들을 말한다. ASCII에는 숫자들이 정수 48~57까지 연속되는 정수로 정의되어 있다. 즉 숫자 '0'은 컴퓨터 내부에서 0이 아니라 48이다. 숫자 '0'을 정수 0으로 바꾸기 위해 string[i] − 48과 같이 실행하여야 한다. 나머지 숫자들은 1씩 증가되는 연속되는 정수이므로 '1' − 48 = 1

'2' − 48 = 2

'3' − 48 = 3

'4' − 48 = 4

'5' − 48 = 5

'6' − 48 = 6

'7' − 48 = 7

'8' − 48 = 8

'9' − 48 = 9

위와 같이 구하게 된다. 이를 number에 저장하는데 흔히 말하는 정수는 10진 체계로 이해하므로 10진수에서 한 자리를 높이는 것이 10을 곱하는 것이다. 예를 들어 2는 1자리 정수인데 10을 곱하면 20이 되어 2자리의 정수가 되는 것이다. 그리고 하나의 정수가 끝날 때 (숫자가 아닌 문자일 때) number를 answer에 더하여 총합을 구하고 다음 정수를 계산하기 위해 number를 0으로 초기화해두게 된다.

모의고사 3회. 문제 ❼

```
int *solution(int a, int b) {
    int *result = (int*)malloc(sizeof(int) * 2);
    int temp;
    result[0] = 0;
```

```
    result[1] = 0;
    for (int i = 0; i < 3; i++) {
        temp = b;
        for (int k = 0; k < 3; k++) {    // a의 값과 b의 각 자리값을 비교
            if (a % 10 == temp % 10) {
                if(i==k) result[0]++;
                else result[1]++;
            }
            temp /= 10;
        }
        a /= 10;    // b가 아니라 a의 값을 한 자리 줄여야 한다.
    }
    return result;
}
```

result는 배열로 [0]번 요소에는 strike 개수, [1]번 요소에는 ball 개수를 저장하기 위해 길이 2인 배열을 생성한다. 전달받은 정수 a, b의 각 자리별로 비교를 하는데 나머지 % 10은 일의 자리값을 의미하고 나누기 / 10은 한 자리씩 줄이는 것을 의미한다. a와 b의 값이 각각 235, 345인 경우

i = 0일 때 a 일의 자리값 5   --- a의 일의 자리값

　　k = 0일 때 temp 일의 자리값 5   --- b의 일의 자리값

　　k = 1일 때 temp 일의 자리값 4   --- b의 십의 자리값

　　k = 2일 때 temp 일의 자리값 3   --- b의 백의 자리값

i = 1 일 때 a 일의 자리값 3   --- a의 십의 자리값

　　k = 0일 때 temp 일의 자리값 5   --- b의 일의 자리값

　　k = 1일 때 temp 일의 자리값 4   --- b의 십의 자리값

　　k = 2일 때 temp 일의 자리값 3   --- b의 백의 자리값

i = 2일 때 a 일의 자리값 2   --- a의 백의 자리값

　　k = 0일 때 temp 일의 자리값 5   --- b의 일의 자리값

　　k = 1일 때 temp 일의 자리값 4   --- b의 십의 자리값

　　k = 2일 때 temp 일의 자리값 3   --- b의 백의 자리값

즉 i 변수와 k 변수는 각 정수의 자리(위치)를 의미하는 것으로 볼 수 있다.

모의고사 3회. 문제 **8**

```c
int solution(char pass[ ], char key[ ]) {
    int answer = 0;
    int match_cnt = 0;
    for (int i = 0; key[i] != 0; ++i) {
        for (int k = 0; pass[k] != 0; ++k) {
            if (key[i] == pass[k]) {
                match_cnt++;
                break;      // key[i] 문자가 있으므로 종료 후 key[i+1] 문자로
            }
        }
    }
    if (match_cnt >= strlen(key)) answer = 1;
    return answer;
}
```

전달되는 문자열 pass에 key 문자열의 문자들이 포함되어 있는지를 확인하는 코드이다.
if 조건문에서 break;를 사용하는 것은 pass 내에 key[i]번 문자가 하나 있으면 되므로 pass의 나머지 문자들을 비교할 필요 없이 key의 다음 문자로 넘기기 위한 것이다. 검사가 종료된 후 mastch_cnt값이 key 문자열의 길이 이상이면 모두 포함된 것이므로 1을 반환한다.

모의고사 3회. 문제 **9**

```c
int *solution(int scores[ ][4], int scores_len) {
    int *result = (int*)malloc(sizeof(int) * scores_len);
    for (int i = 0; i < 4; i++) {
        result[i] = 0;
        for (int k = 0; k < 4; k++) {
            if (i != k) {
                result[i] += (scores[i][k] * 2);
            }
        }
    }
    return result;
}
```

[i]번 팀이 [k]번 팀에게 이겼다면 scores[i][k]에 1이 저장되고 이긴 경우 승점은 2이므로 2를 저장하거나 1 * 2가 되도록 하여야 한다. 즉 이길 때마다 승점은 2씩 증가되도록 코드를 작성해야 한다.

```
int solution(const char* strings[ ], int str_len) {
    int result = 0;
    int len;
    for (int i = 0; i < str_len i++) {
        len = strlen(strings[i]);
        result += (len / 4);
        if (len % 4)
            result++;
    }
    return result;
}
```

길이가 다른 여러 개의 문자열을 전달받아 4byte씩 처리하므로 char형 4개씩 처리하는 것과 같다. 문자열의 길이가 8이라면 4개씩 2번 처리하므로 길이/4가 되는데 문자열의 길이가 9나 10처럼 4의 배수가 아니라면 남는 개수가 생기게 된다. 이를 구하여 한 번 더 처리하도록 한 것이 나머지 연산이다. 나누기는 "몇 개로 나눌 수 있느냐?"이고 나머지는 "나누고 남은 것(나누지 못한 것)이 몇 개냐?"라는 것을 확인하는 것이다. 문자열의 길이가 4의 배수가 아니라면 한 번을 더 처리해야하므로 result++를 길이 % 처리단위의 조건으로 실행된다.

Chapter
04 | 모의고사 4회

1.1 문제

문제 ❶ 카드 숫자 조합하여 홀수의 개수를 구하는 함수 빈칸 채우기

1) 문제 설명

1부터 9 사이의 숫자가 적혀진 다섯 장의 카드를 하나의 세트로 하며 중복되는 숫자는 없습니다. 그 중 3장의 카드를 골라 적힌 숫자의 합이 홀수인 경우가 몇 번인지를 알아내려고 합니다. 예를 들어 다섯 장의 카드가 (7, 5, 6, 4, 9)인 경우 순서에 관계없이 조합할 수 있는 경우는 아래와 같습니다.

[7, 5, 6], [7, 5, 4], [7, 5, 9], [7, 6, 4], [7, 6, 9], [7, 4, 9]

[5, 6, 4], [5, 6, 9], [5, 4, 9]

[6, 4, 9]

[7, 4, 9]의 경우 합은 20이 되고, [7, 6, 4]의 경우 합은 17이 됩니다. 다섯 장의 카드를 저장한 배열 cards를 매개변수로 전달할 때 3장씩 조합하여 카드에 적힌 숫자의 합이 홀수인 경우가 몇 번인지를 return 하도록 solution 함수를 작성하려 합니다. 빈칸을 채워 전체 코드를 완성해 주세요.

2) 코드

```
int solution(int cards[ ]) {
    int answer = 0;
    for (int i = 0; i < [_____]; i++)
        for (int k = [_____]; k < 5; k++)
            for (int m = [_____]; m < 5; m++)
                if ((cards[i] + cards[k] + cards[m]) [_____])
                    answer++;
    return answer;
}
```

문제 ❷ 무게를 재기 위해 필요한 추의 개수 구하는 함수 빈칸 채우기

1) 문제 설명

실험실에서 양팔저울을 이용하여 무게를 측정하려고 합니다. 무게 측정 시 사용할 수 있는 추는 g 단위로 [1, 2, 3, 5, 7, 11, 13, 17, 19, 23] 열 가지로 모두 1개씩 구비되어 있습니다. 실험실에서 다루는 대상물은 100g을 넘는 경우는 없으며 여러 명의 연구원이 실험을 위해 추를 사용하기 때문에 남아 있는 추는 매번 다릅니다. 남아있는 추로 어떤 구슬의 무게를 잴 때 양팔 저울이 균형을 이루는 추의 개수가 가장 적은 것을 구하려고 합니다. 가장 작은 단위부터 순서대로 추를 저장한 배열 arr과 배열의 길이 arr_len, 그리고 구슬의 무게 payload를 매개변수로 전달할 때 가장 적은 추의 개수를 return 하도록 solution 함수를 작성하려고 합니다. 빈칸을 채워 올바르게 동작하도록 완성해주세요.

제한조건
남아있는 추로 무게를 잴 수 없는 경우 0을 반환한다.
모든 단위의 추는 1개씩만 존재한다.
구슬의 무게는 1 이상 100 이하의 정수이다.

2) 코드

```
int solution(int arr[ ], int arr_len, int payload) {
    int cnt = 0;
    int weight = 0;
    int diff = 0;
    for ( int i = [ _____ ];[ _____ ];[ _____ ]) {
        diff = payload - weight;
        if ( diff [ _____ ] arr[i] ) {
            weight += arr[i];
            cnt++;
        }
    }
    if ( weight != payload )
        cnt = 0;
    return cnt;
}
```

문제 ❸ 통학버스 왕복 횟수 구하는 함수 작성하기

1) 문제 설명

새로 조성된 신도시는 큰 도로 하나를 따라 여러 아파트 단지들을 지었습니다. 한 지점에 학교 하나를 신설하였습니다. 학교는 통학버스로 이 도로를 따라 왕복하여 학생들을 학교로 태워 데리고 오며 통학버스는 한 대이며 정원은 12명입니다. 이 통학버스는 정원을 초과하여 학생을 태울 수 없고, 모든 학생을 등교시킬 때까지 운행합니다. 모든 학생을 등교시키기 위해 통학버스는 몇 번을 왕복해야 하는지를 확인하려고 합니다. 각 아파트 단지에 이 학교 학생들의 수를 배열 student에 담아 아파트 단지 수 apts와 함께 매개변수로 전달될 때 통학버스의 왕복 횟수를 return 하도록 solution 함수를 완성해주세요.

제한사항
통학버스를 타지 않는 학생은 없다.
학생 수는 0 이상의 정수이다.

2) 코드

```
int solution(int student[ ], int apts) {
    int result = 0;
    // to do
    return result;
}
```

문제 ❹ 문자열 내 문자들 바꾸는 함수 빈칸 채우기

1) 문제 설명

철수는 지인들의 연락처나 가입된 사이트의 아이디나 비밀번호가 유출되는 것을 걱정하고 있습니다. 프로그래밍을 배운 후 쉽게 노출이 되지 않도록 암호화를 하여 정보를 저장하려고 하는데 간단한 방법을 사용하기로 하고 문자열의 첫 글자를 기준으로 나머지 글자들을 일정한 규칙으로 바꾸려고 합니다. 변경하는 규칙은 아래와 같습니다.

2) 코드

```c
int func_a(char dest[ ], char src[ ]) {
    int i;
    dest[0] = src[0];
    for (i = 1; [_____] ; ++i) {
        dest[i] = [_____];
    }
    dest[i] = 0;
    return 0;
}
char *solution(char string[ ]) {
    char *encoded = (char*)malloc(sizeof(char) * ([_____]));
    func_a([_____]);
    return encoded;
}
```

문제 ❺ 대괄호 쌍 개수 세는 함수 빈칸 채우기

1) 문제 설명

문자열을 검사하여 배열이 몇 개가 있는지를 알아내려고 합니다. 배열은 '['로 시작되어 ']'로 끝나는
구간으로 정의하였습니다. 예를 들어 문자열 "kim, [10, 20, 30] jung [30, 20]"인 경우 배열은 "[10,
20, 30]", "[30, 20]" 2개입니다. 배열은 다음과 같이 중첩될 수 있으며 "[kim [10, 20, 30], jung [30,
20]]" 모든 괄호는 "여는 괄호"와 "닫는 괄호"쌍이 되어야 합니다. 다음의 절차로 코드를 실행시키
려고 할 때

❶ 문자열 내 대괄호의 쌍이 맞는지 확인

❷ 모든 대괄호가 쌍이 될 때 문자열 속 "배열" 개수 구하기

임의의 문자열 string을 매개변수로 전달할 때 문자열 속 "배열"의 개수를 return 하도록 solution 함수를 작성하려 합니다. 빈칸을 채워 전체 코드를 완성해주세요.

제한조건
대괄호 쌍이 완전하지 않은 경우 −1을 반환한다.

2) 코드

```
int func_a(char s[ ]) {
    int cnt = 0;
    for (int i = 0; s[i] != 0; ++i) {
        if (s[i] == '[') cnt++;
        if (s[i] == ']') cnt--;
    }
    return cnt;
}
int solution(char string[ ]) {
    int answer = 0;
    if (func_[_____]) {   return -1;   }
    for (int i = 0; i < strlen(string); ++i) {
        if (string[i] == [_____]) {
            answer++;
        }
    }
    return answer;
}
```

문제 ❻ 수업별 신청자 인원수 구하는 함수 수정하기

1) 문제 설명

A 대학교에서 심리학, 영상이해, 이산수학 수업의 신청자 수를 조사하였습니다. 각 학년별로 나누어 조사한 결과를 한 줄로 입력하였다고 합니다. 다행히 수업별 순서대로 작성하여 구분은 가능합니다. 각 수업별로 신청자의 총합을 확인하는 것이 급하게 해야 할 일입니다. 담당자는 신청자 수만 나열하여 작성하였는데 순서는 다음과 같습니다.

❶ 심리학 영상이해 이산수학의 순으로

❷ 1학년, 2학년, 3학년, 4학년 순으로 신청자 수만 나열

예를 들어 [8, 5, 3, 5, 6, 7, 3, 4, 5, 6, 7, 8]인 경우에 첫 4개는 심리학 신청자 수이며 다음 4개는 영상이해 신청자, 다음 4개는 이산수학의 신청자 수로 나누어 볼 수 있습니다.

[8, 5, 3, 5], [6, 7, 3, 4], [5, 6, 7, 8] 각 수업별 내에서 순서대로 학년별 신청자 수로 작성되었다고 합니다. 전체 신청자 인원수를 저장한 배열 arr과 배열의 길이 arr_len을 매개변수로 전달할 때 위 순서대로 수업별 신청자 총합을 저장한 배열을 return 하도록 solution 함수를 작성했습니다. 그러나 코드 일부분이 잘못되어 있어서 올바르게 동작하지 않습니다. 주어진 코드에서 한 줄만 변경하여 올바르게 동작하도록 수정해주세요.

2) 코드

```c
int *solution(int arr[ ], int arr_len) {
    int *answer = (int*)malloc(sizeof(int) * 3);
    for (int i = 0; i < 3; ++i) {
        answer[i] = 0;
        for (int k = 0; k < 4; ++k) {
            answer[i] += arr[i][k];
        }
    }
    return answer;
}
```

문제 ❼ 화면 내 이동 시 x와 y가 같은 위치 개수 구하는 함수 수정하기

1) 문제 설명

키보드로 화면 속 캐릭터를 이동시키려고 합니다. 화면의 크기는 가로 1,024, 세로 768 길이이며 그 정중앙을 원점 x = 0, y = 0으로 하기로 하였습니다. 원점에서 오른쪽을 x 양의 방향, 아래쪽을 y 양의 방향으로 하려고 합니다. 키보드에서 입력된 문자에 따라 한 칸씩 움직이도록 규칙을 정했습니다.

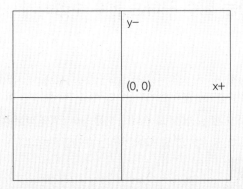

키보드로 입력한 문자에 따라 다음과 같이 이동하며 그 외 문자들은 반응이 없습니다.

'w' 화면 위로 이동

'a' 화면 왼쪽으로 이동

's' 화면 아래로 이동

'd' 화면 오른쪽으로 이동

키보드에서 입력된 문자열 input과 배열의 길이 arr_len을 매개변수로 전달할 때 캐릭터의 x, y가 같은 지점이 몇 번 있었는지를 return 하도록 solution 함수를 작성했습니다. 그러나 코드 일부분이 잘못되어 올바르게 동작하지 않습니다. 주어진 코드에서 한 줄만 변경하여 올바르게 동작하도록 수정해주세요.

제한조건

캐릭터의 시작위치는 원점이며 화면 내에서만 이동할 수 있다.

전달되는 문자열에는 다양한 문자들이 존재할 수 있다.

2) 코드

```
int solution(char input[ ], int arr_len) {
    int answer = 0;
    int x, y;
    x = y = 0;
    for (int i = 0; i < arr_len ; ++i) {
        if (input[i] == 'w') y--;
        else if (input[i] == 's') y++;
        else if (input[i] == 'a') x--;
        else if (input[i] == 'd') x++;
        answer++;
    }
    return answer;
}
```

문제 ❽ 평균과 가장 큰 차이가 나는 점수 구하는 함수 수정하기

1) 문제 설명

A 반의 담임선생님은 최근에 치른 수학 시험을 결과를 분석하려고 합니다. 평균 점수를 구한 후 평균 점수와 가장 큰 차이가 나는 점수가 몇 점인지를 알아보려고 합니다. 예를 들어 5명의 학생 점수가 [10, 90, 50, 30, 60]일 때 평균은 48점입니다. 각 점수와 평균과의 차이는 아래와 같습니다.

학생별 점수	평균과의 차이
10	38
90	42
50	2
30	18
60	12

평균과 가장 큰 차이가 나는 점수는 90점입니다. 학생들의 점수를 저장한 배열 scores와 배열의 길이 scores_len을 매개변수로 전달할 때 평균과 가장 큰 차이가 나는 점수를 return 하도록 solution 함수를 작성했습니다. 그러나 코드 일부분이 잘못되어 있어서 올바르게 동작하지 않습니다. 주어진 코드에서 한 줄만 변경하여 모든 입력에 대해 올바르게 동작하도록 수정해주세요.

2) 코드

```
int func_a(int a[ ], int n) {
    int total = 0;
    for (int i = 0; i < n; ++i) total += a[i];
    return total;
}
int func_b(int a, int b) {
    return (a < b)? b-a : a-b;
}
int func_c(int a, int b[ ], int n) {
    int diff;
    int max_diff = 0;
    int max_score = 0;
    for (int i = 0; i < n ++i) {
        diff = func_b(a, b[i]);
        if (max_diff > diff) {
            max_diff = diff;
            max_score = b[i];
```

```
        }
    }
    return max_score;
}
int solution(int scores[ ], int scores_len) {
    int answer = 0;
    int total = func_a(scores, scores_len);
    int avg = total / scores_len;
    int max_score = func_c(avg, scores, scores_len);
    answer = max_score;
    return answer;
}
```

문제 9 단체 여행 숙소 방의 개수를 구하는 함수 수정하기

1) 문제 설명

A 초등학교에서는 단체로 2박 3일 여행을 가기로 했습니다. 1학년부터 6학년까지 학생들이 묵을 방을 배정해야 합니다. 같은 학년끼리만 방을 배정해야 하며 방 하나에 한 명만 배정하는 것도 가능합니다. 방 하나에 배정할 수 있는 최대 인원수 K일 때, 모든 학생을 배정하기 위해 필요한 방의 최소 개수를 구하려고 합니다. 예를 들어, 여행을 가는 학생 수가 다음과 같고 K = 4일 때 17개의 방이 필요합니다.

학년	인원	방 개수
1	13	4
2	16	4
3	9	3
4	2	1
5	10	3
6	7	2

학년별 인원수가 1학년부터 순서대로 저장된 배열 arr과 배열의 길이 arr_len 그리고 방의 최대인원수 k를 매개변수로 전달할 때 필요한 방의 개수를 return 하는 solution 함수를 작성했습니다. 그러나 코드 일부분이 잘못되어 있어서 올바르게 동작하지 않습니다. 주어진 코드에서 한 줄만 변경하여 올바르게 동작하도록 수정해주세요.

2) 코드

```
int solution(int arr[ ], int arr_len, int k) {
    int answer = 0;
    for (int i = 0; i < arr_len i++) {
        answer += arr[i];
        if (arr[i] % k) answer++;
    }
    return answer;
}
```

문제 ⑩ 중간고사 폐지를 위한 설문조사 결과를 구하는 함수 작성하기

1) 문제 설명

A 대학에서는 중간고사 폐지를 위한 투표를 하기 전 설문조사를 통해 의견을 조사하였습니다. A 대학에는 인문대, 공과대, 체육대 3개의 단과대가 있으며 설문조사에 참여하지 않는 학생이 없다고 합니다. 학생들은 "찬성"과 "반대" 둘 중 하나만 선택할 수 있도록 하여 아래처럼 두 개로 나누어 표의 형식으로 정리하였습니다.

찬성 응답 수				반대 응답 수			
	인문대	공과대	체육대		인문대	공과대	체육대
1학년	3	2	7	1학년	30	50	120
2학년	4	2	6	2학년	70	90	180
3학년	5	3	8	3학년	120	150	260
4학년	7	6	8	4학년	102	120	104

설문 조사 결과 찬성 응답 수와 반대 응답 수를 전체 학생 수 기준의 백분율(%)로 나타내려고 합니다. 찬성 응답 자료를 저장한 배열 a와 반대 응답 자료를 저장한 배열 b와 배열 길이 len을 매개변수로 전달할 때 찬성율과 반대율의 순서로 담은 배열을 return하는 함수를 완성해주세요.

제한조건

학년과 단과대 수는 일정하며 전달되는 배열의 길이는 같다.

반환되는 배열은 정수형이어야 한다.

2) 코드

```
int *solution(int a[ ][3], int b[ ][3], int len) {
    int *answer;
    // to do
    return answer;
}
```

1.2 모의고사 4회 모범답안

모의고사 4회. **문제 ❶**

```
int solution(int cards[ ]) {
    int answer = 0;
    for (int i = 0; i < 3; i++)
        for (int k = i+1; k < 5; k++)
            for (int m = k+1; m < 5; m++)
                if ((cards[i] + cards[k] + cards[m]) % 2)
                    answer++;
    return answer;
}
```

순서에 상관없이 3개씩 모은 조합을 구하고 그 조합의 합이 홀수인 것을 찾는 문제이다. "홀수"는 2로 나눈 나머지가 1인 것으로 판별할 수 있으므로 카드 3장의 합을 2로 나눈 나머지를 조건식으로 사용한다. 조합하는 원리는 총 5장 중 첫 번째 1장을 선택하면 남은 4장 중에서 하나를 선택할 수 있다. 두 번째 1장을 선택하면 남은 3장 중에서 하나를 선택할 수 있다. 중요한 점은 카드 조합은 "순서는 관계 없이"라는 것으로 [1, 2, 3], [2, 1, 3], [3, 2, 1]처럼 조합된 순서가 다르더라도 합은 모두 6이다. 이처럼 순서에 관계없이 조합되는 경우는 배열의 경우 왼쪽[0]에서 오른쪽[4]로 이동하는 개념으로 코드를 작성할 수 있다.

	[0]	[1]	[2]	[3]	[4]
3 5 2	3	5	2	7	6
3 5 7	3	5	2	7	6
3 5 6	3	5	2	7	6

5 2 7	3	5	2	7	6
5 2 6	3	5	2	7	6
2 7 6	3	5	2	7	6

i가 2보다 크면 3개의 조합을 할 수 없으므로 i는 2까지만 반복한다.

i (< 3)	k (< 5)	m (< 5)	3장 조합
0	1	2 3 4	3 5 2, 3 5 7, 3 5 6
0	2	3 4	3 2 7, 3 2 6
0	3	4	3 7 6
1	2	3 4	5 2 7, 5 2 6
1	3	4	5 7 6
2	3	4	2 7 6

수를 조합하거나 수열을 구하는 문제는 올림피아드 대회에서 자주 나오는 문제이고 코딩 문제로도 나올 수 있는 부분이 많이 있다.

모의고사 4회. 문제 ❷

```
int solution(int arr[ ], int arr_len, int payload) {
    int cnt = 0;
    int weight = 0;
    int diff = 0;
    for (int i = arr_len-1; i >= 0; --i) {
        diff = payload - weight;
        if (diff >= arr[i] ) {
            weight += arr[i];
            cnt++;
        }
    }
    if ( weight != payload )
        cnt = 0;
    return cnt;
}
```

측정하려는 구슬의 무게를 payload로 전달받아 무게 추인 arr의 요소들의 값으로 뺄셈을 하여 payload가 0이 되면 무게가 일치한 것이 된다. 그때의 추의 개수 cnt를 반환하는 코드이다. 가장 적은 개수를 구하기 위해서는 가장 무거운 추부터 올려서 맞추면 된다. 배열에는 추의 무게순으로 저장되어 있으니 [0]번이 가장 가벼운 추이고 [arr_len−1]번이 가장 무거운 추가 된다. 따라서 배열 요소 반복을 마지막 요소부터 [0]번 요소 순으로 하여 추의 개수를 줄일 수 있다.

모의고사 4회. 문제 ❸

```
int solution(int student[ ], int apts) {
    int result = 0;
    int total = 0;
    for (int i = 0; i < apts i++) {
        total += student[i];
    }
    result = (total / 12);
    if (total % 12)    result++;
    return result;
}
```

통학버스는 한 번에 12명까지 옮길 수 있으므로 결국 총학생 수를 12로 나눈 것이 운행 횟수가 된다. 거기에 추가로 12로 나누어떨어지지 않는 경우 즉 12 미만의 학생이 남는 경우 한 번 더 운행하면 모두 통학시킬 수 있게 된다.

모의고사 4회. 문제 ❹

```
int func_a(char dest[ ], char src[ ]) {
    int i;
    dest[0] = src[0];
    for (i = 1; src[i] != 0; ++i) {
        dest[i] = src[i] + dest[0];
    }
    dest[i] = 0;
    return 0;
}
char *solution(char string[ ]) {
    char *encoded = (char*)malloc(sizeof(char) * (strlen(string) + 1));
    func_a(encoded, string);
    return encoded;
}
```

func_a 함수는 문자열을 저장할 주소를 전달받아서 변경된 문자열을 저장한다. 따라서 반환하는 것은 사실상 없다. 전달받은 주소 dest에 변경된 문자열을 저장하고 종료하면 된다. 첫 번째 문자인 src[0]의 문자를 다른 문자들에게 더하는 것이므로 문자열의 끝인 0이 나오면 종료하고 하나씩 dest 배열로 복사하여 저장하면 된다.

```c
int func_a(char s[ ]) {
    int cnt = 0;
    for (int i = 0; s[i] != 0; ++i) {
        if (s[i] == '[') cnt++;
        if (s[i] == ']') cnt--;
    }
    return cnt;
}
int solution(char string[ ]) {
    int answer = 0;
    if (func_a(string)) {   return -1;   }
    for (int i = 0; i < strlen(string); ++i) {
        if (string[i] == ']') {
            answer++;
        }
    }
    return answer;
}
```

괄호의 쌍이 맞으려면 열리는 괄호[의 개수와 닫히는 괄호]의 개수가 일치하면 된다. 예를 들어 열리는 괄호 개수를 open 변수에 닫히는 괄호 개수를 close 변수에 세어 저장한 경우 open − close가 0이면 모든 괄호의 쌍을 일치하는 것으로 판단할 수 있다. func_a 함수는 문자열을 전달받아 cnt 변수를 증가시키거나 감소시켜서 괄호의 쌍이 맞는지를 검사한다. 즉 반환하는 값이 0이면 문자열 내의 괄호 쌍이 일치한다는 의미가 된다. 그러면 여는 괄호나 닫히는 괄호 중 어느 하나의 개수를 세면 결국 괄호 쌍의 개수를 센 것과 같다. 만약 func_a 함수의 반환이 0이 아니라면 괄호 쌍이 일치하지 않는 것이므로 [ ]로 표현되는 "배열"의 개수를 정확히 셀 수 없으므로 −1을 반환하도록 하였다.

```c
int *solution(int arr[ ], int arr_len) {
    int *answer = (int*)malloc(sizeof(int) * 3);
    for (int i = 0; i < 3; ++i) {
        answer[i] = 0;
        for (int k = 0; k < 4; ++k) {
            answer[i] += arr[i * 4 + k];
        }
    }
    return answer;
}
```

수업은 3개이므로 신청인원수를 저장할 배열의 길이는 3으로 생성한다. answer 배열의 [0]번부터 [2]번 요소에는 각 수업별 신청 인원수를 합산하여 저장하도록 한다. 전달되는 배열 arr은 길이가 12인 1차 배열이다. 수업 3개 × 신청학년 4로 12개의 데이터가 있다는 의미다. arr[i * 4 + k]는 1차 배열을 2차 배열처럼 다루는 식으로 arr[i][k]와 같은 효과가 있다. "i번 수업을 신청한 k학년 인원수"라는 의미를 만든 것이다.

모의고사 4회. 문제 ❼

```c
int solution(char input[ ], int arr_len) {
    int answer = 0;
    int x, y;
    x = y = 0;
    for (int i = 0; i<arr_len; ++i) {
        if (input[i] == 'w') y--;
        else if (input[i] == 's') y++;
        else if (input[i] == 'a') x--;
        else if (input[i] == 'd') x++;
        if (x == y) answer++;
    }
    return answer;
}
```

반환되는 answer는 각 이동에 따라 X와 Y가 같은 지점의 개수이므로 X == Y가 참일 때만 1씩 증가된 값이어야 한다.

모의고사 4회. 문제 ❽

```c
int func_a(int a[ ], int n) {
    int total = 0;
    for (int i = 0; i < n ++i) total += a[i];
    return total;
}
int func_b(int a, int b) {
    return (a < b)? b-a : a-b;
```

```
    }
int func_c(int a, int b[ ], int n) {
    int diff;
    int max_diff = 0;
    int max_score = 0;
    for (int i = 0; i < n ++i) {
        diff = func_b(a, b[i]);
        if (max_diff < diff) {   <-- 최대값을 구하기 위해서는 diff가 더 클 때이다.
            max_diff = diff;
            max_score = b[i];
        }
    }
    return max_score;
}
int solution(int scores[ ], int scores_len) {
    int answer = 0;
    int total = func_a(scores, scores_len);
    int avg = total / scores_len;
    int max_score = func_c(avg, scores, scores_len);
    answer = max_score;
    return answer;
}
```

"차이"라는 것은 결국 뺄셈을 의미한다. func_a 함수는 평균을 구하기 위해 필요한 총합을 구하는 함수이며 func_b 함수는 전달되는 두 값을 뺄셈하여 그 차이를 반환하는 함수이다. 이때 음수는 의미가 없으므로 양수로 반환하도록 하였다. func_c 함수는 평균과의 차이가 가장 큰 것을 구하는 함수로 매개변수를 잘 살펴야 할 것이다.

모의고사 4회. 문제 ❾

```
int solution(int arr[ ], int arr_len, int k) {
    int answer = 0;
    for (int i = 0; i < arr_len i++) {
        answer += (arr[i] / k);
        if (arr[i] % k) answer++;
    }
    return answer;
}
```

각 방마다 k명까지 들어갈 수 있으므로 학생 총 인원수를 k 단위로 나누는 것을 생각하면 된다. 마찬가지로 남는 인원들을 위한 방이 추가로 배정되어야 하므로 유사한 문제가 많이 있음을 기억하길 바란다.

모의고사 4회. 문제 ⑩

```c
int *solution(int a[ ][3], int b[ ][3], int len) {
    int *answer = (int*)malloc(sizeof(int) * 2);
    int total = 0;      // 찬성과 반대를 합한 총 인원수
    int p_sum = 0;      // 찬성 표의 총합
    int n_sum = 0;      // 반대 표의 총합
    for (int i = 0; i < len i++) {
        for (int k = 0; k < 3; k++) {
            total += a[i][k] + b[i][k];
            p_sum += a[i][k];
            n_sum += b[i][k];
        }
    }
    answer[0] = (int)((double)p_sum / total *100);
    answer[1] = (int)((double)n_sum / total *100);
    return answer;
}
```

2개의 2차 배열을 전달받아 처리하므로 난이도가 높아 보이지만 문제 자체는 총합을 구하는 문제가 주이다. 이때 총합이 3가지인데 해당 대학교의 총 인원수와 찬성의 총 수, 반대의 총 수이다. 이를 통해 총 인원 대비 찬성과 반대가 각 몇 %인지를 구할 수 있기 때문이다. 대학교의 모든 인원이 설문에 응하므로 전달받은 배열의 값들을 모두 더한 total이 총 인원수이며 찬성표의 개수를 저장한 a 배열의 총합, 반대표의 개수를 저장한 b 배열의 총합을 각각 total 계산하여 비율을 구할 수 있다.

Chapter

05 | 모의고사 5회

1.1 문제

문제 ① 도착지까지 충전 횟수를 구하는 함수 작성하기

1) 문제 설명

전기 자동차를 이용하여 A 도시까지 이동하려고 합니다. 출발하는 도시를 포함하여 N개의 도시를 지나가야 합니다. 지나가는 도시들을 순서대로 일직선으로 나타내어 각 도시에서 바로 다음 도시까지의 거리를 적어두었습니다. 거리 단위는 km를 사용하며 이용할 자동차는 완충 시 최대 40km까지 이동할 수 있습니다. 예를 들어 4개의 도시가 있다면

B	C	D	E
20	10	30	30

출발하는 도시 B에서 다음 도시 C까지의 거리는 20km이고 C 도시에서 D 도시까지는 10km입니다. 마지막 E 도시에서 30km를 더 가면 목표 도시인 A 도시에 도착합니다. 완충된 상태로 출발 이후 도착할 때까지 몇 번을 충전해야 하는지를 구하려고 합니다. 도시 간의 거리를 담은 배열 arr과 배열 길이 N이 매개변수로 전달될 때 충전 횟수를 return 하도록 solution 함수를 완성해주세요.

제한조건
도시 간 거리는 1 이상 40 이하로 주어진다.
교통상황이나 자동차의 속도는 감안하지 않는다.

2) 코드

```
int solution(int a[ ], int N) {
    int answer = 0;
    // to do
    return answer;
}
```

1) 문제 설명

새로 개업한 편의점에서 홍보를 위한 행사를 진행하고 있습니다. 편의점 내 어떤 상품이든 3개를 사면 추가로 하나의 상품을 50% 할인된 가격으로 살 수 있습니다. 3개 미만인 경우에는 적용되지 않습니다. 계산은 물건이 나열된 순서대로 하며 도중에 바꿀 수는 없습니다. 예를 들어 가격이 [100, 500, 200, 400, 300]인 상품들을 가져온 경우, 지불할 금액은 100 + 500 + 200 + (400 × 50%) + 300과 같이 계산됩니다. 구매할 상품의 가격을 순서대로 저장한 배열 arr과 배열 길이 arr_len을 매개변수로 전달할 때 지불할 금액을 return 하도록 solution 함수를 작성하려 합니다. 빈칸을 채워 전체 코드를 완성해주세요.

2) 코드

```
int solution(int arr[ ], int arr_len) {
    int answer = 0;
    int price;
    for (int i = 0; i < arr_len i++) {
        price = arr[i];
        if ([_____] % 4 == 0) {
            price [_____];
        }
        answer += price;
    }
    return answer;
}
```

문제 ③ 목재소의 매출액 구하는 함수 수정하기

1) 문제 설명

나무를 파는 가게를 운영하는 A 사장은 길이 8인 목재만을 취급하며 주문받은 길이만큼 잘라 판매합니다. 예를 들어 주문에 따라 길이 2와 6으로 잘라 2개의 목재로 팔수도 있고, 길이 2짜리 4개로 잘라 팔수도 있습니다. 목재는 길이 1당 3,000원에 판매하고 있습니다. A 사장이 가지고 있는 목재의 개수 N과 주문받은 목재 길이를 저장한 배열 orders와 배열의 길이 orders_len을 매개변수로 전달할 때 최대 매출액을 return 하도록 solution 함수를 작성했습니다. 그러나 코드 일부분이 잘못되어 올바르게 동작하지 않습니다. 주어진 코드에서 한 줄만 변경하여 올바르게 동작하도록 수정해주세요.

제한조건
목재를 자를 때 생기는 오차는 생각하지 않는다.
주문 길이는 1 이상 80이하이며 같은 길이의 주문이 존재할 수 있다.

2) 코드

```
int func_a(int a[ ], int n, int length) {
    for (int i = 0; i < n i++) {
        if (a[i] >= length) {
            return i;
        }
    }
    return -1;
}
int solution(int N, int orders[ ], int orders_len) {
    int *material = (int*)malloc(sizeof(int)*N);
    int k = 0;
    int price = 0;
    for (int i = 0; i < N; i++) material[i] = 0;
    for (int i = 0; i < orders_len i++) {
        k = func_a(material, N, orders[i]);
        if (k >= 0) {
            material[k] -= orders[i];
            price += 3000 * orders[i];
        }
    }
    return price;
}
```

문제 ④ 전화번호 형식 맞추어 변경하는 함수 수정하기

1) 문제 설명

영업사원 A씨는 지난 한 해 동안 만난 사람들의 명함을 정리하려고 합니다. 한데 모아보니 정말 다양한 모양의 명함들이 많이 있고, 적혀있는 연락처 형식도 다양했습니다. 그중 휴대전화번호만을 모아서 다음의 규칙으로 정리하려고 합니다.

❶ 가지고 있는 명함의 휴대전화번호는 국가, 지역을 의미하는 기호나 숫자는 없다.

❷ 모든 휴대전화번호는 '0'으로 시작되어야 한다.

❸ A-B-C의 형식으로 A는 3자리, B와 C는 4자리이다.

예를 들어 "010 2222 1111"처럼 공백이 있거나 "01011112222"처럼 구분 문자 없이 연속된 숫자들 사이에 '-'을 넣거나 "10-222-1111"처럼 문자수가 부족한 경우 '0'을 채워 "010-0222-1111"이 되도록 합니다. 임의의 문자열 number를 매개변수로 전달받아 미리 정한 형식의 문자열을 return 하도록 solution 함수를 작성했습니다. 그러나 코드가 잘못 작성되어 원하는 결과가 나오지 않습니다. 잘못된 한 줄을 수정하여 올바르게 동작하도록 수정해주세요.

제한조건
전달되는 문자열 내의 숫자의 개수는 9 이상 12 미만으로 주어진다.
전달되는 휴대전화번호의 세 번째(C) 번호는 항상 4자리이다.

2) 코드

```c
int func_a(char dest[ ], char src[ ]) {
    int k = 0;
    for (int i = 0; src[i] != 0; i++) {
        if ('0' <= src[i] && src[i] <= '9')
            dest[k++] = src[i];
    }
    dest[k] = 0;
    return k;
}
char *solution(char number[ ]) {
    char *copy = (char*)malloc(sizeof(char) * (strlen(number)+1));
    char *answer = (char*)malloc(sizeof(char) * 14);
    int k = 0;
    if (number[0] != '0') copy[k++] = '0';
    func_a(copy, number);
```

```
    if (strlen(copy+3) < 8) answer[4] = '0';
    k = 0;
    for (int i = 0; copy[i] != 0; i++) {
        answer[k++] = copy[i];
        if (k == 3 || k == 8) {
            answer[k++] = '-';
        }
        if (k == 4 && answer[k] == '0')k++;
    }
    answer[k] = 0;
    free(copy);
    return answer;
}
```

문제 ⑤ 주차장 요금 정산하는 함수 빈칸 채우기

1) 문제 설명

A 주차장은 도심의 유료 주차장입니다. 기본요금 1,000원에 10분당 500원씩의 추가 요금을 받고 있습니다. 주차된 차들이 들어온 시간을 4자리의 정수로 적어두고 나갈 때 요금을 정산합니다. 시간은 24시간제로 표시하여 2자리는 시간, 2자리는 분으로 표시하고 있습니다. 예를 들어 어떤 차의 시간이 1,400인 경우 오후 2시 00분에 들어온 것이고 530인 경우는 오전 5시 30분에 들어온 것입니다. 모든 차량은 밤 10시에는 모두 요금 정산 후 나가야 하고 직원 교대 및 식사 후에 밤 12시(0시)부터 다시 영업을 시작합니다. 오늘도 마찬가지로 밤 10시가 되어 요금 정산을 하려고 합니다. 주차장에 남아 있는 차들이 들어온 시간을 담은 배열 arr과 배열의 길이 arr_len을 매개변수로 전달할 때 받아야할 총 요금을 return 하도록 solution 함수를 작성하려 합니다. 빈칸을 채워 전체 코드를 완성해주세요.

2) 코드

```
int func_a(int a) {
    return ((a / 100) * 60) + (a % 100);
}
int solution(int arr[ ], int arr_len) {
```

```
    int answer = 0;
    int min_a;
    int min_b;
    min_a = func_a([_____]);
    for (int i = 0; i < arr_len ++i) {
        min_b = func_a([_____]);
        answer += 1000 + ((min_a - min_b) / 10) * 500;
    }
    return answer;
}
```

문제 ⑥ KTX 열차 승차 인원 구하는 함수 빈칸 채우기

1) 문제 설명

KTX 열차는 한 번에 6개의 차량을 연결하여 운행하며 각 차량은 40개의 좌석이 있습니다. 만약 좌석이 부족한 경우에는 입석으로 서서 가야 합니다. 출발역에서 도착역까지 N개의 역을 지나는 동안 각 역마다 내리는 사람도 있고 타는 사람도 있습니다. 안전상 서서가는 사람들을 최소화시키기 위해 승차 인원에 대한 조사를 실시하여 입석인 사람이 가장 많을 때가 몇 명인지를 파악하려고 합니다. 예를 들어 4개역을 지나는 경우

	출발역[0]	[1]	[2]	[3]	도착역
승차	240	100	0	160	
하차	0	0	140	80	280
입석	0	100	0	40	

출발역을 포함하여 각 역마다 내리는 인원수를 담은 배열 down과 타는 인원수를 담은 배열 up과 역의 개수 N을 매개변수로 전달할 때 가장 많은 입석 인원수를 return 하도록 solution 함수를 작성하려 합니다. 빈칸을 채워 전체 코드를 완성해주세요.

제한조건
승차인원은 좌석 수를 초과할 수 있다.

2) 코드

```
int solution(int down[ ], int up[ ], int N) {
    int answer = 0;
    int stand;
    int passenger = 0;
    for (int i = 0; i < N ++i) {
        passenger += up[i] - down[i];
        stand = passenger [_____];
        if (stand > 0 && stand > answer) {
            answer = [_____];
        }
    }
    return answer;
}
```

문제 ⑦ 판매 이익금을 구하는 함수 수정하기

1) 문제 설명

어느 무역상사에서는 여러 나라의 아이디어 상품을 들여와 판매하고 있습니다. 상품을 들여오는 원가에 각각 다른 비율로 이익률을 더하여 판매가로 산정하고 있습니다.

원가	이익률
5,000원 미만	25%
5,000원 이상 15,000원 미만	20%
15,000원 이상 100,000원 미만	15%
100,000원 이상	10%

몇 종류의 상품을 모두 동일한 수량을 들여와서 최소 이익금을 알아보려고 합니다.

예시) 전달되는 배열은 아래 표와 같이 각 상품별 원가와 수량을 행 단위로 저장합니다.

	원가	수량
상품1	6,000	20
상품2	80,000	100
상품3	4,000	90

상품의 원가와 구매 수량을 담은 배열 price와 배열의 길이 price_len을 매개변수로 전달하였을 때 가장 작은 이익금이 얼마인지를 return 하도록 solution 함수를 작성했습니다. 그러나 코드 일부분이 잘못되어 있어서 올바르게 동작하지 않습니다. 주어진 코드를 한 줄만 변경하여 올바르게 동작하도록 수정해주세요

2) 코드

```
double func_a(double a[ ], int n) {
    double min;
    min = a[0];
    for (int i = 1; i < n ++i) {
        if (a[i] < min) {
            min = a[i];
        }
    }
    return min;
}
int solution(int price[ ][2], int price_len) {
    double *sales = (double*)malloc(sizeof(double) * price_len);
    double percent;
    for (int i = 0; i < price_len ++i) {
        if (price[i][0] < 5000)    percent = 0.25;
        else if(price[i][0] < 15000)    percent = 0.20;
        else if (price[i][0] < 100000)    percent = 0.15;
        else    percent = 0.1;
        sales[i] = price[i][0] * percent + price[i][1];
    }
    return (int)func_a(sales, price_len);
}
```

문제 8 직선으로 교차하는 두 직선과 x축선이 이루는 삼각형 면적 구하는 함수 작성하기

1) 문제 설명

한 점의 위치와 기울기를 알면 직선 하나를 그릴 수 있습니다. 예를 들어 기울기 1인 직선은 y = x + b이며 절편(평행이동) b는 이미 알고 있는 한 점(x1, y1)을 대입하여 y1 − x1 = b로 구할 수 있습니다. 기울기가 −1인 직선은 기울기 1인 직선에 직각으로 교차합니다. 2차 평면에서의 직각으로 교차하는 두 직선의 교차점 x, y를 매개변수로 전달할 때 기울기 1인 직선과 기울기 −1인 직선 그리고 x축이 이루는 면적을 return 하도록 solution 함수를 완성해주세요.

예시) (3, 3)을 교차하는 두 직선과 x축이 이루는 음영된 삼각형 영역의 면적

10											o
9										o	
8									o		
7								o			
6							o				
5						o					
4					o						
3				o							
2			o		o						
1		o				o					
0	1	2	3	4	5	6	7	8	9	10

제한사항

사용되는 모든 변수는 double 형으로 한다.

x와 y는 모두 2 이상 10 이하의 실수이다.

2) 코드

```
double solution(double x, double y) {
    double answer;
    // to do
    return answer;
}
```

문제 9 업다운 숫자게임 정답 찾는 함수 빈칸 채우기

1) 문제 설명

철수는 컴퓨터와 UpDown 숫자 맞추기 게임을 하려고 합니다. 철수가 대답을 하고 컴퓨터가 철수가 생각한 수를 맞출 수 있도록 코드를 작성하려고 합니다. 게임의 규칙은 다음과 같습니다.

❶ 1부터 100 사이의 정수 중에서 하나를 답으로 선택하고 진행 중 변경될 수 없다.

❷ 컴퓨터가 부른 값이 답보다 작으면 'd'를 입력한다.

❸ 컴퓨터가 부른 값이 답보다 크면 'u'를 입력한다.

❹ 컴퓨터가 부른 값과 답이 같으면 'c'를 입력한다.

예를 들어 철수가 정한 답이 17일 때 컴퓨터가 부른 수가 25이면 17 < 25로 답보다 큰 수이므로 'u'를 입력합니다. 컴퓨터가 부른 수가 17이면 17 == 17로 답과 같으므로 'c'를 입력하고 종료합니다. 만약 1~100 사이의 모든 정수를 부른 상태이면 더 이상 부를 수가 없으므로 입력한 문자에 관계 없이 마지막 남은 수를 정답으로 하여 종료합니다. 철수가 키보드로 입력한 문자들을 저장한 배열 answer를 매개변수로 전달할 때 위 규칙에 맞는 답을 return 하도록 soltion 함수를 작성하려 합니다. 빈칸을 채워 전체 코드를 완성해주세요.

2) 코드

```c
int solution(char answer[ ]) {
    int min = 1;
    int max = 100;
    int result;
    for (int i = 0; answer[i] != '\0' i++) {
        result = (max + min) / 2;
        if (min == max || answer[i]=='c') break;
        if (answer[i] == 'u') [_____];
        if (answer[i] == 'd') [_____];
    }
    return result;
}
```

문제 ❿ 빌라의 세대별 전기요금 구하는 함수 수정하기

1) 문제 설명

구마동의 S 빌라에는 8세대가 살고 있다. 매달 사용하는 전기요금은 하나로 합산하여 청구되고 청구서에는 빌라 전체 총 사용량과 각 세대별 사용량이 표시되어 있습니다. 청구서에 적힌 사용량은 아래의 순서로 작성되어 있습니다.

총사용량	1호	2호	3호	4호	5호	6호	7호	8호
1,124	224	213	104	124	221	79	94	65

각 세대별로 전기요금을 걷기 위해 합산 요금을 총 사용량으로 나눈 단위 요금을 구한 후 세대별 사용량에 따른 전기요금을 구하려고 합니다. 이때 단위 요금의 소수점 이하는 무조건 올림하여 1로 하고 남는 금액은 공용 회비로 사용하기로 하였습니다. 예를 들어 단위 요금이 209.866인 경우 210으로 계산합니다. S 빌라의 전기 사용량을 위의 순서대로 담은 배열 wats와 배열 길이 wats_len과 합산 전기 요금 bill을 매개변수로 전달할 때 각 세대별 전기요금을 담은 배열을 return 하도록 solutioin 함수를 작성했습니다. 그러나 코드 일부분이 잘못되어 올바르게 동작하지 않습니다. 주어진 코드에서 한 줄만 변경하여 모든 입력에 대해 올바르게 동작하도록 수정해주세요.

2) 코드

```c
int *solution(int wats[ ], int wats_len, int bill) {
    int *result = (int*)malloc(sizeof(int) * 8);
    int unit_price = (bill / wats[0]) + 1;
    for (int i = 0; i < 8; i++) {
        result[i] = wats[i] * unit_price
    }
    return result;
}
```

1.2 모의고사 5회 모범답안

모의고사 5회. 문제 ❶

```c
int solution(int arr[ ], int N){
    int answer = 0;
    int energy = 40;
    for (int i=0; i < N; ++i){
        if ( energy < arr[i] ){    # 남은 에너지로 다음 도시까지 갈 수 있나?
            energy = 40;        # 충전
            answer += 1;        # 충전 횟수
        }
        energy -= arr[i];        # 다음 도시로 이동
    }
    return answer;
}
```

목적지까지 거쳐가는 도시마다 남은 충전량을 확인하는 과정을 도착지까지 반복한다.

```c
int solution(int arr[ ], int arr_len) {
    int answer = 0;
    int price;
    for (int i = 0; i < arr_len i++) {
        price = arr[i];
        if ((i + 1) % 4 == 0) {
            price /= 2;
        }
        answer += price;
    }
    return answer;
}
```

50%는 나누기 2와 같다. 즉 물건 가격이 1,000일 때 그의 50%는 1000 / 2인 500이다. 50% 할인을 해주는 조건은 구매하려는 물건의 개수가 4개일 때 4개째 물건의 가격을 할인해 주는 것과 같다. 3개를 구매하고 더 구매할 것이 없다면 할인할 대상이 없다. 즉 3개를 샀을 때 하나를 더 사게 하려는 상술이다. 전달되는 배열 arr에는 구매할 물건들의 가격이 들어 있으며 [0]번 물건 1개가 된다. 다시 말하면 요소번호인 i 변수는 물건의 번호이지 개수가 아니다. i가 0이면 [0]번 물건 1개, 1이면 [0]번, [1]번 2개의 물건이 된다. 따라서 물건의 개수를 확인하는 것은 (i + 1)개여야 한다. if 조건문은 현재 계산하는 물건의 개수를 판단해야 하므로 (i+1)%4가 되어 i가 3일 때 즉 [0]번부터 [3]번까지 4개가 되었을 때 [3]번 요소의 가격을 할인해 주는 논리이다. 마찬가지로 i가 7일 때 8개를 사는 것이 되어 [7]번 가격을 할인해 주는 것을 반복하게 된다. 즉 물건의 개수인 i+1이 4의 배수일 때 [i]번 물건의 가격을 할인해주게 된다.

모의고사 5회. 문제 ❸

```c
int func_a(int a[ ], int n, int length) {
    for (int i = 0; i < n i++) {
        if (a[i] >= length) {
            return i;
        }
    }
    return -1;
}
int solution(int N, int orders[ ], int orders_len) {
```

```
    int *material = (int*)malloc(sizeof(int)*N);
    int k = 0;
    int price = 0;
    for (int i = 0; i < N i++) material[i] = 8;
    for (int i = 0; i < orders_len i++) {
        k = func_a(material, N, orders[i]);  <-- 창고 에서 적당한 목재를 찾는다.
        if (k >= 0) {
            material[k] -= orders[i];        <-- 찾은 목재를 주문 길이만큼 자른다.
            price += 3000 * orders[i];       <-- 판매하였다.
        }
    }
    return price;
}
```

목재소에서 판매하는 목재의 길이는 처음 8이다. 이를 주문에 따라 잘라서 파는 것이므로 목재소에서 가지고 있는 목재들의 상태를 의미하는 배열 material은 8로 초기화 되어야 한다. 이후 주문에 따라 남아있는 목재들 중 적당한 길이의 목재가 있는지를 찾는 것이 func_a 함수이다. 주문한 길이가 3일 때 남아있는 material의 목재들 중 3 이상의 길이를 찾아 번호를 반환하도록 작성된 코드이다.

모의고사 5회. 문제 ❹

```
int func_a(char dest[ ], char src[ ]) {
    int k = 0;
    for (int i = 0; src[i] != 0; i++) {
        if ('0' <= src[i] && src[i] <= '9')
            dest[k++] = src[i];
    }
    dest[k] = 0;
    return k;
}
char *solution(char number[ ]) {
    char *copy = (char*)malloc(sizeof(char) * (strlen(number)+1));
    char *answer = (char*)malloc(sizeof(char) * 14);
    int k = 0;
    if (number[0] != '0') copy[k++] = '0';   <-- 첫 문자가 '0'이 아니면 '0' 채움
    func_a(copy + k, number);                <-- 다음 요소에서부터 복사
    if (strlen(copy+3) < 8) answer[4] = '0';
    k = 0;
    for (int i = 0; copy[i] != 0; i++) {
        answer[k++] = copy[i];
```

```
        if (k == 3 || k == 8) {
            answer[k++] = '-';
        }
        if (k == 4 && answer[k] == '0')k++;
    }
    answer[k] = 0;
    free(copy);
    return answer;
}
```

func_a 함수는 전달된 배열 src에서 숫자들만 뽑아 dest 배열에 저장하는 함수이다. 정확하게 dest는 배열이라기 보다는 배열의 시작주소를 가리키는 포인터변수이다. 따라서 func_a 함수를 호출할 때 전달하는 주소에 따라 저장하는 위치가 달라진다. 예를 들어 배열 a가 있을 때 func_a(a + 1, number)로 호출하면 a 배열의 [1]번 요소에서부터 복사하고 func_a(&a[4], number)는 a + 4와 같은 코드로 a 배열의 [4]번 요소에서부터 복사하게 된다. 전달받은 number의 첫 문자가 '0'이 아니면 휴대전화번호는 '0'부터 시작하는 것이 규칙이므로 copy 배열에 미리 첫 문자인 [0]번 요소에 '0'을 저장해 두기 때문에 func_a 함수를 호출할 때는 copy 배열의 [1]번 요소부터 저장하도록 주소를 전달해 주어야 한다. 이하의 나머지 코드는 규칙에 따라 지정된 위치에 '−'을 삽입하는 코드이다.

모의고사 5회. 문제 ❺

```
int func_a(int a) {
    return ((a / 100) * 60) + (a % 100);
}
int solution(int arr[ ], int arr_len) {
    int answer = 0;
    int min_a;
    int min_b;
    min_a = func_a(2200);           <-- 정산하는 시간 2200
    for (int i = 0; i < arr_len ++i) {
        min_b = func_a(arr[i]);        <-- 각 차들이 들어온 시간
        answer += 1000 + ((min_a - min_b) / 10) * 500;
    }
    return answer;
}
```

요금 정산을 하는 시간이 밤 10시이다. 이는 문제에서의 시간 표기법으로 하면 2,200이 된다. func_ a 함수는 전달되는 시간값을 분 단위로 바꾸어 반환하는 함수이며 분 단위 요금 정산을 위해 작성되었다. 차가 들어온 시간과 현재 정산시간인 2,200과 차이를 구해야 하므로 min_a에는 2,200을 분으로 바꾼 값을 저장하고 min_b에는 각 차들이 들어온 시간인 arr[i]를 분으로 바꾸어 기본요금 1,000원에 10분 단위의 추가요금을 계산하도록 한 코드이다.

모의고사 5회. 문제 6

```c
int solution(int down[ ], int up[ ], int N) {
    int answer = 0;
    int stand;
    int passenger = 0;
    for (int i = 0; i < N ++i) {
        passenger += up[i] - down[i];         <-- 총 승차인원을 구한다.
        stand = passenger - 240;              <-- 총 승차인원에서 좌석 수를 뺀다.
        if (stand > 0 && stand > answer) {
            answer = stand;
        }
    }
    return answer;
}
```

up은 승차한 인원수이며 down은 하차한 인원수이므로 각 역마다 이를 모두 가감하여 현재 승차 인원 passenger를 구할 수 있으며 최대 좌석수인 240으로 빼면 좌석이 모자란 입석자의 수가 된다. 이를 answer 변수와 비교하여 최대값을 구하여 저장하도록 한 코드이다.

모의고사 5회. 문제 7

```c
double func_a(double a[ ], int n) {
    double min;
    min = a[0];
    for (int i = 1; i < n ++i) {
        if (a[i] < min) {
            min = a[i];
        }
    }
    return min;
}
int solution(int price[ ][2], int price_len) {
```

```
    double *sales = (double*)malloc(sizeof(double) * price_len);
    double percent;
    for (int i = 0; i < price_len ++i) {
        if (price[i][0] < 5000)     percent = 0.25;
        else if(price[i][0] < 15000)     percent = 0.20;
        else if (price[i][0] < 100000)     percent = 0.15;
        else    percent = 0.1;
        sales[i] = price[i][0] * percent * price[i][1]; <-- 가격 × 이익률 × 수량
    }
    return (int)func_a(sales, price_len);
}
```

각 상품의 판매액은 가격 × 수량으로 구할 수 있다. 이익금은 판매액에서 이익률을 곱하여 구하므로 가격 × 수량 × 이익률로 구할 수 있으며 모두 곱하는 것이므로 순서는 관계없이 가능하다. func_a 함수는 sales 배열에 저장되어 있는 각 상품별 이익금 중 가장 작은 값을 찾아 반환하도록 하였다.

모의고사 5회. 문제 ❽

```
double solution(double x, double y) {
    double answer;
    double b1 = y - x;
    double b2 = y + x;
    double a1 = (y * (x - b1)) / 2.0;
    double a2 = (y * (b2 - x)) / 2.0;
    answer = a1 + a2;
    return answer;
}
```

면적을 구하는 문제는 올림피아드 대회 같은 곳에서 많이 출제된다. 일정한 면적에 여러 개의 선을 그어서 어떤 도형이 몇 개인지 또는 사각형의 면적이 얼마인지 등을 구하는 문제가 다수이다. 문제에서 제시하는 내용은 결국 삼각형의 면적을 구하는 것이며 여러 방법 중 사각형 면적을 반으로 나누는 방법을 사용하였다. 교차점의 위치 x와 y가 주어진다는 것은 삼각형의 꼭지점 하나의 위치이며 나머지 두 꼭지점 x축 상에 존재한다. 그럼 이 삼각형의 높이는 y이다. 나머지 x축 상에서의 꼭지점 위치를 알면 간단한 수학 공식으로 면적을 계산하는 것이 가능할 것이다. 어느 직선이 지나는 x축 위의 점은 y가 0일 때의 값이다. 예를 들어 y = x + b라는 직선이 있을 때 y가 0이면 0 = x + b이므로 x는 −b가 된다. 이 관계를 이용하여 교차점 x, y를 지나는 두 직선의 절편(b)을 구하여 x값으로 계산하면 삼각형의 밑변 길이를 알아낼 수 있다.

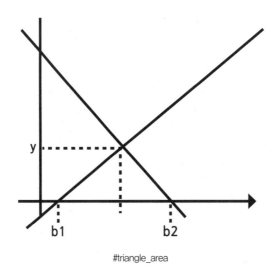

#triangle_area

모의고사 5회. 문제 ❾

```
int solution(char answer[ ]) {
    int min = 1;
    int max = 100;
    int result;
    for (int i = 0; answer[i] != '\0' i++) {
        result = (max + min) / 2;          <-- 중간값을 구한다.
        if (min == max || answer[i]=='c') break;
        if (answer[i] == 'u') max = result;     <-- max를 감소시킨다.
        if (answer[i] == 'd') min = result;     <-- min을 증가시킨다.
    }
    return result;
}
```

1부터 100 사이의 어떤 값을 찾기 위해 범위의 반이 되는 중간값을 찾는 것을 이진탐색법이라고 한다. (max+min) / 2는 min~max 사이 연속하는 정수의 반이 되는 위치의 값을 의미한다. 중간값이 되는 result는 min보다 크고, max보다는 작으므로 max에 result를 대입하는 것은 max가 작아지는 것과 같다. 이를 통해 min과 max를 좁혀 마지막에 남는 것이 정답이 되게 하는 방법이다.

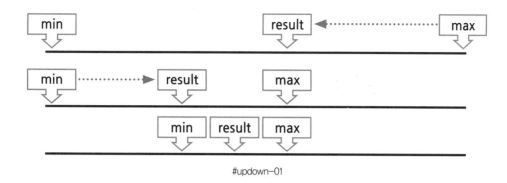

#updown-01

모의고사 5회. 문제 ⑩

```
int *solution(int wats[ ], int wats_len, int bill) {
    int *result = (int*)malloc(sizeof(int) * 8);
    int unit_price = (bill / wats[0]) +1;
    for (int i = 0; i < 8; i++) {
        result[i] = wats[i + 1] * unit_price;
    }
    return result;
}
```

나눗셈의 결과는 일반적으로 실수로 생각할 것이다. 그러나 코딩에서 정수와 정수의 나눗셈은 정수이다. 즉 소수점 이하를 버린다. 소수점 이하를 버릴 수 없을 때는 1을 더할 수 있는데 이는 "부족한 것보다 남는 것이 낫다."는 개념이다. 전기요금을 부족하게 낼 수는 없으므로 일부 남더라도 세대별 전기요금을 조금씩 더 내어 남는 금액은 비축해 둔다. 전달되는 배열 wats의 [0]번 요소는 빌라의 전체 전기요금이므로 세대별 요금은 [1]번 요소부터 계산하여야 하므로 wats[i+1]로 작성되었다. i 변수를 0부터 시작하게 한 것은 result 배열에는 [0]번부터 저장해야 하므로 배열이 두 개이고 두 배열의 요소번호에 차이가 있으므로 알맞은 수식으로 조정할 수 있어야 한다.

저자 장대경(coedplay@gmail.com)
- 현 비트캠프(www.bitcamp.co.kr) 강사/교육기획
- IT 전문 교육기관 & 전문 SW 개발자 양성 & 기업 위탁교육 등

[주요저서]
- YBM 전문코딩능력평가 COS PRO C(성안당)

전문코딩능력평가 COS PRO C

2019. 2. 15. 1판 1쇄 인쇄
2019. 2. 20. 1판 1쇄 발행

지은이 | 장대경
펴낸이 | 이종춘
펴낸곳 | **BM** (주)도서출판 **성안당**

주소 | 04032 서울시 마포구 양화로 127 첨단빌딩 5층(출판기획 R&D 센터)
10881 경기도 파주시 문발로 112 출판문화정보산업단지(제작 및 물류)

전화 | 02) 3142-0036
031) 950-6300
팩스 | 031) 955-0510
등록 | 1973. 2. 1. 제406-2005-000046호
출판사 홈페이지 | **www.cyber.co.kr**
ISBN | 978-89-315-5562-2 (13000)
정가 | 18,000원

저자와의
협의하에
검인생략

이 책을 만든 사람들

기획 | 최옥현
진행 | 최재석
전산편집 | 앤미디어
표지 디자인 | 박현정
홍보 | 정가현
국제부 | 이선민, 조혜란, 김혜숙
마케팅 | 구본철, 차정욱, 나진호, 이동후, 강호묵
제작 | 김유석

■ 도서 A/S 안내

성안당에서 발행하는 모든 도서는 저자와 출판사, 그리고 독자가 함께 만들어 나갑니다.
좋은 책을 펴내기 위해 많은 노력을 기울이고 있습니다. 혹시라도 내용상의 오류나 오탈자 등이
발견되면 "좋은 책은 나라의 보배"로서 우리 모두가 함께 만들어 간다는 마음으로 연락주시기
바랍니다. 수정 보완하여 더 나은 책이 되도록 최선을 다하겠습니다.
성안당은 늘 독자 여러분들의 소중한 의견을 기다리고 있습니다. 좋은 의견을 보내주시는 분께는
성안당 쇼핑몰의 포인트(3,000포인트)를 적립해 드립니다.

잘못 만들어진 책이나 부록 등이 파손된 경우에는 교환해 드립니다.